Música Viva

Musa
Música
volume 4

Dados Internacionais de Catalogação na Publicação (CIP)
(Câmara Brasileira do Livro, SP, Brasil)

Kater, Carlos Elias
    Música Viva e H. J. Koellreutter : movimentos em
direção à modernidade / Carlos Elias Kater. —
São Paulo : Musa Editora : Atravez, 2001.

Bibliografia
ISBN 85-85653--55-8 (Musa)

1. Koellreutter, Hans-Joachim, 1915– 2. Música
– Brasil – História e crítica – Século 20 3.
Música Viva (Movimento) I. Título.

01-0293   CDD–780.981

Índices para catálogo sistemático:

1. Brasil : Música : Século 20 : História e
      crítica   780.981
2. Século 20 : Música : Brasil : História
      e crítica   780.981

Carlos Kater

Música Viva
e H.J. Koellreutter
movimentos em direção
à modernidade

© Carlos E. Kater, 2000, 2009

Capa: *Musa Editora* e *Atravez*
Editoração eletrônica: *Eiko Luciana Matsuura*
Fotolito: *Laserprint Editorial*

Todos os direitos reservados.

Musa Editora WWW.ATRAVEZ.ORG.BR
Rua Bartira 62 cj. 21
05009.000 São Paulo SP
Tel/fax (5511) 3862.6435 | 3862.2586
musaeditora@uol.com.br
www.musaambulante.com.br
www.musaeditora.com.br

Impresso no Brasil • 2009 • (1ª reimpressão)

AGRADECIMENTOS

O presente agradecimento, como todo e qualquer outro, é uma manifestação sincera de reconhecimento e gratidão.

Ele só se diferencia, creio, pela intensidade — dificílima aliás de expessar em palavras — e pelo número de pessoas às quais eu e este estudo muito devemos.

Entre tantos, Aude e nossas filhas Júlia e Martha pelo incentivo e compreensão, mas também Gení Marcondes, Eunice Katunda, Luiz Heitor C.de Azevedo, todos os entrevistados e em especial, Koellreutter, que pacientemente se dispuseram a horas — às vezes muitas mesmo! — de conversa *Viva* sobre *Música...*

Sem eles, não apenas a elaboração deste trabalho mas, a vida seria indiscutivelmente bem menos agradável e sem sentido.

Este livro é dedicado a todos aqueles que não se valem da arte e da música como vestimenta episódica, mas sim como ferramenta específica para a criação de uma nova condição de consciência e de ética social.

SUMÁRIO

Sumário

Considerações iniciais 11

I

A modernidade brasileira nas artes, na música, em Villa-Lobos 17

A *Semana de 22* e o modernismo artístico brasileiro 20
Das semelhanças e características 24
Da modernidade musical 27
Villa-Lobos e a modernidade 31

II

Música Viva, breve histórico 41

Momento I 50
Momento II 55
Momento III 63
Música Viva paulista 71
Transcendência do movimento 76

SUMÁRIO

III

Engajamentos & Rupturas 79

Apelo votado por unanimidade pelo II° Congresso de Compositores e
Críticos Musicais em Praga 85
A Resolução do *Música Viva* 89

IV

Rupturas & Engajamentos 103

Nacionalismos estético e político 114
Carta Aberta, de M.Camargo Guarnieri 119
Carta Resposta de H.J.Koellreutter 128

V

Atividades do *Música Viva* 139

Audições e Concertos 143
Edições Musicais 151
Emissões Radiofônicas 152
Outros Eventos 162

Considerações finais 165
Projeto de formação... 166
...de uma nova perspectiva... 168
...à música no Brasil 173

8

SUMÁRIO

Anexos

1 - Cronologia de Koellreutter e da *Música Viva* 177

2 - "A missão dos músicos brasileiros...", de L.Gallet 204
"REAGIR", de L.Gallet 209

3 - *Estatutos do Grupo Música Viva* 217

4 - "*Nuestros Principios*" (F.Curt Lange) 223

5 - Indice dos boletins *Música Viva* 230

6 - Carta de Koellreutter a Camargo Guarnieri (1941) 242

7 - "*Manifesto Música Viva 1945*" 245

8 - Carta de C.Santoro a H.J.Koellreutter (1947) 254

9 - *Apêlo* votado em Praga e sua "Resolução" (1948) 260

10 - "Problema da Música Contemporânea..." (1948),
de C.Santoro 263
"Problemas da música..." (1949), de C.Santoro........................ 274

11 - Carta de H.J.Koellreutter a C.Santoro (1948) 277

12 - *Carta Aberta* de 1941 280

13 - Programas radiofônicos *Música Viva* 283
Compositores e obras interpretadas 289

14 - Roteiros do programa radiofônico *Música Viva* 302

12 de Janeiro de 1946 302
26 de Janeiro de 1946 308
11 de Janeiro de 1947 (Anexo) 313
26 de Junho de 1948 319
13 de Agosto de 1949 327
21 de Outubro de 1950 339

SUMÁRIO

15 - "O Setor de Música da Universidade da Bahia" (c.1954) 343

16 - "Manifesto Música Nova" (1963) 350

17 - Relação de correspondências de H.J.Koellreutter 354

Bibliografia 363

Carlos Kater

Considerações iniciais

Esse trabalho é uma versão modificada da tese que apresentei como requisito parcial no Concurso Público para Professor Titular, junto à Escola de Música da Universidade Federal de Minas Gerais, em 1991.[1]

O que estimulou a sua elaboração foi o desejo sincero de buscar contribuir para a construção de um *corpus* acadêmico de pesquisas na área da musicologia brasileira.[2] Esta é, como considero, a única forma de atenuar a significativa limitação de material de estudo que ainda hoje dificulta e compromete de maneira decisiva o desempenho de músicos, estudiosos, professores e alunos, não apenas dentro, mas sobretudo fora das salas de aula.

A história da música brasileira possui, a par de suas particularidades, muito em comum com a história de nosso próprio país. As rupturas de fluxo que alimentam seu processo evolutivo não recebendo sempre uma avaliação pertinente, acabam por conseqüência sendo consideradas resultantes de fatores exógenos. Nos extremos desse limite, surgem assim breves e artificiosas definições generalizantes, que em rompante procla-

---

1. *H.J.Koellreutter e a Música Viva, movimentos em direção à modernidade.* Escola de Música/UFMG - Universidade Federal de Minas Gerais, 30/05-01/06/1991. A comissão julgadora foi composta por: Prof.Dr.José Maria Neves, Prof.Dr.Almeida Prado, Profa.Dra.Marisa Rezende, Profa.Dra.Maria de Lourdes Sekeff e Prof.Ney Parrela.

2. À exemplo de trabalhos como: *Brasil: 1º Tempo Modernista – 1917/29. Documentação.* São Paulo: I.E.B., 1972, que reúne material de fundamental importância para o estudo da arte e da cultura brasileiras (música inclusive).

mam: *O Brasil não tem história!* Variante amplificada do já clássico *O Brasil não tem memória*, como se coubesse a um "Brasil-individualizado" disto se ocupar; entidade imaginária com a qual o orador aparenta relação algumas vezes de profunda intimidade, em outras de alheamento e descompromisso marginal, segundo sua própria conveniência ou circunstâncias de momento. Jargões que antes de esclarecerem uma situação e suas problemáticas, contrapondo a realidade às suas perspectivas, ilustram o modelo de representação do próprio falante e denunciam de maneira explícita a condição a que parte da história da cultura brasileira e dos indivíduos estão submetidos. Outras vezes, entretanto, nos defrontamos com um quadro interpretativo diferente. Não há por assim dizer negação dos fatos. Porém, com o fluxo dos acontecimentos igualmente privado do acesso direto a fontes documentais — e com seus padrões de desenvolvimento ignorados —, sua interpretação se dá exclusivamente pelas rupturas de superfície, como um "canto descontínuo". Esta visão no entanto nos remete a uma representação da cultura como uma história-mosaico, o que no entanto nem sempre é despropositado.

Assim, para a elaboração do presente trabalho teve-se em vista dois objetivos. O primeiro foi o de estudar um dos momentos fundamentais da história musical brasileira moderna — a sua segunda fase —, mediante consulta de fontes diversas, como se faz de praxe. O outro consistiu em efetivar, ao longo da preparação do trabalho, um resgate documental, que além de subsidiar a sua realização pudesse ainda servir de apoio facilitador para a elaboração de novos estudos. Foram então entrevistados ex-participantes do *Música Viva*, pesquisados diversos acervos públicos e privados, bem como levantados, organizados e classificados documentos, sendo após microfilmados os mais significativos.[3]

---

3. Ver, por exemplo, listagem das correspondências de H.J.Koellreutter e dos roteiros radiofônicos *Música Viva*, em anexo, bem como textos e documentos de época, manuscritos musicais, etc. Realizei também o mesmo processo de trabalho para a documentação de Eunice Katunda, correspondências, obras, textos, etc., ver: *Eunice Katunda, informações biográficas e catálogo de obras*, 1987 (em fase de reedição ampliada e revisada, sob o título *Eunice Katunda, musicista brasileira*). Ao final da bibliografia estão indicadas as entrevistas gravadas, no período de 1984 a 90.

Consideramos que ao lado dessa tarefa de estudo das características do fenômeno *Música Viva* (como grupo, movimento e conjunto de atividades) seria oportuna a constituição de um documental musicológico passível de utilização mais ampla, como uma espécie de "solidificação" da memória histórico-musical, antes que parte das fontes primárias desaparecessem de forma irremediável.

Importante observar que a bibliografia específica, nacional e estrangeira atualmente existente, quando faz menção ao movimento *Música Viva*, pouco espaço lhe dedica. E, na maioria das vezes, observamos compilação de dados, em alguns casos incompletos ou mesmo incorretos. Entre as exceções, uma merece destaque especial: o livro *Música Contemporânea Brasileira*, onde o assunto é tratado com profundidade e ao qual este trabalho efetivamente muito deve. Nele, e conforme espero aqui, aflora uma leitura mais satisfatória de um dos momentos de grande efervescência da história da música, brasileira e internacional.

O ponto de vista defendido neste trabalho assenta-se na concepção da trajetória histórica como uma resultante de agenciamentos de períodos *clássicos* e períodos de *ruptura*, conforme propõe Molino.[4] Suas interações, às vezes sucessiva às vezes simultaneamente, respondem pela dinâmica complexa dos movimentos culturais. Nos períodos clássicos observamos o desenvolvimento de um sistema herdado ou já substancialmente existente trabalhado até a "exaustão" — mediante a exploração intensa de suas próprias possibilidades internas. Nos períodos de ruptura são evidenciadas proposições inventivas mais radicais, com concepções e realizações inusitadas e revolucionárias, relativas à forma, ao sistema, aos materiais, à própria idéia e/ou fato musical enfim.

---

4. Ver, para essa concepção do filósofo Jean Molino e para uma interessante discussão sobre o assunto: NATTIEZ, J.J. *Répons* e a crise da comunicação da música contemporânea. *Cadernos de Estudo: Análise Musical* n°3, Out./1990, p.1-19.

Música Viva

Teríamos então para a história da música brasileira, desde a segunda década deste século, um período de ruptura, seguido de um classicizante e uma nova ruptura, a partir da qual se reorienta e desenvolve um novo período clássico.

Numa fase inicial, o modernismo musical brasileiro espelha em essência uma influência difusa de várias tendências, representáveis brilhante e originalmente por produções do período de 1920 a 1930, em particular, do expoente máximo da criação nacional, Heitor Villa-Lobos. Sua originalidade compositiva foi expressa pela floração de temáticas e procedimentos formais característicos inspirados e/ou emprestados da música brasileira — popular e notadamente urbana —, associada à influência marcante exercida pelas inovações postas em obra por Igor Stravinsky e, menos significativamente, Edgard Varèse, representantes notáveis da vanguarda da época. Ela possibilitou materializar a tão desejada implantação de um novo período em nossa história, período transformador e revolucionário, típico por suas inovações, como veremos mais adiante.

Pela natureza de aspiração e especialmente pelas características da fatura, essa primeira fase do modernismo musical brasileiro contou em sua base com forte subsídio das principais tendências vanguardísticas que, sob diversas formas, representavam na Europa o nacionalismo nas artes desde a virada do século. Assim, os sentidos do nacional e do universal se mostraram entre nós presentes e integrados, deslocando o eixo de antagonismo entre *tradição e modernidade*. Ser *nacional* significava por conseqüência ser *moderno* e, nessa fase inaugural, conforme afirmou Renato Almeida, praticamente todo modernismo foi nacionalista, todo nacionalismo modernista.

Progressivamente entretanto tal enfoque se modifica, com esse período de rupturas transitando — através da fixação e exploração interna dos próprios elementos do sistema — em caminho ao clássico.

Uma segunda fase do modernismo musical vem então se instalar. As descobertas de novas perspectivas de organização do espaço musical e a criação de sintagmas originais de alturas — representadas notadamente pelo atonalismo, dodecafonismo e exploração do serialismo — servirão de referência para a produção de alguns compositores brasileiros. Esta tendência confronta-se com a do processo anterior e gera então nova ruptura. Estas novas proposições foram representadas no Brasil, na década de 40, pelo *Música Viva* e seu grupo de compositores — em especial, Cláudio Santoro, Guerra Peixe, Eunice Katunda [5] e Edino Krieger —, liderados por Hans-Joachim Koellreutter, introdutor da estética atonal-dodecafônica, responsável por um intenso movimento de revitalização artística, pedagógica e cultural.

Divergências internas se verificaram no processo de evolução do movimento *Música Viva* e em particular de seu grupo de compositores, bem como uma grande polêmica desencadeada desde novembro de 1950, com a *Carta Aberta* de Camargo Guarnieri. Apesar das justificativas artístico-musicais apresentadas, seus contornos expressam um forte peso do aspecto político sobre o estético.

Música Viva impôs-se, em seu momento, como o agente legítimo daquilo que produziu de mais efetivo: *movimentos em direção à modernidade*.

Pela utilização de meios de comunicação contemporâneos, mas pouco explorados no ambiente musical do período (programas de rádio, concertos mas também audições experimentais, edições de revista e de músicas), pelas obras, cursos, eventos e atividades que realizou, pelas propostas que trouxe à reflexão e pelas que tornou realidade, *Música Viva* instaurou no cenário brasileiro daquele momento uma ordem musical mais atual, ousada, inquietante e conseqüentemente mais dinâmica. Compatível com as necessidades da época, afirmou-se como base histórico-cultural para o desenvolvimento da música nova brasileira nas décadas que se seguiram.

---

5. Ou Catunda, ortografia original utilizada enquanto permaneceu casada com o matemático Osmar Catunda.

Sem ter tido tempo de se classicizar, o período dialético de *engajamentos e rupturas*, protagonizado pelo *Música Viva* provocou fortes reações. Este movimento seguiu por obra de seu líder, H.J.Koellreutter, um caminho temporal paralelo e desembocou no estuário do renascimento da nova música brasileira, nos primórdios da década de 60. Dela germinaram justamente os mais ativos representantes musicais que hoje conhecemos (intérpretes, regentes, compositores).

Se em linhas gerais a importância atribuída ao *Música Viva* e a alguns dos compositores de seu grupo — quase exclusivamente Cláudio Santoro e Guerra Peixe — não é mais objeto de discussão, ainda em nossos dias porém muito se ignora sobre as particularidades de suas trajetórias e sobre o aporte efetivo dessas contribuições.

Afora isso, é praticamente desconsiderado o papel de músicos ditos de "segundo-escalão" e outros agentes que, com intensidade e natureza de participação variadas, possibilitaram que o movimento *Música Viva* ocorresse e, mais particularmente, da maneira específica como ocorreu.

Conhecer um pouco melhor as características de suas realizações e da dinâmica que gerou é o que modestamente nos propomos a fazer nas páginas seguintes.

Esperamos que o contato mais próximo com esse fundamental momento da história da música brasileira possa propiciar uma melhor compreensão de nossa cultura, assim como uma postura mais consciente, eficaz e promissora da musicologia, dos músicos e musicólogos diante, não de uma realidade passada, mas sim frente às legítimas problemáticas do presente que, às vezes sutilmente mas sempre de maneira desafiadora, vivemos a cada um de nossos dias.

Carlos Kater

I

A modernidade brasileira nas artes, na música, em Villa-Lobos [6]

O ambiente musical brasileiro do início do século XX se encontrava numa profunda letargia e acanhamento, vestido de forte provincianismo. Exceção marcante se presenciava na vida artística do Rio de Janeiro, capital do país, porto de entrada de modas e costumes que reluziam na Europa.

Desde a abertura do século, no entanto, vemos surgir progressivamente a distinção essencial entre "internacional" e "moderno", fazendo que nem tudo o que por mar aportasse fosse merecedor de um mesmo interesse. Uma nova consciência de valores e relações culturais estava em processo de gestação, algo diferente pairava no ar.

---

6. Este capítulo inicial, de função introdutória para o estudo que se segue, agencia conteúdos provenientes dos livros aos que muito deve: AMARAL, A. *Artes Plásticas na Semana de 22. Subsídios para uma história da renovação das artes no Brasil.* 4ªed. São Paulo: Ed.Perspectiva, 1979 (*Coleção Debates*). MORSE, Richard M. *A volta de Mcluhanaíma.* Trad.Paulo H.Britto. São Paulo: Companhia das Letras, 1990. NEVES, José Maria. *Música Contemporânea Brasileira.* São Paulo: Ricordi Brasileira, 1981. WISNIK, José Miguel. *O Coro dos Contrários. A Música em torno da Semana de 22.* São Paulo: Duas Cidades/Sec.da Cultura, Ciência e Tecnologia, 1977. A fim de não sobrecarregar as notas explicativas nem ralentar demasiadamente o fluxo de leitura, as referências não foram sempre sistematicamente mencionadas.

Música Viva

São Paulo progressivamente reflete um dinamismo especial: possui um sólido desenvolvimento econômico gerado pela agricultura e pela intensificação de seu parque industrial recém-instalado, e também uma interação cultural resultante de emigrantes europeus, ávidos pelas novas perspectivas de vida aqui oferecidas. A reunião de condições particularmente favoráveis propiciará um aumento quantitativo e uma renovação qualitativa na produção tanto artística quanto intelectual.

O poeta que melhor e mais insistentemente canta as virtudes sensíveis desse emergente e vibrante centro da modernidade no país é o paulista Mário de Andrade:

> A hegemonia artística da corte não existe mais. No comércio como no futebol, na riqueza como nas artes S. Paulo caminha na frente. Quem primeiro manifestou a idéia moderna e brasileira na arquitetura? São Paulo com o estilo colonial. Quem manifestou primeiro o desejo de construir sobre novas bases a pintura? S. Paulo com Anita Malfatti. Quem apresenta ao mundo o maior e moderno escultor da América do Sul? S. Paulo com Brecheret. Onde primeiro a poesia se tornou o veículo da sensibilidade moderna livre da guizalhada da rima e das correias da métrica? Em São Paulo.[7]

E ainda:

> Enquanto os outros Estados, na sua maioria, exportam gramáticos e bacharéis, críticos e doutores para a capital, S. Paulo prepara indivíduos práticos, de gênio claro e positivo, que, apesar dos políticos e da política, sabem conquistar desassombradamente o seu lugar ao sol. Há ainda quem tenha a ilusão de que S. Paulo é o café. Puro engano.

---

7. ANDRADE, M.de. Notas de Arte/Pró. *A Gazeta* (São Paulo, 13/2/1922); citado por: AMARAL, Aracy. *Artes Plásticas na Semana de 22*, p.125.

> S. Paulo é a máquina, o tear, a polia, a vertigem das energias novas, uma das forças propulsoras da nacionalidade. Já vai surgindo, ali, uma raça vigorosa, cheia de juventude e coragem, índice do que será amanhã o brasileiro perfeitamente apurado e constituído.[8]

Inicia-se assim uma mudança de rota nas conexões entre o país e a Europa, tendo alguns capitalistas tradicionais ou representantes da burguesia ascendente desempenhado ativo papel na ampliação dos horizontes locais.

A conjugação da mudança da ordem econômica com a transformação de província em metrópole fecunda aquela tímida realidade com ricas e inusitadas perspectivas. Esboça-se um processo revolucionário tendendo a atualizar a relação entre infra e super estrutura, buscando maior coerência entre a condição sócioeconômica e a situação de consciência conquistada e refletida pelas criações artísticas e intelectuais.

Paulo Prado como instigador da *Semana de Arte Moderna*; Olívia Guedes Penteado franqueando sua residência para as reuniões dos jovens artistas modernistas e, junto com os irmãos Guinle, do Rio de Janeiro, também contribuindo para o lançamento de Villa-Lobos na Europa; Assis Chateaubriand criando um Museu de Arte Moderna, aglutinador de atividades renovadoras... Estes foram alguns dos elos de cumplicidade que se formaram com consistência e natureza variáveis entre classes de interesse momentaneamente convergentes.

Em muito alimentados pelas modas, costumes e pompas da vida parisiense — cidade considerada na época a referência cultural da Europa e por consequência mundial —, acende-se o desejo de vivenciarem isto aqui. Desejo de revestirem-se de modernidade, associados às forças criativas vigorosas que já se anunciavam, oferecendo-se como agentes edificantes na transformação da ordem e da dinâmica cultural.

---

8. ANDRADE, M.de. Os "independentes" de S.Paulo (1922?), reproduzido em: BATISTA, M.R. et allii (Orgs.). *Brasil: 1º Tempo Modernista*. São Paulo: IEB/USP, 1972, p.197.

Música Viva

A Semana de 22 e o modernismo artístico brasileiro

A *Semana de Arte Moderna*, realizada em fevereiro de 1922 em São Paulo, é reconhecida como o marco oficial da abertura histórica do movimento modernista brasileiro nas artes.

Mesmo tendo prenúncios reveladores — como o concerto realizado por Villa-Lobos, em 1915, com obras originais exclusivamente suas e a pintora Anita Malfatti sua exposição de 1917, publicamente inaugurando revolucionárias orientações artísticas —, é a partir da *Semana* que se deflagrará o processo de criação considerado mais original nas artes brasileiras.[9]

Em seu histórico podemos já constatar o drama permeador de tantas celeumas, onde uma nação colonizada se debate na busca de sua própria identidade de expressão, a fim de desenvolver, ou realmente construir, uma cultura autêntica.

Marinette Prado, mulher de Paulo Prado, evocou algo como um festival de temporada como se fazia habitualmente na cidade francesa de Deauville; Di Cavalcanti sugeriu então a Paulo Prado "uma semana de escândalos literários e artísticos, de meter os estribos na barriga da burguesiazinha paulistana".[10] A reação resultante, acrescida da mistura do anseio de Paulo Prado em renovar o seu entorno social e o reconhecido brilho de Graça Aranha, provocou muita efervescência, ruído, expectativa e, naturalmente, prós e contras inflamados.

Para muitos espectadores e vários artistas participantes da *Semana de 22*, no entanto, o evento foi considerado apenas uma maneira, entre tantas e outras quaisquer, de abrilhantar os festejos oficiais que comemoravam o "Centenário da Independência do Brasil" (1822-1922). Isto significa

---

9. Enfocado mais adiante, em "Villa-Lobos e a modernidade".

10. Ibidem, p.123.

dizer que neste primeiro momento o modernismo brasileiro não chegou a constituir de fato uma frente una e coerente (aliás, nem após). Ao contrário, reuniu personalidades, engajamentos, tendências e estilos estéticos francamente distintos. Assim, apagadas as luzes da cena, os artistas retomaram seu próprio rumo, a exemplo do que se observa na grande maioria dos movimentos culturais.

A *Semana* foi assim um evento panorâmico por excelência, que agregou diversos fazeres artísticos, em prática co-habitando o mesmo tempo, inclusive a modernidade. Não chegou a ser verdadeiramente um autêntico e revolucionário manifesto modernista como alguns dos artistas participantes haviam originalmente idealizado. De fato, do apresentado no Teatro Municipal de São Paulo, o que legitimamente ilustrou a vanguarda modernista da época foram *A escrava que não era Isaura* – conferência de Mário de Andrade, lida da escadaria do saguão e tida como o celeiro das novas idéias da literatura paulista [11] –, algumas músicas de Villa-Lobos e certos trabalhos de artistas plásticos.

No que se refere à parte musical propriamente dita, executaram-se nos dias 13, 15 e 17 de fevereiro de 1922, obras musicais ilustrativas do francesismo, principal tendência de influência vigente, sob a interpretação da pianista Guiomar Novaes.[12] O essencial do programa porém constituiu-se de obras brasileiras, todas, sem nenhuma exceção, de Heitor Villa-

---

11. Junto com o "Prefácio Interessantíssimo", da *Paulicéia Desvairada*, também de Mário, acabaram por se constituir em estandarte do movimento e provocando após confusões entre o "desvairismo" e o "futurismo". Vale lembrar deste texto o esclarecimento do autor sobre a sua modernidade: "Escrever arte moderna não significa jamais para mim representar a vida atual no que tem de exterior: automóveis, cinema, asfalto. Se estas palavras frequentam-me o livro não é porque pense com elas escrever moderno, mas porque sendo meu livro moderno, elas têm nele sua razão de ser". Cf. *Obras Completas*. São Paulo: Martins, 1966, p.29.

12. C.Debussy, *La soirée dans Grenade* e *Minstrels*, E.R.Blanchet, *Au jardin du vieux Serail* (da suíte *Andrinople*), e – por solicitação do público – Vallon, *Arlequin*. Ouviram-se ainda, ilustrando a conferência de Graça Aranha: *D'Edriophthalma*, de E.Satie (citação paródica da *Marcha Fúnebre* de Chopin, segunda peça dos *Embryons Dessechés*) e obras de F.Poulenc.

Música Viva

Lobos e na sua maioria de recente composição: *Danças Características Africanas*, para piano (1914-15); *Camponesa Cantadeira* (da *Suite Floral*), para piano (1916); *Sonata II*, para violoncelo e piano (1916); *Trio Segundo*, para violino, violoncelo e piano (1916); *Terceiro Quarteto de Cordas* (1916); *Valsa Mística* (da *Simples Coletânea*), para piano (1917); *O Ginete do Pierrozinho*, para piano (1918); *Rodante* (da *Simples Coletânea*), para piano (1919); *Num Berço Encantado* (da *Simples Coletânea*), para piano (1919); *Segunda Sonata*, para violino e piano (1920); *Historietas*, para canto e piano (1920); *Dança Infernal*, para piano (1920); *A Fiandeira*, para piano (1921); *Quarteto Simbólico*, para flauta, saxofone, celesta, harpa ou piano e vozes femininas (coro oculto) (1921).[13]

Como testemunhado na época, deste repertório de quatorze músicas, duas causaram efetivamente grande sensação e impuseram-se como manifestações da modernidade musical na Semana: *Danças Africanas* e *Quarteto Simbólico*. Elas associaram-se assim aos principais fatos que marcaram a cena durante o evento: as atuações intensas e tumultuadas dos poetas paulistas Mário e Oswald de Andrade, a pintura inovadora de Anita Malfatti, os desenhos de Di Cavalcanti, as telas de Vicente do Rego Monteiro, de John Graz e... o ardente e questionador discurso de Graça Aranha:

> Para muitos de vós a curiosa e sugestiva exposição que gloriosamente inauguramos hoje, é uma aglomeração de 'horrores'. Aquele Gênio supliciado, aquele homem amarelo, aquele carnaval alucinante, aquela paisagem invertida se não são jogos da fantasia de artistas zombeteiros, são seguramente desvairadas interpretações da natureza e da vida. Não está terminado o vosso espanto. Outros 'horrores' vos esperam.

---

13. Vale observar que até 1921 Villa-Lobos havia já composto mais de 180 músicas, inclusive suas famosas obras: *Amazonas* para orquestra (1917) e os Cadernos 1 e 2 da *Prole do Bebê*, sobre temas do cancioneiro infantil brasileiro (respectivamente 1918 e 1921). Ver o catálogo: *Villa-Lobos, sua obra*. (3ªed.) Rio de Janeiro: Museu Villa-Lobos, 1989.

Daqui a pouco, juntando-se a esta coleção de disparates, uma poesia liberta, uma música extravagante, mas transcendente, virão revoltar aqueles que reagem movidos pelas forças do Passado. Para estes retardatários a Arte ainda é o Belo. Nenhum preconceito é mais perturbador à concepção da arte que o da Beleza. /.../ Cada um que se interrogue a si mesmo e responda — que é a beleza? Onde repousa o critério infalível do belo? A arte é independente deste preconceito. É outra maravilha que não é a beleza.

Desse início quase panfleto, inquietante e provocador, se encaminha à expressão do propósito profundo e libertador, a mensagem de surgimento de uma arte autêntica, de uma "arte brasileira":

O que hoje fixamos não é a renascença de uma arte que não existe. É o próprio comovente nascimento da arte no Brasil, e como não temos felizmente a pérfida sombra do passado para matar a imaginação, tudo promete uma admirável 'florada' artística. E, libertos de todas as restrições, realizaremos na arte o Universo. A vida será, enfim, vivida na sua profunda realidade estética.[14]

O balanço das manifestações ocorridas na *Semana*, como o comprovaram a reação do público e os comentários jornalísticos da época, expressa no conjunto mais um des-conserto improvisado do que um evento de plano elaborado, uma trama alicerçada. A história de um processo intenso de modernidade no Brasil, embora com abertura espetacular, agitada e ruidosa, estava porém apenas começando a ser escrita, embora sem aparentar uma concepção de médio ou longo prazo.

Sem dúvida, aquela mera *Semana* se mostrou oportunamente o estopim de um modo de ser mais atualizado que reverberou longe em vários cantos

---

14. Para a íntegra desse discurso, ver: AMARAL, A. *Artes Plásticas na Semana de 22*, p.266-274.

do país. Propiciou uma consciência inovadora de mundo para a sociedade de então, que com sua sonoridade viva ajudou a *despertar do triste letargo uma raça* até então *sonâmbula* (emprestando aqui livremente uma expressão de Villa-Lobos).[15]

Das semelhanças e características

Uma vez mais no entanto, ouviremos aqui o contraponto entre as características desejadamente nacionais do movimento e a influência estrangeira, que lhe serve por assim dizer como uma espécie de *cantus firmus*. Representa nesse sentido uma segura origem, um estimulante suporte de desenvolvimento, ao mesmo tempo que, em razão da tipicidade e do distanciamento de sua evolução, pode tornar-se descartável.

Aliada portanto à proposta formal da *Semana de Arte Moderna*, encontramos na base das produções do modernismo brasileiro, que se seguem ao evento, a orientação estética que norteava os trabalhos de alguns dos mais progressistas artistas estrangeiros.

A partir do começo do século XX verifica-se uma verdadeira invasão da tendência primitivista na Europa, que, com maior ou menor sutileza, permeará boa parte dos movimentos artísticos de vanguarda. Traços flagrantes de sua presença refletem-se em muitos dos trabalhos de Pablo Picasso, Wassily Kandinsky, Kurt Schwiters, Paul Klee e tantos outros ativos modernistas do período. Cintila assim a importância da África na escultura, no cubismo, no expressionismo, servindo ainda de recurso à poesia primitiva dos expressionistas alemães e após dos dadaístas de Zurique.[16]

---

15. VILLA-LOBOS, H. Independência Artística Brasileira. *Boletin Latino Americano de Musica*, v.III/3. Montevidéo: Instituto Interamericano de Musicologia, Abr./1937, p.370-371.

16. Para considerações sobre algumas realizações dadaístas, ver, entre outros: ELDERFIELD, John. *Kurt Schwitters*. London: Thames and Hudson, 1985, assim como as referências sobre o futurismo mencionadas em nota mais adiante.

Há então descoberta e apropriação de continentes, ainda do *novo* pelo *velho* mundo.

Estimulado por essa voga, o compositor francês Darius Milhaud põe em música dois poemas tupis, para vozes femininas, com apresentação posterior em Paris a 1918 e compõe depois *L'homme et son désir*, sobre libreto de Paul Claudel, ambientado na floresta amazônica. Ora, tanto Milhaud quanto Blaise Cendrars — o criador da famosa *Antologia Negra* (1918), marco do neo-primitivismo na literatura — quando de suas estadas no Brasil, foram recepcionados e ciceroneados por alguns daqueles que viriam a se tornar legítimos representantes do modernismo brasileiro: o primeiro por Villa-Lobos e o segundo por Mário e Oswald de Andrade.

Estes contatos, se não legaram, sem dúvida em muito propiciaram a assimilação de faceta importante da problemática artística contemporânea. Contudo, ao que parece, não se alentou entre esses modernistas da vanguarda brasileira aquele "antigo" impulso de adesão às modas estrangeiras. Era justamente ele e suas conseqüências que se encontravam em processo profundo de negação, para que em seu lugar pudesse florescer a reivindicada identidade e personalidade nacional, por eles a ser desvelada, composta, re-criada, inventada.

Não sendo sempre estrito o limite entre o descobrir e o criar, nem tendo seu processo uma única direção, o que ocorreu foi a localização de diferenciais culturais. Ligados à recuperação do passado distante e do nativo primitivo e bárbaro, foram evidenciados processos de antropofagia (atração, deglutição e superação do elemento estrangeiro), de mestiçagem e sincretismo, enquanto fatores básicos da formação do povo e da cultura brasileiros.

Este sentimento propulsor pode ser tipicamente ilustrado pelo poema de Oswald de Andrade, *Erro de português*, que, com a ironia característica, tão bem expressa esse drama cultural profundo:

Quando o português chegou,
de baixo duma bruta chuva,
vestiu o índio.

Que pena,
fosse uma manhã de sol
o índio teria despido
o português.

Desde o *Manifesto Pau-Brasil* de 1924, o conceito de mestiçagem cultural encontra um ponto máximo de lucidez, tornando-se, para os modernistas de 22, seu porta-estandarte. Em síntese: "bárbaro e nosso", como disse Oswald de Andrade.[17]

Apesar de crítico e irreverente, o movimento nesta primeira fase foi essencialmente estético. As grandes questões políticas e sociais, embora evocadas, não chegaram realmente a constituir temas referenciais do imaginário modernista, a exemplo do que ocorreu com o grupo *Música Viva,* como veremos mais adiante. O que de fato visceralmente se buscou, tanto num quanto noutro, foi a criação de uma forma expressiva própria e para tanto fervorosamente se combateu o academicismo em suas manifestações básicas, as regras gramaticais instituídas, cujo peso histórico e moral reinava nas escolas, faculdades e salões da sociedade.

Lançando-se em direção à cultura popular urbana — mais intensamente — e rural — menos freqüentemente — os modernistas de 22 foram então auscultar a "língua natural e neológica", forjada pela "contribuição milionária de todos os erros" (Oswald de Andrade).

---

17. ANDRADE, O. Manifesto da poesia Pau-Brasil. *Correio da Manhã* (São Paulo: 18/3/1924), reproduzido em: TELES, Gilberto M. *Vanguarda européia e modernismo brasileiro.* Petrópolis: Vozes, 1983, p.326-331.

Disso resultou a original tentativa de adequar de forma coerente o *como falamos* ao *como somos* e conseqüentemente uma radical renovação do código — tanto literário, quanto musical —, capaz de habilitar o "novo brasileiro" a expressar-se de maneira autêntica. Sob este ponto de vista também aflora a equação revolucionária buscando atualizar o *como escrevemos,* ao *como falamos* e ao *como somos.*[18]

De maneira semelhante a muitos dos movimentos de busca de renovação, o passado remoto constituiu-se em fonte de estímulo e referência, oferecendo elementos para assegurar a dinâmica interna do movimento, caracterizada pela crítica a um presente, ainda fundamentalmente condicionado ao passado imediato. Isto não impediu entretanto que seus principais representantes se empenhassem na sondagem do futuro provável, muito ao contrário. Questionando o presente, visitando e revisando o passado, projetando o futuro, eles foram agentes revificadores, a ponte viva entre todas estas dimensões: "conjugaram a barbárie reconquistada à sabedoria pragmática da tecnologia da modernidade, para poderem ser com isso os *brasileiros de nossa época*", e assim os "primitivos de uma nova era", como afirmará Mário de Andrade e repetirá H.J.Koellreutter.

Da modernidade musical

Sem nenhuma pretensão de aprofundamento filosófico ou sociológico, tomamos a expressão "moderno" em sentido geral, associada às problemáticas intrínsecas da vanguarda. Ser "moderno" significaria assim explorar a coerência possível entre as forças construtivas de seu momento histórico. Antes de compromisso, missão ou engajamento, constituir-se-ia

---

18. Associando princípios dos dois *Andrades,* nos textos já citados. Por outro lado, se Mário foi sem dúvida um de seus melhores artesãos do ponto de vista da linguagem verbal, Villa-Lobos representou esse mesmo papel em relação à linguagem musical, ao trazer para a música de concerto escrita a música praticada na cidade, como forma e modos interpretativos característicos dos choros, timbres, sonoridades e temas populares, etc.

em necessidade, conseqüente e consciente, refletindo a busca de formas de expressão inovadoras, autênticas e atuais, cujas interações com a realidade do indivíduo, da cultura e da sociedade, conferissem sentido verdadeiro. "Ser moderno" corresponderia à re-criação de uma ou mais potencialidades do momento vivido, implicando assim indagar, explorar, inventar, de maneira a avançar as fronteiras do já conhecido, como o movimento de uma porta que se abre para uma nova compreensão do mundo.

Na modernidade musical européia do início do século XX, veremos os compositores de primeiro escalão debaterem-se diante da problemática instaurada pelo estágio particular da complexa evolução a que a linguagem tonal havia alcançado.

Tendo a tonalidade, enquanto sistema, propiciado uma multiplicidade de tendências — derivadas essencialmente de três órbitas: reforço/afirmação, alargamento/ampliação e abandono/negação —, as vanguardas nesse impasse dedicaram-se intensamente à conquista de territórios até certo ponto distintos. Por um lado, o dos materiais sonoros que progressivamente incorporou elementos antes considerados extra-musicais — os "ruídos" — e o silêncio. Este filão teve seu ponto de partida com os músicos futuristas — no *Rumorharmonium* e *Intonarumori* (*Ruidores* ou *Entoaruídos*) de Luigi Russolo —, ampliou-se com algumas das experiências de Anton Webern, Alois Hába, John Cage (agregando ainda o silêncio como elemento de valor estrutural), La Monte Young, Maurício Kagel, desaguando finalmente no estuário das produções eletroacústicas e multimídias. Por outro lado, o território sintagmático, compreendendo a elaboração de princípios de natureza organizativa e estrutural a nível morfo-sintático da linguagem musical. Esta corrente enriqueceu-se inicialmente com contribuições dos mesmos futuristas — performáticos renegadores da retórica —, de Igor Stravinsky — dimensão temporal — e de Arnold Schoenberg e A. Webern — dimensão espacial — e após pelas de Olivier Messiaen (com o serialismo integral e a pesquisa de tempo e forma), Pierre Boulez, Karlheinz Stockhausen,

Luciano Berio, Iannis Xenakis e tantos mais representantes do pós-serialismo.[19]

A problemática assumida para a música brasileira das décadas de 20 e 30, em particular, referiu-se, como mencionamos, à cruzada em prol de uma identidade nacional. Diferentemente das empresas levadas a cabo na literatura, poesia e plásticas, na música ela acabou por referenciar-se em especial ao aspecto "material", onde o elemento extra-musical — conforme as normas européias da música de concerto da época — correspondeu a um instrumental típico e às próprias entidades paradigmáticas da cultura musical brasileira.

As pesquisas de linguagem dirigidas a problemáticas de sintagma capazes de aportar contribuições estruturais não chegaram a merecer uma atenção proporcional. Daí parte significativa das produções do período não terem ultrapassado a fronteira imposta pelos "empréstimos" — harmonizações, arranjos, adaptações —, e permanecendo, na grande maioria dos casos, circunscritas ao domínio conquistado autenticamente pela específica disciplina folclórica.[20]

No entanto, com alguma semelhança em relação às artes literárias, os caminhos trilhados pela música brasileira oscilaram com tensão e de forma desequilibrada entre o *primitivismo* e o *futurismo*.

Primitivismo como impulso em direção às fontes musicais brasileiras tradicionais ou daquelas consideradas fora da esfera culta; músicas do povo,

---

19. Para maiores informações sobre esse assunto, as tendências e os músicos citados, ver, entre outros: BARRAUD, H. *Para compreender as músicas de hoje*. SP: Perspectiva, 1975. BOSSEUR, D. e J.Y. *Revolutions musicales*. Paris: Le Sycomore, 1979. GRIFFITHS, P. *A música moderna*. RJ: Zahar Ed., 1987. MORAES, J.J. *A música da modernidade*. SP: Brasiliense, 1983. PAZ, Juan Carlos. *Introdução à música de nosso tempo*. SP: Duas Cidades, 1976. WISNIK, J.M. *O som e o sentido*. SP: Companhia das Letras, 1989. FERRAZ, Silvio. *Música e Repetição*. SP: EDUC, 1998.

20. Nesse sentido particular, é importante que se recorde que ao longo de anos (20 a 50), o folclore será entendido como uma disciplina específica de pesquisa musical, sem evidentemente possuir o rigor que hoje atribuímos ao termo.

étnicas, portadoras elas de tradição considerada própria, "pura", possuidoras de uma rica história até então ignorada, desconhecida e assim não "contaminada" pela música erudita da cultura dominante.

Futurismo[21] — muito em voga na Europa, a expressão foi porém empregada no Brasil da época com definição vaga e genérica, significando algo sempre muito próximo do exótico e do inconseqüente. Embora com o *Manifesto* de Marinetti traduzido na Bahia já em 1910, por Almaquio Diniz, o termo "futurismo" se difundiu no país muito devido a Oswald de Andrade, que havia conhecido o documento em sua viagem de 1912 a Paris e também à revista *Orpheu*, lançada em 1915 por Ronald de Carvalho.[22] Esse termo serviu de rótulo, na grande maioria das vezes impróprio, para tudo o que parecia diferente, inabitual, "moderno": o escultor Victor Brecheret, a pintora Anita Malfatti, o poeta Mário de Andrade (e seu atribuído *desvairismo*), o compositor Villa-Lobos e tantos outros, embora em comum com os originais futuristas italianos — Filippo T.Marinetti, poeta e líder, mas também Luigi Russolo e Balilla Pratella, como representantes musicais — tivessem tão apenas a força de reivindicação e o desejo reformulador, antes que a forma, estilo ou ideologia característicos.[23]

Villa-Lobos é durante um preciso período o compositor brasileiro que melhor expressa em sua produção a integração, a convivência orgânica e

---

21. Para informações complementares sobre o futurismo, ver, entre outros: MARINETTI, F.T. *Teoria e invenzione futurista*. (Org.L.De Maria). Milano: A.Mondadori Edit./Meridiani, 1983; SCRIVO, Luigi. *Sintesi del Futurismo. Storia e documenti*. Roma: M.Bulzoni Edit., 1968; BERNARDINI, Aurora F. *O futurismo italiano*. (Col.*Debates*, 167). SP: Ed. Perspectiva, 1980.

22. Cf. RIVAS, Pierre. *Frontières et limites du futurisme au Portugal et au Brésil. Europe*, n°551. Paris: Mar./1975, p.135.

23. O Villa-Lobos ao qual nos referimos nesse parágrafo não é evidentemente aquele personagem episódico, que vestido de preto, tocando buzina e tendo numa das mãos um lenço embebido de gasolina, passeava numa festa fantasiado de carro *Ford* ! Para Mário de Andrade, ver o polêmico texto de Oswald de Andrade, intitulado "Meu poeta futurista" (*Jornal do Comercio*, SP: 27/5/1921), reproduzido em: *Brasil, 1° Tempo Modernista*. SP: IEB, 1972, p.183.

fértil dessas duas linhas de orientação, muito embora a influência marcante esteja mais de acordo e afinada com a postura dos artistas modernos franceses.

Villa-Lobos e a modernidade

Compositor de forte personalidade e vasta produção, Heitor Villa-Lobos acabou por impor, já antes da *Semana de Arte Moderna*, um estilo artístico original e vigoroso, que abafou a música de seus companheiros de geração. Na realidade, a música brasileira da década de 30 – ao final da qual surgirá o movimento *Música Viva* – será crivada por sua presença quase soberana.

Nesse sentido, comentarmos sobre a modernidade desse período pode ser aqui satisfatoriamente ilustrado pelas considerações em torno das faturas estético-composicionais presenciáveis em algumas das obras compostas por esse que se firmou como o mais representativo criador nacional do século XX.

Vários procedimentos musicais adotados por Villa-Lobos nos possibilitam situá-lo, não apenas como o representante legítimo da produção musical brasileira, mas também como participante ativo da modernidade musical tal como praticada internacionalmente nos anos 20, em especial.

Villa-Lobos apresenta-se a seus contemporâneos através de uma "matriz imagética" [24], coerente, no mínimo com a grande mobilidade das transformações de sua época, e referencial, conforme os anseios e expectativas da classe intelectual e artística.

---

24. Expressão emprestada de José Miguel Wisnik, no livro *O coro dos contrários*. São Paulo: Duas Cidades, 1977, p.163-172.

Alguns comentários de personalidades representativas do período chamavam já a atenção sobre a modernidade do compositor. Porta-voz da vanguarda estética, Mário de Andrade várias vezes dedicou-lhe escritos. Recorremos abaixo a alguns fragmentos:

> A evolução de Villa-Lobos se desenha como a trajetória dum jorro de água que, em vez de se alargar na luta contra a pressão atmosférica, começasse em milhares de gotinhas dispersas, congregadas pouco a pouco, alto num torçal líquido mais rápido, mais possante e vitorioso.[25]

> (Villa-Lobos) Está criando por isso nesta fase de agora uma música tão contundente, tão extra-sonora pela sua predominância de ritmo, pelo valor absolutamente imprescindível de timbres, que em certas obras dele /.../ cria um compromisso imediato entre som e plástica. Não é à toa que ele fala constantemente em 'blocos sonoros' e anda impressionado com as tentativas do franco-americano Edgard Varèse. Na verdade não são os 'blocos sonoros' de Edgard Varèse que o impressionam tanto assim, mas é que descobriu nessa expressão o verdadeiro sentido de muita coisa que ele mesmo inventa, nessa quasi-música que tanto o apaixona agoramente.[26]

Ou, nas palavras apologéticas de Ronald de Carvalho, estimulado pelo furor da *Semana*:

> A música de Villa-Lobos é uma das mais perfeitas expressões da nossa cultura. Palpita nela a chama da nossa raça, do que há de mais belo e original na raça brasileira. Ela não representa um estado parcial

---

25. ANDRADE, M.de. Villa-Lobos. *Revista do Brasil*, nº89. São Paulo: Mai./1923.

26. ANDRADE, M.de. *Villa-Lobos*, Ms.do Acervo Mário de Andrade, do Instituto de Estudos Brasileiros/USP.

da nossa psiquê. Não é a índole portuguesa, africana ou indígena, ou a simples simbiose dessas quantidades étnicas que percebemos nela. O que ela nos mostra é uma entidade nova, o caráter especial de um povo que principia a se definir livremente, num meio cósmico digno dos deuses e dos heróis.[27]

As inovações da linguagem de Villa-Lobos, conforme sua produção ao longo da década de 20, estendem-se a diferentes áreas da criação, sejam elas afetas aos meios expressivos, às formas de elaboração ou à fatura específica do próprio discurso musical.

Vejamos primeiramente algumas das particularidades de sua iniciativa em relação aos meios expressivos. A formação orquestral dos *Choros* 8 e 10, por exemplo, incluem instrumentos típicos — como a puita, reco-reco, cocos, chocalhos, etc. —, e a do *Nonetto* acrescenta ainda: assobios, prato de louça e caxambu, todos eles de uso praticamente inusitado na produção musical de concerto brasileira e absolutamente original na música estrangeira da época.

Entretanto antecedentes, mesmo que rarefeitos, houveram. Alberto Nepomuceno, em 1888, havia composto sua famosa *Série Brasileira*, para orquestra sinfônica, onde no quarto movimento — *Batuque* — fazia recurso ao reco-reco. Se nesse sentido a via de integração expressiva entre os domínios popular brasileiro e erudito internacional havia já sido puntualmente inaugurada — aliás não sem o acompanhamento ruidoso e escandalizado por parte da crítica ortodoxa —, Villa-Lobos a adentrará sistematicamente nas produções desse período.

O impacto produzido por tais realizações — acrescido pela força da personalidade do compositor — chegou mesmo a estimular suposições injustificadas, como a do reconhecido pianista Arthur Rubinstein. No texto

---

27. CARVALHO, R.de. A música de Villa-Lobos. *O Estado de S.Paulo*, São Paulo: 17/2/1922.

Música Viva

que dedica a Villa-Lobos, Rubinstein coloca que o músico brasileiro teria mesmo criado instrumentos originais para serem utilizados em suas obras.[28]

Ao que se sabe no entanto, Villa-Lobos não chegou a inventar propriamente nenhum instrumento. Porém, sua modernidade não necessitava da pesquisa organológica para se firmar, nem na verdade se cingiu meramente ao emprego de instrumental típico. Ela abarca a exploração de recursos sonoros de instrumentos tradicionais e também da própria sonoridade musical. O timbre em si passa a adquirir dessa maneira uma exuberância tal que, em várias obras, se eleva ao primeiro plano da composição (afora as músicas já mencionadas, acrescente-se aqui *Rudepoema*, por exemplo). A isto talvez possamos atribuir a confusão de Rubinstein. Ao trabalho sobre a palheta instrumental incorporam-se elementos não convencionais para sua época, ampliando nesse sentido o que Webern, à sua maneira, nomeou de "conquista do domínio sonoro": incorporação sempre mais intensa por parte do musical dos elementos sonoros, necessários a uma legítima expressão contemporânea (isto é, daquilo até então considerado inusitado ou extra-musical), moderna portanto.

Merecem ser citadas, a título de ilustração que seja, algumas utilizações pioneiras, e geralmente pouco consideradas, como: a do violoncelo, evocando um mugido, no *Il Bove* (1915); a da clarineta, sem palheta, assoprada como uma trompa ou cantada na boquilha como numa flauta de bambu, no *Nonetto* (1923); e do piano, com folhas de papel inseridas entre suas cordas, no *Choros 8* (1928), entre outras. Nestas obras em especial, Villa-Lobos prenunciou efetivamente aquilo que apenas 25 anos depois começou a integrar-se, de forma lenta e progressiva, ao patrimônio musical contemporâneo internacional.

A modernidade expressa pelas criações de Villa-Lobos, não sendo prontamente assimilada, provocou — como tantas vezes antes, durante e depois — grande impacto no ambiente da época. Para termos uma idéia

---

28. Cf. KATER, C. Villa-Lobos de Rubinstein. *Latin America Music Review*, v.8, n°2, 1987, p.250.

mais substancial disso, vale recordar aqui o desdobramento da apresentação de uma de suas obras.[29] Entre as partituras adquiridas por Rubinstein, quando de sua primeira estada no Brasil, figura o Caderno I da *Prole do Bebê*. Sua execução num concerto realizado pelo pianista no Rio de Janeiro provocou vaias do público e fortes reações por parte das figuras de proa do meio musical carioca. Rubinstein relatou posteriormente:

> Mais tarde recebi cartas furiosas censurando-me por não ter tocado a verdadeira boa música brasileira, aquelas coisas charmosas saídas da pena dos professores do Conservatório.[30]

Tal reação entretanto teria sido em muito multiplicada caso os representantes da estética conservadora – que tinham no Conservatório de Música do Rio de Janeiro seu quartel general – tivessem tido acesso à partitura de uma obra muito pouco conhecida, onde o compositor brasileiro realiza aquela que, a meu ver, é a sua inovação efetivamente *avant la lettre*.

Em sua *Suite Sugestiva*, de 1929, para canto e conjunto de câmara, Villa-Lobos solicita aos intérpretes dos instrumentos de sopro, que improvisem melodicamente – deixando em aberto as notas da partitura –, tendo por base apenas a determinação da estrutura rítmica.[31]

Há também uma semelhança de procedimentos entre Villa-Lobos e Stravinsky que merece ser mencionada. A freqüente associação dos nomes

---

29. Não são evocados aqui nenhum dos ataques ferrenhos de Oscar Guanabarino, um dos mais convictos e insistentes críticos de Villa-Lobos, pelo evidente conhecimento que deles já se possui. Sua postura de apego e defesa à tradição – desprezando qualquer expressão da inovação – torna-o em realidade um crítico reacionário que combaterá igualmente o *Música Viva* e a música atonal na década de 40.

30. O evento suscitou o seguinte comentário de Villa-Lobos: *Eu sou ainda bom demais para eles!* Cf. KATER, C. Villa-Lobos de Rubinstein. *LAMR*, v.8, n°2, 1987, p.250.

31. A referida partitura encontra-se nos arquivos da casa de edição Max Eschig, de Paris, consultados por mim em 1985. Para ilustração, ver: KATER, C. Aspectos da modernidade de Villa-Lobos. *Em Pauta*, v.I, n°2, Jun./1990, p.52-65.

Música Viva

desses dois compositores significa, antes de mera contemporaneidade, a proximidade de ambos no pódio da modernidade.[32]

Entre os traços estilístico-composicionais que associam a *Sagração da Primavera* ("Quadros da Rússia pagã") — representação exemplar da fase russa de Stravinsky — e o *Nonetto* ("Impressão rápida de todo o Brasil") — obra revolucionária do compositor brasileiro —, está o recurso feito ao repertório cultural popular de seus respectivos países (o que, em grande parte, lhes confere uma aceitação particular, quando de suas estréias mundiais em Paris). Valem-se ambos os compositores do empréstimo de materiais, que, *in totum* ou modificados, com maior ou menor grau de variação, conferem tipicidade às suas obras.

Em sua origem essa tipicidade advém do potencial sócio-cultural que suas músicas ilustram e se insere dentro do quadro de princípios estéticos postulados pela própria modernidade européia.

No caso particular de Villa-Lobos significava, como já mencionamos, revogar as correntes formais vigentes que aprisionavam o discurso e *associar o que somos ao como falamos* (o que em música possibilitou trazer e fazer interagir no domínio erudito elementos da dimensão folclórica e popular), descortinando o véu de academicismo que encobria ainda dominante a realidade artística e cultural do país.

Assim, o emprego de material típico se coloca entre nós como mais do que um desejo, quase verdadeira missão dos "primitivos de uma nova era" que, como Mário de Andrade, produziram a primeira fase modernista; ao passo que na Europa esta tipicidade é, a par do sentido intrínseco das obras, fundamentalmente valorizada pelo exotismo que transpiram, ainda muito em voga nos principais centros do continente, como Paris, Berlim, Zurique.

---

32. Há na verdade um conjunto de relações que permitem estabelecer paralelos entre esses dois compositores, sejam conjunturas existenciais, sejam estéticas. Importante notar, mesmo de passagem, que ambos além de se imporem na vida musical de Paris com suas produções nacionais vibrantemente modernas ou terem sido prolixos na construção de um patrimônio vultuoso de obras, fizeram mais tarde retorno à tradição formal: Stravinsky com sua característica fase neoclássica e Villa-Lobos com sua consagrada série em homenagem a J.S.Bach, e ainda sinfonias, quartetos, concertos, etc.

Desse ponto de vista, isto não marca com exclusividade a produção de ambos. Bartók, Smetana, Chopin, Sibelius, De Falla e tantos mais fizeram, caracteristicamente, o mesmo.

As principais semelhanças estilísticas entre Stravinsky e Villa-Lobos situam-se também ao nível do discurso (onde a forma mosaico e as organizações simétricas se impõem), da exploração da dimensão temporal e do colorístico.[33]

Nesse sentido, a quase unanimemente reconhecida modernidade do Villa-Lobos da década de 20, não se viu ofuscada, dependente ou cerceada pelas semelhanças de sua produção com aquela do compositor russo. E isto simplesmente porque a força da personalidade expressiva que ambos desenvolveram instalou-se em cada uma de suas obras como registro particular de um modo de fazer autêntico.

A *lei da raridade*, que resulta da originalidade criativa e que de forma fundamental confere valor aos produtos e idéias — não apenas, mas sobretudo artísticos —, permite-nos situar esse Villa-Lobos antes como compositor moderno e afinado com seu tempo, do que brasileiro-nacionalista.

Sua produção porém, desde 1930 e ainda mais com a passagem dessa década para a seguinte, espelhará uma modificação substancial no estilo compositivo, embora jamais abandonando a referência nacional.

Constataremos um deslocamento relativamente progressivo no eixo de posturas, uma caracterizada pelo *modernismo nacional*, fundada em formas musicais típicas presenciáveis nos dois centros urbanos mais importantes do país (Rio e São Paulo), outra pelo *nacionalismo histórico-geográfico* (recurso a temáticas culturais representativas do país).

Se a primeira fez recursos ousados e originais à experimentação, revolucionando a linguagem musical naquele momento dado — em termos de

---

33. Conforme observei parcialmente no artigo "Aspectos da Modernidade de Villa-Lobos", já mencionado.

materiais, formas, discurso, faturas, texturas, etc. —, a segunda se caracteri-zou preponderantemente por empréstimos e evocações da tradição cultural brasileira — várias vezes sob forma de valores de nossa história — articulados numa retórica tonal-romântica.

Se uma incorporou à literatura nacional a atualidade do pensamento estético internacional, transfigurando-o, transcendendo-o e avançando, à maneira tropical, suas fronteiras, a outra fixou os materiais nacionais num idioma igualmente internacional, mas já anacrônico e em processo agudo de superação naquele momento.

O fluxo das conquistas musicais estabelecia novas concepções para sua modernidade atual e Villa-Lobos, apesar do prestígio progressivamente alcançado no Brasil e nos principais centros culturais mundiais, dele se distanciava de maneira inequívoca.[34]

As condições sócio-políticas que se impuseram no Brasil desde a revo-lução de 30 ofereceram-se como contexto impulsionador para a missão cívica a que Villa-Lobos prontamente se incumbiu. De fato, a partir do retorno de sua segunda estadia em Paris (1927-30), ele manterá contatos com o interventor em São Paulo, Cel.João Alberto, iniciando, no começo do ano seguinte, suas *Excursões Artísticas*, em caravana com diversos músi-cos pelo interior do estado.

---

34. Aproximações aos *blocos sonoros* de Varèse — como menciona Mário de Andrade, conforme reproduzimos no início do capítulo — e às faturas stravinskianas, como exemplificações da modernidade de sua criação no contexto mundial, não são mais possíveis. As experiências a nível do sintagma das alturas realizadas pela Segunda Escola de Viena, que sistematizaram a modernidade na dimensão espacial — representativas portanto dos novos passos da vanguarda da época —, são, em várias oportunidades, desconsideradas e criticadas por ele sob o rótulo de *música papel*. Aliás, vale a pena a leitura de textos históricos onde podemos verificar a progressiva modificação de postura de Villa-Lobos face à problemática estética da música de seu tempo. Ver por exemplo: "Educação cívico-artística, o Guia Prático e a SEMA" (*Correio da Manhã*, 5/12/1936), "Pesquisas Musicais" (*Boletin Latino Americano de Musica*, v.6/VI, 1946, p.585-588), "Apologia a Arte" e "Minha Filosofia" (*Presença de Villa-Lobos*, v.3, 1969, p.103-4 e 119-120, respectivamente), "Edu-cação Musical" (*BLAM* 6/VI, 1946, p.495-500).

Nesse mesmo ano em São Paulo e notadamente a partir de 1932 — quando já está fixado no Rio de Janeiro — dará então início às monumentais demonstrações orfeônicas e à elaboração de um plano pedagógico-musical de grandes proporções. Num conjunto de ações impregnadas pelas exortações cívicas, participará enquanto agente musical (animador, regente, educador e compositor) da fixação da ideologia nacionalista decorrente do atual momento político.[35]

Assim, de forma acelerada intensificará seus esforços na direção do *nosso*, praticamente abandonando a via do *novo* contemporâneo, que até então havia dele recebido suas mais brilhantes e legítimas contribuições.

Nessa bifurcação oscilante, tendo porém já definido seu caminho, encontrava-se o momento musical brasileiro ao final da década de 30. Como disse anos mais tarde um dos participantes da *Semana*, o musicólogo Renato Almeida, referindo-se a este primeiro momento modernista:

> No modernismo uma coisa foi real e fecunda, reclamar que se fizesse obra nossa e nova, e bastaria ser verdadeiramente nossa para ser nova. Nesse sentido, todos estivemos de acordo. Divergimos, porém sem saber como fazer essa obra nossa e nova. E foi a beleza do movimento, que não se circunscreveu a preconceitos de escola, que cada qual fêz a seu modo e a seu jeito, e houve os que situavam o Brasil no quadro da cultura universal e os que queriam que déssemos as costas ao mundo e buscássemos em elementos nativos a seiva criadora de tudo...

Foi justamente a questão do *nosso* e do *novo* que, sem respostas criativas satisfatórias contínuas, nem muito menos definições atualizadas durante a década seguinte, acabou por alimentar, ao final da segunda fase do modernismo musical, uma das mais intensas polêmicas jamais verificada no Brasil.

---

35. Ver: WISNIK, J.M. Getúlio da Paixão Cearense. *O nacional e o popular na cultura brasileira*, para uma discussão sobre a representação social da empresa villa-lobiana.

Música Viva

H.J.Koellreutter.

Cartão postal com o jovem flautista H.J.Koellreutter (Berlim, c.1936).

II

Música Viva, breve histórico

1915 — 2 de setembro, nasce na cidade de Freiburg, Alemanha, Hans-Joachim Koellreutter.

1926/34 — Em Karlsruhe, cidade próxima a Freiburg, freqüenta e conclui o *Humanistisches Gymnasium* (curso equivalente ao ensino médio).

1934/36 — Realiza estudos de flauta, composição e direção de coro na *Staatliche Akademische Hochschule für Musik*, em Berlim. Foi aluno de Gustav Scheck (flauta), C.A.Martienssen (piano), Georg Schuenemann e Max Seiffert (musicologia) e Kurt Thomas (composição e regência coral);

freqüenta os cursos e conferências sobre Composição Moderna, ministrados por Paul Hindemith, na *Volkshochschule*, em Berlim.

1935 — Funda o *Arbeitskreis fuer Neue Musik* ("Círculo de Música Nova"), em Berlim, junto com Dietrich Erdmann, Ulrich Sommerlatte, Erich Thabe e vários outros músicos;

. apresenta-se como flautista pela primeira vez em Paris.

Música Viva

1936 — Participa da fundação do *Cercle de Musique Contemporaine* em Genebra, junto com Franck Martin.

1936/37 — Envolvido em atividades antifascistas, acaba sendo expulso da *Staatliche Akademische Hochschule für Musik*. Conclui seus estudos no *Conservatoire de Musique*, de Genebra, onde estudou com Marcel Moyse (flauta). Foi aluno, em cursos extracurriculares, do famoso regente Hermann Scherchen (direção de orquestra), em Neuchatel, Genebra e Budapeste;

realiza turnês, como flautista, por vários países da Europa (Alemanha, Suíça, França, Bélgica, Suécia, Dinamarca, Noruega, Holanda, Itália, Polônia, Checoslováquia, entre outros). Toca com o pianista e compositor francês Darius Milhaud.

1937 — Estréia, em Berlim, sua versão da *Arte da Fuga*, para flauta, violino, viola e violoncelo;

16 de novembro: chega ao Rio de Janeiro, a bordo do navio *Augustus*.

Um dos fatos que mais convém chamar a atenção nesse início de um longo esboço biográfico-cronológico é o de Koellreutter ter estudado com Hermann Scherchen.[36]

Na realidade, o renomado regente alemão (Berlim, 1891 – Florença, 1966) não foi apenas um entre seus vários professores. Scherchen foi mais propriamente o mestre que exerceu sobre a formação pessoal do jovem

---

36. Ver Anexo 1 – "Cronologia de Koellreutter e da *Música Viva*", onde estão relacionados os eventos e as realizações mais significativas da trajetória do músico e do movimento engendrado.

Carlos Kater

Hermann Scherchen, Koellreutter e colegas de turma (Koellreutter é terceiro da esquerda para a direita e Scherchen o quinto)

Música Viva

Hermann Scherchen rodeado por seus alunos, com Koellreutter à esquerda na foto (1937)

Koellreutter uma influência profunda e decisiva. Nesse sentido comentar algumas das características de seu trabalho é já antecipar realizações desenvolvidas pouco mais tarde por seu discípulo no Brasil.

Como se sabe, os esforços de Scherchen foram desde cedo consagrados à divulgação e melhor compreensão da música nova — de todas as épocas —, cabendo a ele primeiras audições de obras fundamentais, hoje totalmente incorporadas à literatura contemporânea (Paul Hindemith, "Segunda Escola de Viena" — com Arnold Schoenberg, Alban Berg e Anton Webern —, Serge Prokofiev, Igor Stravinsky, Luigi Dallapiccola, Luigi Nono, Hans-Werner Henze e tantos mais), tendo se tornado referência as primeiras audições que realizou do *Concerto* de Alban Berg e de *Déserts*, de Edgard Varèse, por exemplo.

Com tais objetivos cunhou originalmente a expressão "*Musica Viva*", inaugurando um movimento e nomeando assim um periódico musical, que editou em Bruxelas de 1933 a 1936.

No entanto, além de regente de orquestra consagrado, Scherchen foi um pensador, teórico, pedagogo, conferencista, escritor, editor e um pioneiro da rádio.[37]

Suas ações não ficaram restritas a um passado distante e adormecido na memória de seus jovens alunos. Para se ter uma dimensão da importância que este mestre teve junto a eles, reproduzo um trecho da correspondência que o compositor Iannis Xenakis lhe envia, datada de 27 de Novembro de 1959:

> Cada vez que eu o encontro é uma festa. Até hoje não encontrei um homem de seu valor moral, artístico e de ação. Um regente e um

---

37. Entre inúmeras iniciativas, Scherchen criou em 1954 um estúdio experimental de música eletroacústica, no vilarejo suíço de Gravezano, que se tornou mundialmente conhecido.

sábio, um revolucionário permanente. Sua maior força é o desinteressamento total. O Sr. é um iluminado ativo, que reúne as condições do homem total da antiga Atenas. O Sr. é dotado da *étincelle* de vida tal que a pintou Miguelângelo.[38]

Eunice Katunda também nos dá um depoimento do forte impacto causado pelo contato com Scherchen. Ela declara em correspondência de Veneza a seu marido Osmar e sua mãe Grauben:

> "S. é um homem quase absurdo! Mas é fantástico. Luta com cada um com uma força de espírito quase sobre-humana! Procura sempre destruir o senso de vaidade, de medo, de timidez de cada um. De penetração psicológica intensíssima, é absolutamente impiedoso. Só há dois caminhos. Ou se chega a compreender o verdadeiro sentido do que faz, passando-se a admirá-lo incondicionalmente como um homem, com todos seus defeitos e qualidades. Ou então vem a ser profundamente antipático. Porque ele sempre atinge a gente, seja como elemento destrutivo ou construtivo. Felizmente acho que compreendi. .... Mas é uma luta à la Nietsche, violenta e decisiva, que constrói ou destrói a gente para o resto da vida. Porque faz a gente lutar consigo mesmo. Eu por exemplo estou me preparando para atingir essa concentração absoluta que ele exige."

> Cf. "Cartas de Macunaíma para o Brasil", 15/9/1948,
> em: KATER, C. *Eunice Katunda, musicista brasileira.*

---

38. Cf. TREMINE, René. *"Hermann Scherchen. Chronique d'une re-découverte annoncée". Labels / Média 7*, n°3, Jan./1993, p.6.

Segundo discípulos como Igor Markevich ou Elias Canetti, Scherchen aterrorizava seus alunos, mas eles o adoravam. Segundo sua própria definição: "Eu não sou um homem complicado. Sou um homem que complica."[39]

Entre os seus objetivos maiores estão sem dúvida o de trazer à tona a produção musical, sobretudo, de sua época e o de propagar a música de maneira pedagógica.

Koellreutter, líder e empreendedor por natureza, traz ao desembarcar no Brasil esta marcante experiência e o desejo de dar continuidade a iniciativas do gênero, tendo já participado anteriormente de grupos com certo ineditismo de propostas ("Círculo de Música Nova", 1935, e "Círculo de Música Contemporânea", 1936).[40]

Tratava-se então de adequar e desenvolver suas experiências junto à nova realidade. Desafio relativamente atenuado na medida em que o ambiente foi sem dúvida favorável e suas proposições no meio musical atenderam a uma necessidade de renovação e dinamismo já expressa em vários setores.[41]

---

39. Vale a pena observar o paralelo que há entre as posturas de Scherchen e de Koellreutter, se associamos esta colocação do mestre à de seu discípulo: "Tudo o que choca conscientiza".

40. Outros núcleos *Musica Viva* foram também criados por ex-alunos de Scherchen em diversas cidades, como por exemplo no Cairo, dirigido por Hanns Hickmann (segundo informações de Koellreutter em depoimento ao autor).

41. Entre tantos documentos atestando a crise, o marasmo do meio musical erudito da época, as colocações, por exemplo, do compositor Luciano Gallet em seu texto "Reagir" (em anexo) e a série de mesmo nome que se seguiu ilustram isso com força particular. Sob este título, Gallet veiculou na revista *WECO* (Anno II, n°2, 3 e 4, de 1930), a posição de vários músicos, jornalistas e intelectuais da época, como Renato Almeida, Mário de Andrade, Luiz Heitor, Octavio Bevilacqua, Itiberê da Cunha, Lorenzo Fernandez, entre outros. Comentários sobre a situação crítica da música e dos músicos, na América Latina, de 1930 a 42, bem como ao pouco espaço existente para o compositor e a música nova, podem ser encontrados no Editorial de F.Curt Lange, publicado no Anexo 4.

Luiz Heitor Correa de Azevedo, musicólogo brasileiro

Será Luiz Heitor Corrêa de Azevedo – então chefe da Seção de Música da Biblioteca Nacional do Rio de Janeiro – quem exercerá uma função determinante na introdução do recém-chegado flautista alemão junto ao ambiente artístico carioca. Por um lado, apresenta-o ao pianista Egydio de Castro e Silva, com quem, logo em 1938, realiza uma série de apresentações pelo nordeste do país, no âmbito da *Instrução Artística do Brasil*. Segundo depoimento de Koellreutter, é nesta ocasião que delineiam algumas das diretrizes que virão a nortear o movimento em sua primeira fase.

Mais significativo no entanto é o contato direto que lhe propicia – esse anfitrião de tantos artistas que foi Luiz Heitor [42] – com o núcleo de músicos e intelectuais freqüentadores da loja de música *Pingüim*, na Rua do Ouvidor.

---

42. Para algumas informações complementares sobre Luiz Heitor, ver: AZEVEDO, L.H.C.de. Minhas memórias da UNESCO (a música nas relações internacionais: 1947-1965). *Pró-Música*. Curitiba: 1967, p.31-45; MARIZ, Vasco. *Três musicólogos brasileiros: Mário de Andrade, Renato Almeida, Luiz Heitor Correa de Azevedo*. RJ/Brasília: Civilização Brasileira/INL, 1983; KATER, C. Villa-Lobos de Luiz Heitor. *Música Hoje*, nº3. Belo Horizonte: DTGM/UFMG, 1997, p.37-50.

Ali assiduamente se encontravam Brasílio Itiberê (jovem compositor e professor do Conservatório), Octávio Bevilácqua (crítico musical do *O Globo*), Andrade Muricy (escritor e crítico musical do *Jornal do Comércio*), Alfredo Lage (membro da alta sociedade e primeiro aluno de Koellreutter no Brasil), Werner Singer (maestro alemão, refugiado no país), Egydio (também compositor) e o próprio Luiz Heitor, entre outros.

Casal Lage e Koellreutter, na época de sua chegada ao Rio de Janeiro (1938)

A partir desses contatos é que nasce então, por obra de Koellreutter, a *Música Viva* brasileira. O primeiro grupo de participantes é formado justamente por esses freqüentadores da *Pingüim*, conforme veremos figurar no boletim *Música Viva* n°1.[43]

Será apenas a partir do ano seguinte, 1939 portanto, que as atividades significativas — audições e concertos — se desenvolverão concretamente.

---

43. Cf. boletim *Música Viva*, n°1, 1940, p.7.

Daí o próprio fundador do movimento ter declarado, tempos depois: "...fundei, em colaboração com alguns jovens compositores brasileiros, em 1938, o grupo *Música Viva*...".[44]

Inaugura-se assim um movimento pioneiro de renovação musical, concebido em três frentes de ação — formação, criação e divulgação —, que integradas, terão intensidades proporcionais ao longo de sua existência. Cultivar, proteger, promover a música contemporânea e aquela de todas as épocas e estilos, é a contrapartida da meta que visa também a criar espaço próprio para uma jovem música a ser produzida no Brasil.[45]

Projeto estruturado, concebido com planejamento e realizado com determinação, manteve-se efervescente durante mais de uma década, entrando em declínio do final de 1950 a 1952. O movimento se deu num *crescendo* de compromisso ideológico; várias fases dessa evolução podem ser verificadas, cada qual correspondendo a um momento relativamente característico.

Momento I

Essa primeira etapa, integradora por excelência, é marcada pela coexistência interna de tendências estéticas e ideológicas bastante dessemelhantes, tal como se manifestam na constituição original do grupo. Seus integrantes eram personalidades atuantes e já conhecidas no ambiente musical carioca, diferentemente das fases seguintes nas quais os participantes mais ativos serão jovens alunos ou ex-alunos de Koellreutter.

---

44. Conforme podemos ler no boletim n°7/8, de 1941, p.1. Consultando-se a bibliografia existente verificamos porém unanimidade na aceitação de 1939 como data de criação da *Música Viva*, identificando assim a data de criação do organismo com a do início de realização de suas atividades. O "1936", em: MARIZ, V. *Figuras da Música Brasileira Contemporânea*, p.66, é seguramente um erro de impressão.

45. Cf. "Finalidades" do grupo *Música Viva*, artigos 3 e 4 dos "Estatutos", documento transcrito integralmente no Anexo 3.

Adaptando-se à linha tradicional das agremiações e associações, o grupo transforma-se em "sociedade", conforme é declarado no boletim número 1. Esta prática, inaugurada no Brasil pela *Sociedade Filarmônica* (Rio de Janeiro, 1834), estende-se até o século XX.[46]

Se no entanto as sociedades existentes "realçavam o virtuose e o concerto", como nos diz Koellreutter, *Música Viva* assume a diferenciada finalidade de "divulgar o compositor e sua obra, principalmente a contemporânea".[47]

Transformar-se em "sociedade" é índice do exercício diplomático da facção progressista, mas ainda minoritária, do grupo. Atendendo ao impulso de consolidação do organismo criado, visa adequar-se às normas vigentes na época, representada pela ala majoritária de tendência mais conservadora.

Nessa mesma linha, quando da iniciativa do *Música Viva* em criar no seio do movimento a Seção Brasileira da *Sociedade Internacional de Música Contemporânea* (SIMC), Villa-Lobos — o expoente máximo da música nacional da época — é tornado, a convite do próprio grupo, seu presidente honorário.[48]

Essa tendência integradora se expressa também na elaboração dos programas de apresentação musical, nos quais fundem-se nomes como Villa-Lobos e Camargo Guarnieri com Koellreutter e Santoro, acrescidos nos anos seguintes pelos de vários outros, tão distantes estetica quanto ideologicamente.

A divulgação de obras representando vasto espectro de tendências e períodos — gamas diversas do panorama musical internacional, frente nacionalista e nova escola composicional brasileira (ainda incipiente) — merece maior ênfase

---

46. Para se ter uma idéia mais clara da voga desses organismos na época, lembremos que apenas Luciano Gallet foi responsável pelas fundações de: *Sociedade Glauco Velásquez* (1914), *Sociedade Coral Pró-Arte* (1924) e *Associação Brasileira de Música* (1930).

47. Cf. boletim *Música Viva*, n°7/8, Jan.-Fev./1941, p.2.

48. Cf. boletins *Música Viva* n°5, Out./1940, p.11, e n°7/8, Jan.-Fev./1941, p.2.

nessa fase e constitui por si só uma proposta inusitada para o período. Esboça-se desde então esta característica, tornada constante ao longo da trajetória do movimento, atendendo aos objetivos de difusão ampla das produções musicais e conseqüente revitalização do ambiente artístico-cultural.

Isto explica melhor as transformações operadas nos momentos seguintes, quando as músicas concebidas pelo *Música Viva*, experimentando progressivamente maior maturação de inovações composicionais, suscitam um estilo crítico combativo particular nas comunicações e publicações do grupo, como veremos adiante.

Se no início dessa fase a edição dos boletins obedeceu a um relativo padrão de continuidade (do 1 ao 10/11) [49], o mesmo não se verificará mais desde aqui. Dificuldades maiores se impuseram por razões extrínsecas ao movimento. Afora as limitações de ordem econômica, todas as demais afetaram Koellreutter diretamente. Por um lado, a condição desfavorável de saúde em 1941, bem como a situação causada pelos rumos da Segunda Grande Guerra no Brasil (1942), tiraram de circulação por algum tempo o músico alemão aqui radicado.[50]

Com a nacionalidade alemã cassada desde 1940 e ainda sem a naturalização brasileira, Koellreutter torna-se apátrida. Isto, acrescido do fato de responder de São Paulo pelo acompanhamento das impressões musicais realizadas para a "Editorial Cooperativa", dirigida por C.Lange do Uruguai, acarretou sua prisão. Suspeitava-se que os recebimentos provenientes do exterior, necessários para efetuar aqui os pagamentos da edição, encobrissem atividades nazistas.

De 1941 a 1947 – datas de edição dos boletins n°10/11 e n°12 , respectivamente –, verificamos um interregno na série de publicações, pontuado apenas por dois documentos isolados.

---

49. Ver Anexo 5, "Índice dos boletins *Música Viva*", onde informamos conteúdo, número de páginas e data de publicação de cada um dos exemplares da revista.

50. Para esse assunto, ver informações mais detalhadas na "Cronologia", Anexo 1.

Um deles é a revista "*Musica Viva*", apresentada como órgão oficial da Editorial Cooperativa Interamericana de Compositores (Montevidéu, Agosto de 1942). Ela ilustra a tentativa de Koellreutter, isolada do movimento brasileiro, em dar continuidade, num momento de grande indefinição política, ao trabalho até então realizado. Nela Curt Lange aparece como Diretor e Koellreutter como Redator-Chefe.[51] A associação com as iniciativas musicológicas de Francisco Curt Lange — notadamente o "Americanismo Musical" —, deslocando *Música Viva* momentaneamente para fora do Brasil, não chegou no entanto a gerar nenhum outro fruto.[52] Propiciou porém a Koellreutter, na chefia agora das publicações musicais do *Instituto Interamericano de Musicologia* — e na direção geral da *Editorial Cooperativa Interamericana de Compositores* (ECIC) —, cumprir parcialmente as metas de divulgação anteriormente propostas, editando obras de compositores brasileiros de diversas tendências (Villa-Lobos, Guarnieri, Santoro, Guerra Peixe, Koellreutter, entre outros mais).

O segundo documento é um texto avulso e representa o primeiro manifesto produzido pelo grupo. Exemplar mimeografado, datado significativamente de

---

51. Ver, em anexo, a reprodução do editorial "*Nuestros Principios*". *Musica Viva, Organo Oficial de la ECIC*" (Montevidéu, Ago./1942).

52. Lange, por essa época, havia já lançado as bases de sua profícua atuação em nosso continente: fundação do "Americanismo Musical" (1933-34), publicação do primeiro tomo do *Boletín Latino Americano de Musica* (1935) — contendo, à semelhança do boletim *Música Viva*, obras inéditas de compositores latinoamericanos em suplemento musical —, organização do "Primeiro Festival Latinoamericano de Música" (1935), criação do "Instituto Interamericano de Musicologia" (1938-39) e da "Editorial Cooperativa Interamericana de Compositores" (1941). O "Americanismo Musical", idealizado por Lange, demonstra também nítidas analogias de princípios com *Música Viva* — especialmente em seu primeiro momento —, visando à ampliação de horizontes e atualização do conhecimento no plano internacional. Em algumas expressões no entanto transparece ambigüidade quanto à postura (cêntrica): "...*no vivir en una aldea retrógrada y sentirse vibrar con la mejor musica del mondo*", cf. *Relatório F.Curt Lange*, Venezuela, 1988. Um parco conhecimento da história da música brasileira talvez ofuscado ainda pela magnitude das atividades de Lange, conforme ele próprio as concebeu e divulgou, levou a que se proclamasse de maneira equivocada: "Foi o fundador igualmente da revista *Música Viva*, que só teve um número; editada no Brasil, em cinco línguas no início da Segunda Guerra Mundial, teve que ser interrompida pela disposição do governo brasileiro de somente permitir, neste tempo, publicações em língua portuguesa"; cf. Quem é Curt Lange. *Suplemento Literário*, Minas Gerais, 16/6/1973, p.2.

1º de Maio de 1944, possui as assinaturas de Aldo Parisot, Cláudio Santoro Guerra Peixe, Egydio de Castro e Silva, João Breitinger, Mirella Vita, Oriano de Almeida e Koellreutter.

Manifesto:

O *Grupo Música Viva* surge como uma porta que se abre à produção musical contemporânea, participando ativamente da evolução do espírito.

A obra musical, como a mais elevada organização do pensamento e sentimentos humanos, como a mais grandiosa encarnação da vida, está em primeiro plano no trabalho artístico do *Grupo Música Viva*.

Música Viva, divulgando, por meio de concertos, irradiações, conferências e edições a criação musical hodierna de todas as tendências, em especial do continente americano, pretende mostrar que em nossa época também existe música como expressão do tempo, de um novo estado de inteligência.

A revolução espiritual, que o mundo atualmente atravessa, não deixará de influenciar a produção contemporânea. Essa transformação radical que se faz notar também nos meios sonoros, é a causa da incompreensão momentânea frente à música nova.

Idéias, porém, são mais fortes do que preconceitos!

Assim o *Grupo Música Viva* lutará pelas idéias de um mundo novo, crendo na força criadora do espírito humano e na arte do futuro.[53]

Este é justamente o documento que serve de marco para o início da segunda fase do movimento.

---

53. Cf. NEVES, J.M. *Música contemporânea brasileira*, p.94. Não tivemos oportunidade de consultar diretamente nenhum exemplar desse manifesto. No entanto, cabe notar que parte de seu conteúdo está contemplado já no "O nosso programa", do primeiro boletim (1940) e o texto no geral foi muito veiculado, com e sem variações, pela locução dos programas radiofônicos *Música Viva* geralmente em seu final. Cf. roteiro do programa de 26/1/1946 aqui anexo, entre tantos outros.

Momento II

O *Manifesto 44*, como também se tornou conhecido, ilustra a intensificação das atividades de Koellreutter junto ao movimento, representada por um conjunto de ações. A principal delas é sem dúvida o esforço de reorganização do grupo no Rio de Janeiro, que com a saída dos membros conservadores adquire maior coesão e começa agora a projetar-se publicamente com personalidade própria. No dia 13 de Maio, desse mesmo ano, é lançada a série dos programas radiofônicos *Música Viva*, junto à PRA-2, Rádio Ministério da Educação e Saúde, inusitado suporte de divulgação que vem a se acrescentar aos tradicionais. E ainda, é retomado o processo de constituição do grupo *Música Viva* paulista, que, como veremos adiante, passará a desempenhar um importante papel na disseminação das idéias do movimento.

Apesar de breve, este *Manifesto 44* não é assim um documento isolado. Sua perspectiva é assegurada pelo endosso de um conjunto expressivo de ações e produções musicais originais, o que faz com que seu significado vá muito além do que habitualmente se considera. Importante mencionar que em 18/12/1943, portanto poucos meses antes da concepção do *Manifesto*, Koellreutter pronuncia a conferência "Problemas da Música Brasileira", na qual rebate colocações agudas de João Itiberê da Cunha. Com base nesse fato, podemos considerar a hipótese de que o manifesto seja uma conseqüência direta dessa mesma linha de força que estabelece clara ruptura com o meio tradicional musical.

Do ponto de vista estético-musical, ele é o reflexo inaugural daquilo que hoje chamamos "música moderna brasileira" e que se colocou como alternativa única e original às produções de cunho nacionalista, encabeçadas fundamentalmente por Villa-Lobos, em processo de classicização.

Nesse documento é buscada simultaneamente a afirmação do grupo de compositores e a representatividade do movimento como um todo, colocando-se em primeiro plano a criação musical e a modernidade, que agora se beneficiam fertilmente de composições atonais nacionais, o que significa nesse preciso instante: produção experimental e renovadora.

Santoro — aluno de Koellreutter a partir de 1940 e até por volta de meados de 41 — havia já efetuado em diversas obras a passagem do atonalismo simples ao dodecafônico, demonstrando já nessa ocasião maturidade composicional. Guerra Peixe, músico experiente e seu colega desde inícios de 1944, começa rapidamente a conceber seus mais significativos frutos nessa mesma direção. A qualidade artística dos trabalhos de ambos os compositores é quase unanimemente reconhecida pelos críticos. Embora com estilos próprios, possuem em comum um modelo estético definido, representando a nova escola de composição brasileira (atonalismo serial-dodecafônico). Frente única, vanguarda revolucionária de seu tempo.

A partir desse momento é que *Música Viva* assume uma posição ofensiva, conquistando maior espaço nos meios de comunicação. Declarações incisivas e estocantes de Koellreutter — principal porta-voz do grupo — nos noticiários correntes geram polêmicas cada vez mais acirradas e conseqüentemente inimigos frontais.

Nos depoimentos públicos, procurando explicar pontos de vista e justificar o sentido, a importância do trabalho de *Música Viva* frente à "realidade em transformação", ele ataca as deficiências do meio pedagógico e artístico, apontando com certa especificidade seus responsáveis. Discorrendo sobre o ensino da música no Brasil, põe na berlinda o curso de composição musical da Escola Nacional de Música, do Rio de Janeiro, o que estimula profunda incompatibilização não só com a própria escola, mas com todo o meio musical conservador carioca.[54]

Alguns trechos deste comentário — polêmico já por seu título, "A música e o sentido coletivista do compositor moderno" — merecem ser revisitados:

---

54. Ao que consta chegou mesmo a circular um abaixo-assinado, encabeçado pelos professores da referida escola — Francisco Mignone foi rara exceção —, visando a extraditar Koellreutter do país. Entre seus mais combativos adversários encontravam-se os irmãos João Batista e José Siqueira, compositores convicta e estritamente nacionalistas, formados pela referida instituição.

...a matéria principal do ensino da música é a composição. E, infelizmente, as cadeiras de composição nas escolas oficiais brasileiras são ocupadas por professores de teoria, nunca por compositores. Os resultados são lastimáveis. Não se conhece nenhum compositor, que possa ser levado a sério, entre os músicos brasileiros de 20 a 25 anos, formado pela Escola Nacional de Música. Acho que isso demonstra claramente que nada se faz no sentido de preparar verdadeiros profissionais, que se possam dedicar a um mister da mais alta responsabilidade como a música. /.../ Ensina-se teoria em lugar de prática; regras em vez de criação; análise quando deviam ensinar síntese. O estudante fica cheio de teorias antiquíssimas e acaba por desconhecer completamente os processos modernos de composição. A Escola parou em Debussy e assim mesmo por muito favor. Ora, isso é um absurdo.

E mais adiante, generalizando sua crítica :

Falta ao Brasil professores competentes, entusiastas da profissão, gente que estude, que trabalhe, que não seja 'mestre' simplesmente — existem muitos mestres presunçosos, falsos mestres, por aí — mas camaradas e colaboradores dos alunos. Mestres 'tout court'.[55]

Meses mais tarde, concede entrevista ao jornal *O Globo* (Rio de Janeiro, 20/12/1944), onde reitera e desdobra os princípios básicos expostos no primeiro manifesto. O título "Sabotado pela crítica reacionária o movimento de música moderna" esclarece o contexto no qual Koellreutter e a *Música Viva* estão inseridos, quando salienta as finalidades do grupo:

...despertar — entre os próprios profissionais — o interesse pelos problemas de expressão e interpretação da linguagem musical de nosso tempo.

---

55. Cf. *Diretrizes*, 11/5/1944, p.5 e p.18, respectivamente.

...participar ativamente da evolução do espírito e combater o desinteresse completo pela criação contemporânea que reina entre nós por parte do público como também por parte dos profissionais.

Na mesma oportunidade identifica o franco e generalizado interesse pelo virtuose e pelo indivíduo — na sua opinião, herança do século passado — em detrimento das próprias obras compostas, da criação em si. Denuncia que não só as obras de jovens compositores — como Elza Cameu, Camargo Guarnieri, Cláudio Santoro ou Guerra Peixe — mas até as mais importantes de Villa-Lobos "são ignoradas pelo público brasileiro!".

Seu julgamento da situação vigente encontra momento de síntese e deixa transparecer as metas atualizadas do movimento, agora indiscutivelmente projetado na vanguarda de sua época:

> Criar um ambiente próprio para a obra nova, para a formação de uma mentalidade nova e destruir preconceitos e valores doutrinários, acadêmicos e superficiais, está em nosso plano, pois pela arte é que se reconhece o grau de cultura de um país.

O estilo, por um lado mais claro e definido, por outro ousado e combativo, suscitador de reações individuais e institucionais, caracteriza esse segundo momento ideológico. Substitui desde aqui o conceito corrente de *indivíduo* — elevado à categoria mítica, idealista —, por um outro, mais original e contemporâneo: *capacidade coletiva de uma geração*, fortalecedor do movimento.

Posição singular no cenário do período, ela é no entanto resultante de um efervescente processo e ilustra uma etapa ainda intermediária, fundindo valores de tempos distintos e em breve completamente antagônicos.

Podemos ressaltar já aqui o assentamento de alguns postulados que se desenvolverão após em outro manifesto (1946) e na própria trajetória individual de Koellreutter, mediante as iniciativas posteriores que realizou anos a fio.

...o compositor moderno participa, como qualquer outro cidadão, dos grandes problemas do povo e da humanidade. Por isso penso não ser bastante ao jovem artista preocupar-se unicamente com a sua arte e o seu instrumento, mas sim que o jovem artista deve conhecer a literatura, as artes plásticas, as ciências sociais, a filosofia, a política, etc., para poder colaborar ativamente na formação do espírito do povo e da humanidade, porque são os artistas-criadores os arquitetos do espírito humano.[56]

As diversas comunicações dessa fase denotam com significado especial a atenção dada pelo *Música Viva* ao engajamento do músico em sua realidade cultural — via Koellreutter e Santoro, em particular —, bem como a distinção entre artistas e "artistas-criadores", diferenciando o papel, a função esperada de cada uma dessas categorias.

Tinha-se como objetivo — ousado em sua natureza e proporção — modificar na raiz a situação da música e sua história. Implicava, em princípio, a transformação da própria classe musical, representada pelas várias espécies de *Siomaras* que virtuosisticamente *pongavam* nas cenas da época.[57] Somente assim poderia viabilizar-se tanto a criação quanto a difusão mais condizente da nova escola compositiva, recuperando-se, através da atualização do circuito musical (compositor-obra-intérprete-público), o sentido último de um fazer então desprovido de espaços e condições.

Postura reivindicativa, numa cruzada de aprimoramento musical e cultural, em tese fortemente análoga à de Mário de Andrade, visando substituir o prevalecente *fazer bem* pelo necessário *fazer melhor*. Existe aqui uma fron-

---

56. Cf. *O Globo*, Rio de Janeiro, 20/12/1944, p.13. O final dessa frase é um empréstimo que Koellreutter faz dentre suas leituras prediletas do momento. A citação, não indicada aqui, pertence a Stálin, segundo sua própria menção em outro texto *O músico e a política*, p.1, primeiro parágrafo: "Stalin: Os artistas-criadores são os engenheiros do espírito humano".

57. Faço referência aqui ao personagem *Siomara Ponga*, que Mário de Andrade concebeu em seu *O Banquete* para representar a virtuosidade tal como encarnada na época.

Música Viva

teira que atuará de maneira fundamental na postura estético-ideológica dos participantes diretos e simpatizantes do movimento.

Por essa época são membros do *Música Viva* no Rio de Janeiro: Aldo Parisot, Cláudio Santoro, Egydio de Castro e Silva, Guerra Peixe, João Breitinger, Koellreutter, Mirella Vita, Oriano de Almeida, Jaioleno dos Santos, Marcos Nissensson, Santino Parpinelli e Loris Pinheiro.[58]

A constituição oficial do *Grupo Música Viva* se sustenta nos "Estatutos", provavelmente redigido em 1943, onde figuram em detalhe os objetivos e finalidades, forma de manutenção e organização de funcionamento. Em seu Art.3°, estão explicitadas as seguintes metas:

a) cultivar a música contemporânea de valor para a evolução da expressão musical e considerada a expressão de nossa época, de <u>todas</u> as tendências, independente de nacionalidade, raça, ou religião do compositor.

b) proteger e apoiar principalmente as tendências dificilmente acessíveis.

c) reviver as obras de valor da literatura musical das grandes épocas passadas, desconhecidas, pouco divulgadas ou de interesse especial para a evolução da música contemporânea.

d) promover uma educação musical ampla e popular sob pontos de vista modernos e atuais.

e) animar e apoiar todo movimento tendente a desenvolver a cultura musical.

---

58. Cf. *O Globo*, Rio de Janeiro, 20/12/1944, p.13.

f) promover o trabalho coletivo e a colaboração entre os jovens musicistas no Brasil.[59]

Em consonância com estes princípios é redigido então o segundo e mais longo dos documentos do grupo, o *Manifesto 1945*, jamais mencionado anteriormente. Ele serve de ponte no amadurecimento entre as posições e os princípios adotados pelos membros do *Música Viva* nos conhecidos manifestos de 44 e 46.[60]

A reivindicação exigente é uma das tônicas do grupo, em conformidade com os objetivos traçados nos *Estatutos*, e coerentemente toma corpo nesse manifesto. Por conseqüência, lhe confere um papel mais agressivo face à situação musical e cultural vigentes no ambiente da época, bem como de seus responsáveis.

As expressões "exigimos", "lutaremos", "combateremos", que proliferam nesse documento-ponte, serão substituídas no manifesto seguinte (1946), por expressões mais abrandadas ("compreendemos", por exemplo), embora sem jamais abrir mão dos conteúdos e do forte caráter reivindicativo.

O maravilhamento diante das conquistas do progresso tecnológico oferecidas pelo novo mundo que se abria, da modernidade enfim, é representado, entre outras, pela importância conferida ao rádio e o seu

---

59. Não nos foi possível confirmar a data de elaboração deste documento. Uma anotação manuscrita no texto datilografado indica 1943, mas sua existência, tal como pudemos verificar, é evocada por volta de 1945. Ver no Anexo 7 sua transcrição integral.

60. Os "Estatutos" e o *Manifesto 1945*, pertencentes ao arquivo pessoal de Koellreutter, mas localizados no acervo de Gení Marcondes, não foram jamais citados nem veiculados em nenhuma publicação até o momento. Não nos foi possível assegurar, seja mediante pesquisa seja informando-nos junto a seus autores, se de fato houve publicação e divulgação do manifesto 1945. Koellreutter não se recordou do documento. Diante disso é válida também a hipótese de que o exemplar recuperado se constitua num esboço preparatório do *Manifesto 1946*.

poder educativo. A preocupação com a situação econômica dos músicos, ilustrada pela permanência de programas radiofônicos ao vivo, alinha-se a uma postura semelhante àquela assumida por Villa-Lobos, em 1932, no conhecido "Memorial" encaminhado a Getúlio Vargas.[61]

No entanto nesse manifesto sobressai a concepção que progressivamente se tornará constante em Koellreutter durante décadas após, isto é, de que sua época atual corresponde ao primado do social, levando vantagem sobre o do individual; à anarquia por sua vez corresponderia a organização em sua forma mais absoluta. Nesse sentido é que a música deveria deixar de ser a expressão pessoal de um indivíduo de uma classe social particular, a fim de poder representar a humanidade mais amplamente.

Tratando-se de uma revolução social onde o coletivo se sobrepõe ao individual, as artes — e entre elas a música, melhor do que qualquer outra de suas manifestações — deveria ser revolucionária, pois reflexo de uma situação revolucionária, jamais vista até então. A solicitação de um desempenho ativo, diante das questões colocadas pelo momento histórico, torna-se assim engajamento, quase ato de fé, imprescindível para a superação da estagnação musical e do confinamento de uma classe descompromissada com sua sociedade e seu tempo.

Embora com os matizes básicos já definidos, competirá à fase seguinte o estabelecimento de uma posição ideológica autêntica, tendente à consolidação da personalidade do movimento, onde a participação na realidade contemporânea terá seu significado modulado para a responsabilidade de transformação dessa sociedade em direção a uma nova, pautada em novos valores sociais, culturais e humanos.

---

61. In: *Jornal do Brasil*, Rio de Janeiro, 13/2/1932, reeditado em KIEFER, B. *Villa-Lobos e o Modernismo na música brasileira*, p.146-147.

Momento III

Manifesto 1946
Declaração de Princípios

A música, traduzindo idéias e sentimentos na linguagem dos sons, é um meio de expressão; portanto, produto da vida social.

A arte musical — como todas as outras artes — aparece como super-estrutura de um regime cuja estrutura é de natureza puramente material.

A arte musical é o reflexo do essencial na realidade.

A produção intelectual, servindo-se dos meios de expressão artística, é função da produção material e sujeita, portanto, como esta, a uma constante transformação, a lei da evolução.

Música é movimento.

Música é vida.

"MÚSICA VIVA" compreendendo este fato combate pela música que revela o eternamente novo, isto é: por uma arte musical que seja a expressão real da época e da sociedade.

"MÚSICA VIVA" refuta a assim chamada arte acadêmica, negação da própria arte.

"MÚSICA VIVA", baseada nesse princípio fundamental, apoia tudo o que favorece o nascimento e crescimento do novo, escolhendo a revolução e repelindo a reação.

"MÚSICA VIVA", compreendendo que o artista é produto do meio e que a arte só pode florescer quando as forças produtivas tiverem atingido um certo nível de desenvolvimento, apoiará qualquer iniciativa em prol de uma educação não somente artística, como também ideológica; pois, não há arte sem ideologia.

"MÚSICA VIVA", compreendendo que a técnica da música e da construção musical depende da técnica da produção material, propõe a substituição do ensino teórico-musical baseado em preconceitos estéticos tidos como dogmas, por um ensino científico baseado em estudos e pesquisas das leis acústicas, e apoiará as iniciativas que favoreçam a utilização artística dos instrumentos radioelétricos.

"MÚSICA VIVA" estimulará a criação de novas formas musicais que correspondam às idéias novas, expressas numa linguagem musical contrapontístico-harmônica e baseada num cromatismo diatônico.

"MÚSICA VIVA", repele, entretanto, o formalismo, isto é: a arte na qual a forma se converte em autônoma; pois, a forma da obra de arte autêntica corresponde ao conteúdo nela representado.

"MÚSICA VIVA", compreendendo que a tendência "arte pela arte" surge num terreno de desacôrdo insolúvel com o meio social, bate-se pela concepção utilitária da arte, isto é, a tendência de conceder às obras artísticas a significação que lhes compete em relação ao desenvolvimento social e à super-estrutura dele.

"MÚSICA VIVA", adotando os princípios de arteação, abandona como ideal a preocupação exclusiva de beleza; pois, toda a arte de nossa época não organizada diretamente sobre o principio da utilidade será desligada do real.

"MÚSICA VIVA" acredita no poder da música como linguagem universalmente inteligível e, portanto, na sua contribuição para a maior compreensão e união entre os povos.

"MÚSICA VIVA", admitindo, por um lado, o nacionalismo substancial como estágio na evolução artística de um povo, combate, por outro lado, o falso nacionalismo em música, isto é: aquele que exalta sentimentos de superioridade nacionalista na sua essência e estimula as tendências egocêntricas e individualistas que separam os homens, originando forças disruptivas.

"MÚSICA VIVA" acredita na função socializadora da música que é a de unir os homens, humanizando-os e universalizando-os.

"MÚSICA VIVA", compreendendo a importância social e artística da música popular, apoiará qualquer iniciativa no sentido de desenvolver e estimular a criação e divulgação da bôa música popular, combatendo a produção de obras prejudiciais à educação artístico-social do povo.

"MÚSICA VIVA", compreendendo que o desenvolvimento das artes depende também da cooperação entre os artistas e das organizações profissionais, e compreendendo que a arte somente poderá florescer quando o nível artístico coletivo tiver atingido um determinado gráu de evolução, apoiará todas as iniciativas tendentes a estimular a colaboração artístico-profissional e a favorecer o desenvolvimento do nível artístico coletivo;

Música Viva

pois a arte reflete o estado de sensibilidade e a capacidade de coordenação do meio.

Consciente da missão da arte contemporânea em face da sociedade humana, o grupo "MÚSICA VIVA", acompanha o presente no seu caminho de descoberta e de conquista, lutando pelas idéias novas de um mundo novo, crendo na força criadora do espírito humano e na arte do futuro.

Rio de Janeiro, 01 de Novembro 1946.[62]

A *Declaração de Princípios* ou *Manifesto 1946* possui o endosso de Cláudio Santoro, Egydio de Castro e Silva, Eunice Katunda, Gení Marcondes, Guerra Peixe, Heitor Alimonda, Koellreutter e Santino Parpinelli. Ela marca com determinação e de forma panfletária a retomada de publicação dos boletins, interrompida em 1941 com o n°10/11. É com esse arrojado manifesto que se abre o terceiro momento, estendendo-se até a dissolução do grupo e após do próprio movimento. Ele comporta, em relação aos anteriores, variações amplificadas de temas essenciais já desenvolvidos de maneira embrionária.

Um exemplo evidente das permanências é observado nas refutações da arte, valores e conceitos rotulados de acadêmicos ou reacionários, na importância atribuída à criação, na fixação do privilégio concedido ao *novo*.

Constata-se também a presença de variantes. A leitura de seu derradeiro parágrafo, por exemplo, nos remete à forma matriz expressa dois anos antes no primeiro manifesto e numa entrevista concedida naquele mesmo ano por Koellreutter:

---

62. Cf. boletim *Música Viva*, n°12, Jan./1947 (os grifos existentes no texto estão de acordo com o original). Este documento foi publicado, sob o título "Manifesto Música Viva" / Declaração de Princípios, também na revista *Paralelos*, n°5 (SP: Jun./1947), p.49-51.

Assim, *Música Viva* tornou-se um movimento que luta pelas idéias de um mundo novo, acreditando na força criadora do espírito e na arte do futuro.[63]

Música Viva é agora um grupo musical na vanguarda estética e um movimento de frente sociocultural, investido de atribuições inusitadas para a sua época. O processo que resulta na elaboração do *Manifesto 46* em Novembro vem sendo já murmurado e reverberado em transmissões radiofônicas de datas anteriores, como podemos escutar na locução de abertura do programa de 30 de março desse mesmo ano:

"Música Viva".

Grupo de vanguarda.

Movimento musical que combate pelo advento de uma nova era em que não haja lugar para preconceitos e receitas acadêmico-doutrinárias e em que a arte contemporânea — com o desenvolvimento da inteligência e da sensibilidade dos homens do povo — não constitua privilégio de uma elite.

A arte é tanto produto da vida social quanto a ciência ou qualquer outro reflexo da produção material. É um fenômeno eminentemente social. Social, por ser humano; por ser um meio especial de comunicação entre dois pólos, através dos quais se descarrega a potência da obra-de-arte: o autor e o ouvinte. Finalmente, social em todas as suas consequências, refletindo — como espelho ideal do meio em que se produz — o estado de sensibilidade desse meio e sua capacidade de coordenação. A "forma" que afeta esse momento social

---

63. Extraído do texto: "Sabotado pela crítica...". *O Globo*, Rio de Janeiro: 20/12/1944, p.13.

Música Viva

é refletida, pois, principalmente na arte de tal momento. Este, como coisa viva que é, intimamente ligado à essência humana, se afetará, num sentido análogo ao da "crise" pela qual passa o momento social. A arte de nossos dias acusa esse paralelismo de uma maneira evidente. Demonstrá-lo, em seus diferentes aspectos, é, em parte, o propósito do grupo "Música Viva". [Gongo] [64]

No entanto emergem desse terceiro momento inovações fundamentais, que demonstram a distância do caminho percorrido pelo *Música Viva* em suas reflexões e posicionamentos ideológicos.

Uma simples leitura do manifesto, referência oficial do momento, torna evidente o grau de complexidade com que é tratado o fato musical. Enfoques estéticos, sociais e econômicos se mesclam, refletindo, antes de uma coerência propriamente, um mosaico de *flashes* intensos de consciência.

Este grande painel de idéias, verdadeiro mural de intenções da modernidade musical brasileira, retrata com perfeição os engajamentos assumidos. Contém já em seu bojo as contradições essenciais que no grupo provocarão abalos consecutivos até a sua ruptura definitiva.

É justamente essa dialética interminável entre engajamentos e rupturas, geradora de tanto dinamismo no meio musical, que configura este momento. Progressão mais intensa do estilo da fase anterior, revolucionário ao extremo, corresponderá a ele o enfrentamento visceral com que o grupo se lança às questões fundamentais da realidade social de seu tempo.

"A arte musical é o reflexo do essencial na realidade... música é movimento... que revela o eternamente novo", expressa-se *Música Viva*, agora "compreendendo" — como tanto reitera ao longo do texto — não só a dinâmica contínua do processo musical, mas também as interações dos

---

64. Cf. roteiro do programa *Música Viva*, 30 de março de 1946, p.1-2.

fenômenos artísticos e musicais na sociedade moderna. Diante disso então combate: defende a conquista de novos horizontes *escolhendo a revolução*, enquanto subverte velhas fórmulas, *repelindo a reação*.

Se a divulgação dos manifestos de 1944 e de 1946 havia provocado progressivamente fortes e controversas reações na comunidade musical, suas elaborações não foram diferentes, implicando em resultantes de mesma natureza internamente ao grupo. Assim, ao primeiro "cisma" suscitado no seio do *Música Viva* pelo primeiro dos manifestos — que resultou no desligamento de seus membros mais ecléticos —, seguiu-se outro, de forte intensidade, por ocasião da *Declaração de Princípios*. Inicialmente concebida por Koellreutter e Jenny Pereira [65], seus esboços de redação foram apresentados ao grupo, que após calorosos debates produziu a versão definitiva que hoje conhecemos.

Cláudio Santoro no entanto não participou de sua redação e, embora tenha avaliado por antecipação o projeto, só veio a conhecer seu conteúdo preciso através do próprio boletim *Música Viva* n°12 recém-publicado.

"Quanto à Revista fiquei um pouco decepcionado... /.../ Quanto ao Manifesto estou em alguns pontos de vista em pleno desacordo. /.../ Existem contradições no Manifesto que trarão muito aborrecimento a nós...", conforme expressa a Koellreutter, numa correspondência de Janeiro de 1947.[66]

Seu desacordo frente a alguns tópicos básicos — apontando particularmente incoerências internas na formulação de conceitos ideológi-

---

65. Cf. depoimento de Koellreutter concedido ao autor em 1986. Jenny Pereira (que adotará posteriormente Banti como sobrenome) — irmã da pianista Ethel Pereira Olivetti —, também ex-aluna de Koellreutter em São Paulo, atuou mais intensamente "secretariando" o *Música Viva*, do que desempenhando uma função musical ativa.

66. Carta de C.Santoro para H.J.Koellreutter, Fazenda Rio do Braço, 28/1/1947, transcrita na íntegra nos Anexos.

cos — fomentará discussões com o líder do movimento, sobre pontos discordantes já em gestação desde 1945.[67]

Tratava-se de aprofundar um ponto essencial, foco latente de questionamento, uma vez que o grupo — assim como fração representativa da vanguarda intelectual e artística contemporânea — acolhia tanto filiados convictos quanto meros simpatizantes de causas político-partidárias vigentes, tanto membros ativos do Partido Comunista Brasileiro, quanto adeptos de linhas de pensamento de tendência esquerdista ou socialista.

No entanto, será em meados de 1948, por ocasião da divulgação de um outro importante documento, que um segundo "cisma" provocará um período de forte conturbação entre seus membros.

Santoro, que desde Agosto de 47 estava fora do país, participa do *II Congresso Internacional de Compositores e Críticos Musicais*, ocorrido em Praga de 20 a 29 de maio de 1948. O contato direto com os "músicos progressistas" e suas teses o levarão a compartilhar fervorosamente dos ideais do "realismo socialista".

Serão justamente as *Resoluções* e o *Apelo* elaborados nesse congresso que conferirão substrato formal para a polarização das divergências ideológicas entre Koellreutter e Santoro, deflagrando no grupo o processo efetivo de rupturas internas.

Assim, se por um lado o movimento *Música Viva* estava em franco desenvolvimento em sua empresa de divulgação e formação musical, tanto no Rio de Janeiro quanto em São Paulo, por outro, o grupo integrado pelos compositores — que durante vários anos havia sido seu carro-chefe —, rumava irreversivelmente a caminho da implosão.

---

67. Cf. SANTORO, C. Problema da música contemporânea brasileira... . *Fundamentos*, n°3, v.2, Ago./1948, p.238. Para o desacordo de Santoro quanto a conceitos emitidos no Manifesto, ver sua carta em anexo.

Música Viva paulista

A partir de 1941, Koellreutter começa a realizar cursos particulares na cidade de São Paulo, a exemplo do que já fazia no Rio de Janeiro. Tem entre seus planos transferir-se para São Paulo e dar aí um novo impulso ao movimento, realizando concertos "interessantíssimos" e constituindo um outro grupo *Música Viva*, segundo menciona em carta a seu então grande amigo, o compositor paulista Camargo Guarnieri, com quem espera "iniciar uma colaboração estimulante e produtiva".[68]

A inauguração oficial do movimento *Música Viva* paulista, documentada por periódicos da época, só se deu porém em meados de 1944.[69] O primeiro grupo que se constituiu foi a célula base de um tímido movimento na ocasião. Formado por iniciativa de Ethel Pereira Olivetti, seus encontros na maioria das vezes foram abrigados na residência dos Simon.[70]

---

68. Cf. carta de 07/6/1941, reproduzida na íntegra em anexo. É importante lembrar que tal proposta chegou a se concretizar, ao menos parcialmente, e no sábado, 29 de novembro de 1941, às 17 horas, Koellreutter e Guarnieri encontram-se no palco do Teatro Municipal de São Paulo, interpretando música de câmara para flauta e piano, a *Sonata em Si Menor*, de J.S.Bach, *Introdução e Variações* Op.160, de F.Schubert, *Improviso para Flauta Solo*, de C.Guarnieri e a *Sonata* (1936), de P.Hindemith, todas em primeira audição; cf. Programa Oficial da Prefeitura de São Paulo.

69. Cf. *Diário de São Paulo*, São Paulo, 28/7/1944.

70. Casal de origem alemã, cuja anfitriã, Ducks em particular, muito estimulou o amadorismo musical paulistano através de freqüentes promoções de encontros, recitais, palestras, etc. Entre as assinaturas de seu livro de convidados estão registradas as passagens, em diversas datas, da harpista Mirella Vitta (desde 10/3/43), Ulla Koellreutter, Gení Marcondes, Esteban Eitler, Eva Kovach, Nininha Gregori, Sandino Hohagen, Ernst Mahle, Gerardo Parente, Klauss Dieter Wolff, Luiz Carlos Vinholes, Francisco Curt Lange (conhecido naquele círculo por "Panchito"), Yanka Rudska e muitos outros. Os artistas convidados — estrangeiros ou de outros pontos do país — normalmente lá se hospedavam, caso de um Kurt Thomas ou do próprio Koellreutter, entre tantos mais. Esses encontros musicais costumeiros se mantêm nas décadas seguintes e podemos observar uma página manuscrita de Koellreutter, de janeiro de 1960, com esboços do *Café*, composição iniciada por aquela época mas que só veio a ser concluída nos anos 90. Para maiores informações ver: KATER, C. *Catálogo de Obras de H.J.Koellreutter*.

Música Viva

Koellreutter e o grupo *Música Viva* paulista (SP, 1944). Na foto, da esquerda para a direita, sentados: Rodolpho Lanz, Gustavo Stern e Sra., Ducks Simon, Gení Marcondes, Eva Kovach, Helena Parigot e Ulla Simon (Wolf); em pé: Rui Coelho, Koellreutter, Álvaro Bittencourt e o redator da *Folha da Manhã*. Foto publicada na *Folha da Manhã*, São Paulo, 6ª feira, 28 de Julho de 1944.

Aí ocorriam também diversas apresentações musicais e palestras de Koellreutter para um público diversificado que reunia, afora seus alunos, vários intelectuais e artistas freqüentadores da família. Nesse ambiente geral francamente acolhedor e amistoso, Koellreutter era carinhosamente tratado por seu antigo apelido: "*Loschi*".

O grupo dessa safra de 1944 foi integrado por participantes e alunos pessoais de Koellreutter: Gení Marcondes, os jornalistas Ruy Coelho e Álvaro Bittencourt, a família Simon (Ducks e seus filhos Ulla e Eric), Rodolpho Lanz, Gustavo Stern e esposa, Eva Kovach [71], Helena Parigot e, possivelmente ainda, Lídia Alimonda, Jenny Pereira, Magdalena Nicoll. Gení torna-se membro ativo do *Música Viva* em São Paulo e, desde 1945 — quando se casa com Koellreutter —, no Rio de Janeiro, para onde se transferem.[72]

Após interrupção momentânea, Koellreutter retomará no ano seguinte suas aulas, realizadas agora na residência de uma de suas alunas de composição, Nininha Gregori. Damiano Cozzella, Roberto Schnorrenberg, Hans Trostli, Eunice Katunda (que em seguida virá a integrar o grupo de compositores no Rio de Janeiro) e Jorge Wilheim, são alguns dos alunos de maior atuação que darão vigor a essa segunda e mais autêntica fase do movimento.[73]

---

71. Eva Kovach formou-se pela Escola Nacional de Música de Budapeste, onde foi aluna de Béla Bartók e Zoltán Kodály.

72. Natural de Taubaté, Gení Marcondes formou-se em 1936 pelo Conservatório Dramático e Musical de São Paulo, onde estudou piano e bases de composição com Agostino Cantú. Dedicou-se durante muitos anos ao piano e à pedagogia musical, elaborando trabalhos didáticos, ministrando cursos e concebendo programas para a Rádio do Ministério da Educação e Saúde, no Rio de Janeiro. Sua vocação e atuação na área educativa foi, segundo ela própria, em muito estimulada por H.J.Koellreutter. Provavelmente pelo fato de não exercer a composição de forma sistemática na época, sua participação junto ao *Música Viva* acabou sendo pouco considerada, muito embora sua efetiva contribuição — seja como intérprete ou co-produtora dos programas radiofônicos *Música Viva* — tenha sido de importância capital para o movimento. Praticamente ignorada pela bibliografia existente, exceção feita a: NEVES, José Maria. *Música Contemporânea Brasileira*.

73. Koellreutter inclui também entre seus alunos dessa época: Eva Kovach, Álvaro Bittencourt e Jenny Banti.

Música Viva paulista ressurge então com maior fôlego, muito em função das iniciativas de Jorge Wilheim, que se torna um de seus principais articuladores. Assim, em conjunto com Koellreutter decidem relançar oficialmente o movimento paulista no auditório da Biblioteca Municipal, em 5/7/1947, ilustrando o evento com a conferência *Fundamentos de uma estética materialista da música*, pronunciada pelo líder do *Música Viva*, seguida, como era de praxe, por um debate público sobre o tema.[74]

O papel decisivo desempenhado por Wilheim também justifica o abrigo freqüente das iniciativas *Música Viva* pelo Museu de Arte – visto que ele lá trabalhava – e a publicação do *Manifesto 1946* e do equivalente ao boletim n°14 na revista *Paralelos*, da qual era secretário geral e responsável pela seção de música.[75]

Aliás, a segunda dessas publicações resultou mais precisamente de um acordo contratual entre *Paralelos* e o *Grupo Música Viva*, assinado de um lado por Wilheim e de outro por Koellreutter e Guerra Peixe, em 9/7/1947. Por este documento a Seção Musical do periódico paulistano passa a constituir-se num espaço de inteira responsabilidade do grupo carioca, seu "órgão oficial" de divulgação em São Paulo. No entanto, *Paralelos* – cumprindo a tradição dos periódicos brasileiros – não teve vida longa: apenas seu sexto e último número materializou efetivamente tal intenção de trabalho conjunto.

Apesar da dinâmica que o movimento paulista imprimiu no meio musical local, suas atividades aparentemente não chegaram a alcançar a mesma magnitude verificada no Rio de Janeiro. Tampouco emergiu de seus participantes um grupo autêntico de compositores, com a produtividade e porte de

---

74. Camargo Guarnieri, grande amigo e admirador das realizações de Koellreutter desde 1940 até esse momento, encontrava-se aí presente, conforme depoimento pessoal de J.Wilheim ao autor.

75. Ver, nos Anexos, "Índice dos boletins *Música Viva*".

um Santoro ou Guerra Peixe — R.Schnorrenberg é uma das poucas exceções —, fato que em parte responde pela importância subestimada que, a nosso ver, a ele correntemente se atribui.[76]

O grupo que aqui se formou foi composto maioritariamente por musicistas, em boa parte, jovens alunos de Koellreutter desejosos em redinamizar o ambiente da época e bastante atuantes tanto na promoção quanto na realização de conferências, audições, cursos e concertos.

Contudo, os núcleos paulistas de renovação, que vieram a desempenhar relevante papel nos desdobramentos ocorridos desde os inícios da década de 60, permitem observar na base de suas iniciativas, seja músicos ativos saídos diretamente do movimento ou das salas de aula de Koellreutter (aulas particulares de composição e estética, Escola Livre de Música de São Paulo e Cursos de Férias de Teresópolis), seja um terreno já originalmente arado e fertilizado pelas realizações *Música Viva*.[77]

A profícua atuação com uma série de cursos, conferências e dos *Concertos Música Viva* junto ao Museu de Arte de São Paulo — iniciada por volta de 1947, ano de sua criação — prolonga-se até 1951, quando os eventos musicais ali desenvolvidos reduzem-se expressivamente, deixando de ter relação direta com o movimento. Isto se dá por dois motivos bási-

---

76. Entre as tantas lacunas constatáveis nos estudos musicológicos contemporâneos do Brasil esta, sem dúvida, é uma de efeitos mais perversos. Quanto a Eunice Katunda ser ou não considerada carioca, atribui-se ao fato desta pianista e compositora ter nascido no Rio de Janeiro (14/3/1915), mas, ao se casar com o matemático Osmar Catunda, ter se transferido para a cidade de São Paulo, onde viveu de 1934 a 46. Desde este ano retorna ao Rio estudando aí com Koellreutter. Eunice do Monte Lima, após Catunda e finalmente Katunda, faleceu em São José dos Campos, Estado de São Paulo, a 3 de agosto de 1990.

77. Ver: NEVES, J.M. *Música contemporânea brasileira*, p.145-167. Gilberto Mendes, no texto "Da Música Viva à Música Nova...", também faz referências a isto. Este artigo foi elaborado em 1988, resultado de convite para integrar um número especial dos boletins *Música Viva*, conforme projeto da *Atravez* de reedição completa de todas as publicações do grupo, intitulado "*Música Viva*, 50 anos", que não chegou a se concretizar.

Música Viva

cos: devido ao desligamento de Wilheim da instituição criada por Assis Chateaubriand e, muito especialmente, pelas dificuldades impostas ao trabalho de Koellreutter na capital paulista.

No dia 7 de dezembro de 1950, ali se realizou um famoso debate envolvendo as alas pró e contra música atonal-dodecafônica, que reavivando questões político-estéticas, antes e pertinentemente colocadas pelo próprio grupo *Música Viva*, levou à desarticulação do movimento em São Paulo e após no Rio de Janeiro, como veremos mais adiante.

Transcendência do movimento

Os produtos engendrados pelos movimentos paulista e carioca rarefazem-se entre 51 e 52, praticamente nenhuma menção à *Música Viva* subsistindo após estas respectivas datas.[78]

Da mesma maneira que os movimentos a partir de 50, o grupo de compositores, desde sua reorientação estética iniciada em 1948 e intensificada em 49, não chegou na realidade a ter um final estanque. Deu-se sim uma desarticulação, uma dissolvência intensa mas progressiva, em razão da falta interna de consenso, o que obrigou Koellreutter a aceitar o destino dos ex-seguidores de suas causas e idéias.

No entanto, o impulso dinâmico de reformular — de pôr abaixo valores acadêmicos e tradicionais, de combater preconceitos, de estimular a criatividade e a participação — mantém-se nele sempre vivo. Desejo de, talvez quem sabe, ...*despertar do triste letargo uma raça sonâmbula*, que, sob esse ponto de vista específico, o associa ao ideal de Villa-Lobos e sua

---

78. De fato, pudemos localizar apenas uma única referência documental posterior, associando os nomes de Koellreutter e *Música Viva*. Isto pontualmente em 1969, referente a um concerto realizado em Bochum (Alemanha), reunindo obras de caráter experimental de Koellreutter, Niccolo Castiglione e Hans-Werner Henze, entre outros. Entretanto, tal concerto não possui — nem menciona — nenhuma relação com o *Música Viva* brasileiro.

mobilizadora campanha orfeônica, como mencionamos. De fato, já antes da desativação completa dos movimentos, o fundador da *Música Viva* brasileira segue um caminho autônomo e dá à sua ideologia formas diferenciadas, com privilégio acentuado à educação musical.

Assim teremos os "Cursos Internacionais de Música" de Teresópolis (1/1950), a "Escola Livre de Música" de São Paulo (1952), os "Seminários Livres" de Salvador/Bahia (1954), entre outras iniciativas mais, cuja dinâmica acelerou seus contemporâneos e a importância o tempo acabou por revelar. [79]

Grande parte dos músicos de relevo no cenário artístico brasileiro, bem como dos grupos corais e/ou instrumentais, espelham em sua formação uma simples influência que seja ou, mais freqüentemente, uma filiação direta com a ampla empresa pedagógica instalada pioneiramente por Koellreutter.

Porém, se a trajetória revolucionária da *Música Viva* exerceu fascínio entre muitos jovens (de idade ou de espírito) e arrebanhou, ao longo de sua mais que década de existência, interessados, discípulos e aliados — amadores ou profissionais —, por outro lado produziu um contingente não menos fervoroso de adversários.

Pelo vigor da causa, como pela veemência com que foi defendida, dificilmente poderia ter sido de outra maneira.

---

79. Para uma listagem das principais atividades e realizações, ver "Cronologia de Koellreutter e da *Música Viva*", em anexo.

Carlos Kater

III

Engajamentos & Rupturas

A exemplo de alguns dos mais significativos artistas e intelectuais brasileiros, os integrantes do grupo *Música Viva* engajam-se politicamente, seja militando no Partido Comunista, aderindo às idéias da esquerda socialista ou simplesmente fazendo frente às vertentes do movimento nazi-fascista.

Desde o final da Segunda Grande Guerra vemos florescer mais acentuadamente vivas preocupações no sentido de conferir substância ideológica às realizações musicais como resultado coerente do posicionamento adotado. Encontramos então, entre várias composições, *Ode à Stalingrado*, para coro e orquestra, à qual Santoro se dedica desde 1945, peça finalmente inacabada, após anos de trabalho, possuindo apenas seu primeiro movimento completo e baseada em texto de Rossini Camargo Guarnieri.[80] Eunice Katunda também musicou texto deste irmão do compositor paulista com a sua *Cantata ao Soldado Morto* (1949), para solista, coro e orquestra.[81] Koellreutter, por

---

80. Em sua carta para Koellreutter, de Janeiro de 1947, reproduzida integralmente em anexo, Santoro comentava já o lento andamento com que se dava a composição dessa obra.

81. Obra iniciada sob a orientação de Koellreutter e terminada anos mais tarde. Foi dedicada a H.Scherchen e teve sua estréia sob a regência de Eleazar de Carvalho (RJ, 12/10/1979). Gravação: "III Bienal de Música Contemporânea, vol.II", FUNARTE, LP 3.56.404.031.

79

sua vez, escreveu, igualmente sobre palavras suas, o *Salmo Proletário* (1946), para locutor, coro misto e orquestra sinfônica e *Mensagem* (1947), para coro a capela.

Os títulos de todas essas obras são indíces de seu conteúdo politizado, assim como medida da postura compartilhada por eles. Eis por exemplo o texto de *Mensagem*:

> "Anunciai que as hervas tenras brotarão de novo, que as águas voltarão ao leito dos rios, que os pássaros voarão livres nos ares e que o homem será encontrado por si mesmo, que as árvores darão frutas mais belas e que os pomares não terão mais donos! Nos campos que se cobrem de lodo, de sangue nascerão novas flores silvestres".[82]

Porém, o espectro de engajamentos não se restringe apenas à composição de obras musicais e refere-se também a outras áreas.

Um exemplo significativo pode ser verificado quando, logo após a instalação da Universidade do Povo (Rio de Janeiro, 29/3/1946), *Música Viva* participa da criação de sua "Seção Musical", projetando-se uma vez mais na vanguarda dos movimentos da época.

Esboçando um projeto de atuação pedagógica regular no âmbito do novo organismo, inaugura em 1947 uma forma inédita de ensino musical, seja pela clientela visada seja pelo programa proposto. Suas atividades compreendem organização de conjuntos populares, divulgação da cultura musical – através de concertos, recitais, conferências e debates –, formação de copistas e cursos básicos de teoria e de instrumentos. As vagas deveriam ser preenchidas por candidatos indicados pelos sindicatos operários do então Distrito Federal.[83]

---

82. Cf. *Mensagem* (RJ, 1946-47), texto de Rossini Camargo Guarnieri, partitura em cópia heliográfica.

83. Foram oferecidos alguns delineamentos; na parte teórica: teoria geral, solfejo, harmonia, contraponto, fuga, composição, orquestração de música popular; na parte prática: piano, violão, violino, flauta, pistão, canto. O repertório dos conjuntos abarcaria "música elevada" e "popular".

Universidade do Povo/Inauguração da Secção Musical/No dia 19 de julho, com uma conferência do prof. H.L. (sic) Koellreutter sobre Beethoven, ilustrada com a execução da 5ª Sinfonia do grande mestre, a Universidade do Povo inaugura mais uma série dos cursos gratuitos e de atividades culturais – a sua Seção de Música, que estará a cargo de grandes nomes da arte musical brasileira, como Arnaldo Estrela, H.J.Koellreutter, Claudio Santoro, Ademar Nóbrega, Mário Cabral, Eunice Catunda, Guerra Peixe, Elsa Siqueira, Edino Krieger, Gení Marcondes Koellreutter, Sulla Jaffé, Andiara de Miranda, Santino Parpinelli, Murilo de Carvalho, Daiatu e Garoto.

A Universidade do Povo, que vem se dedicando à elevação do nível educacional das camadas populares do Distrito Federal, possuindo já, a seu crédito, um ano de realizações concretas, inclusive sua Campanha de Alfabetização e mais de vinte e seis cursos, cujas matrículas atinge o número 2.000, volta-se, agora, para o ensino da música, na certeza de que, entre os trabalhadores e a população do Rio, existem valores musicais reais sem a possibilidade de manifestação e aperfeiçoamento.[84]

As concepções de arte, música e sociedade, em contínuo estabelecimento pelo *Música Viva* refletem-se até esse momento nas atuações, elaboração de manifestos e propaganda de forma engajada. Possuem um perfil nitidamente combativo, de acordo com o compromisso ideológico progressivamente assumido pelos integrantes de sua linha de frente, o Grupo de Compositores.

De tais concepções ressaltam os pontos essenciais que caracterizam a orientação do movimento em relação ao seu papel formador:

1. Privilégio da criação musical – por um lado, através do estudo e apresentação de obras (em especial da contemporânea, mas

---

84. Cf. *Correio da Manhã*, Rio de Janeiro, 1947.

Música Viva

ainda do "novo" de todas as épocas), difundidos, o mais extensamente possível, mediante edição de boletins, audições comentadas e radiodifusão; por outro, quando da formação musical, através do estímulo da prática criativa desde a fase inicial de aprendizagem

2. Importância da função social do criador contemporâneo — em decorrência portanto, dedicação prioritária à formação de compositores e favorecimento de seu trabalho, uma vez que a eles competiria a missão de, não meramente representar o estágio de evolução da sociedade de sua época, mas além, participar ativamente do processo de transformação da realidade vigente

3. Questão do coletivo — por um lado o aproveitamento dos recursos oferecidos naquele preciso momento (mídias e espaços diversos) para a ativação e desenvolvimento do amplo potencial coletivo, difundindo os conhecimentos afetos à música enquanto criação (contemporânea e de várias épocas) e recobrindo aspectos técnico-composicionais, estéticos e históricos. Por outro, a superação do primado do individual pelo do social, instaurando-se o "sentido coletivista da música", legitimando historicamente por conseqüência, a existência do *Música Viva* enquanto movimento musical e cultural, bem como também do grupo de compositores

4. Contemporaneidade e renovação (no amplo sentido do termo, abarcando múltiplos aspectos), implicando a atualização de conteúdos, meios e desempenhos — tentativa de conjugação de novas possibilidades estéticas e de função da arte e do artista com uma realidade nova, intensa e continuamente transformada

Concretiza-se assim, parcialmente que seja, a viva preocupação de conferir substância ideológica às realizações não apenas usualmente consideradas de educação musical, mas também decorrentes de esforços dirigidos a outros campos de ação, como resultado coerente do posicionamento político-social adotado.

As participações dinâmicas, especialmente de Koellreutter e de Santoro, companheiros de longo caminho, decorrentes de opções ideológicas compatíveis e muito semelhantes até esse momento, fortalecem o movimento e a coesão do grupo. Progressivamente entretanto ela demonstrará uma fragilidade inevitável, imposta pelas vias políticas particulares — e, por conseqüência, estéticas — adotadas. A textura turva que vai permeando as relações internas do grupo produzirá — a partir do descompasso entre o engajamento de tendência partidária liderado por Santoro e a filosofia imprimida por Koellreutter ao movimento — a radicalização de pontos de vista, estuário original do processo desagregador do núcleo.

Vejamos algumas posições estéticas e políticas defendidas por Cláudio Santoro em fases distintas do terceiro momento do movimento *Música Viva*.

Primeiramente sua opinião sobre o nacionalismo, tal como figura no protesto, datado de 29/1/1946, que encaminha à *Comissão Prêmio Alexandre Levy* (Departamento Municipal de Cultura de São Paulo), motivado por algumas das cláusulas do estatuto de seu concurso de composição:

> O compositor para ser brasileiro não precisa buscar no folklore a sua inspiração, porque inspirar-se 'em caracteres, tendencias e processos ritmicos melodicos (sic) da música nacional brasileira', tem que ser no folklore, daí a contradição do 3°parágrafo com o segundo. Qualquer compositor que tenha uma grande e segura tecnica de composição poderá fazer isto sem ser brasileiro. Por favor vejam as obras que Respighi e Darius Milhaud escreveram inspiradas no nosso folklore. Nós não possuimos ainda uma escola de composição brasileira, nem uma técnica de composição que possa se chamar de brasileira, aliás não poderíamos ter porque é a nossa musica muito jovem e isto vem com os séculos, daí o absurdo dessas questões.[85]

---

85. Esta e as demais citações diretas têm aqui sua forma ortográfica original preservada. Ver em anexo relação das correspondências pesquisadas e classificadas.

Um ano após, em carta dirigida a Koellreutter (14/2/1947), partindo de Marx e enfocando problemas relativos à forma, conceito de repetição e contraste na música:

> Atravessamos um periodo de Post (*sic*) revolucionário da arte onde todas as conquistas do principio do seculo devem ser consolidadas e tiradas proveito de um modo geral. Falamos muito ultimamente do sentido de aproximação do artista e da arte contemporânea do povo. É preciso pensar neste sentido para não nos tornarmos uma 'igrejinha' de intelectuais desligados da massa. Uma aproximação mais do sentido expressivo da arte dará u'a maior aproximação desta mesma arte do público, sem implicar numa conceção, que seria neste caso uma falta de sinceridade. O povo é simples e compreende mais facilmente uma arte também simples. Alem disso o povo só compreende a parte emotiva da arte, em se tratando de musica, pois das artes é a mais abstrata como linguagem ou meio de expressão. Que fazer?

Numa outra carta, também para Koellreutter (Paris, 18/12/1947), justifica ao ex-mestre e amigo as soluções adotadas na composição do segundo quadro de seu balé *A Fábrica* (baseado em assunto de cunho social de Scliar):

> Aproveito um pouco certas cousas da 'Usina de Aço' e introduzo uma espécie de 'Toada' (não vá se assustar) a minha moda para uma scena que é necessária, é uma música que nasceu expontaneamente de um certo cunho brasileiro sem ser folklore.[86]

Mesmo já profundamente absorvido pela questão política e suas implicações estéticas quando de sua ida à Europa, em meados de 47, é a

---

86. Os sublinhados e a ortografia estão conforme o original.

Carlos Kater

participação no Congresso de Praga que o levará a assumir posição explícita em favor de um *nacionalismo progressista*.[87]

Desde a comunicação pública da posição do grupo, veiculando em seu boletim n°16 o *Apelo* decorrente daquele evento, as direções de Santoro, Guerra Peixe e Eunice Katunda estão já estabelecidas (neste caso, e na maioria dos outros, em ordem decrescente de convicção).

APELO [88]

VOTADO POR UNANIMIDADE PELO II° CONGRESSO DE COMPOSITORES E CRÍTICOS MUSICAIS EM PRAGA

Os compositores e críticos de diversos países reunidos no 2° Congresso Internacional de Compositores e Críticos musicais organizado em Praga no período de 20 a 29 de maio de 1948 pelo Sindicato dos Compositores Tchecos, chegaram às seguintes considerações: [89]

Observa-se na música e na vida musical contemporânea uma crise profunda. Ela se caracteriza principalmente pela forte oposição entre a música dita erudita e a música dita popular.

---

87. Fase que se estenderá de meados de 1948 a 1960, aproximadamente. A partir desta data C.Santoro volta a orientar sua produção com base nos problemas internos da linguagem musical e, em especial, num experimentalismo amplo, realinhando-se assim às estéticas de vanguarda de caráter "universalista".

88. Cf. boletim *Música Viva* n°16, Ago./1948, p.1. A escrita original foi mantida, corrigindo-se apenas erros evidentes e atualizando-se acentos. Esse mesmo texto, com algumas modificações, encontra-se editado também em: *Fundamentos*, n°2, v.I, Jul./1948, p.154-156, sob o título "Manifesto do 2° Congresso de compositores e críticos musicais – Praga", na seqüência do artigo de Álvaro Bittencourt, intitulado "O Festival Camargo Guarnieri" (p.152-154).

89. No original, este primeiro parágrafo está em itálico e possui tipo menor do que o restante do texto.

Música Viva

A música erudita está se tornando sem cessar mais individualista e subjetiva quanto ao seu conteúdo, mais complexa e artificial quanto a sua forma.

A música "popular" está se tornando cada vez mais banal, estagnada e estandardizada. Em certos países ela é objeto de uma verdadeira indústria monopolizada, uma mercadoria.

A música "erudita" perdeu o equilíbrio dos seus elementos: ou são o ritmo e a harmonia que desempenham um papel preponderante em prejuízo dos elementos melódicos, ou são os elementos puramente formais que ocupam o primeiro lugar, de maneira que o ritmo e a melodia são negligenciados. Enfim, observam-se na música contemporânea ainda outros tipos de música, nos quais o desenvolvimento lógico do pensamento musical é substituído pelo emprego de melodias sem contorno definido e pela imitação das antigas formas do contraponto, artifícios que não podem esconder a pobreza do conteúdo ideológico.

A música popular, ao contrário, se limita à uma melodia primária, desprezando todos os outros elementos musicais. Ela não utiliza as fórmulas melódicas senão as mais vulgares, as mais corrompidas, as mais padronizadas, como o prova sobretudo a música popular americana.

Estas duas tendências têm o mesmo [90] caráter cosmopolita; elas abandonaram os traços específicos da vida musical das nações. Aparentemente contraditórias, elas são entretanto da mesma natureza e não representam senão dois aspectos de um inquieto fenômeno cultural, decorrente de um estado social defeituoso.

Quanto mais estas lacunas se manifestam na música erudita mais o seu conteúdo se torna subjetivo e a sua forma complicada, e ela encon-

---

90. Há aqui, no artigo publicado pela *Fundamentos*, a palavra "falso".

tra menos ouvintes e seu público se torna cada vez mais restrito. Enquanto isto, a música vulgar como diversão penetra vantajosamente na vida das nações e dos povos, emudece e nivela as faculdades sensíveis do ouvinte e degenera seu gosto musical.

Nós, músicos reunidos neste 2° Congresso de Compositores e Críticos em Praga, chamamos a atenção sobre esta contradição, numa época em que novas formas da sociedade estão se constituindo e onde a cultura humana ascende a um estado mais elevado, que coloca o artista diante de novas e urgentes tarefas.

O Congresso não pretende dar diretrizes técnicas ou estéticas para a produção musical. Ele acha que cada país deve encontrar seus próprios caminhos e métodos. Mas a compreensão das origens e da natureza social da crise musical deve ser comum, do mesmo modo que a vontade de vencê-la.

Parece-nos possível sobrepujar a crise musical atual:

1) Se os compositores adquirirem consciência da crise; se eles tentarem escapar das tendências do extremo subjetivismo e fazer exprimir em sua música os sentimentos e as altas idéias progressistas das massas populares.

2) Se os compositores, em suas obras, se prenderem mais estreitamente à cultura nacional de seu país e defenderem-na das falsas tendências cosmopolitas; pois, o verdadeiro internacionalismo da música decorre do desenvolvimento dos diversos caracteres nacionais.

3) Se a atenção dos compositores se dirigir para as formas musicais que lhes permitam atingir esses objetivos — sobretudo para a música vocal, óperas, oratórios, cantatas, coros, canções, etc. [91]

---

91. Esta já era uma posição sustentada por Mário de Andrade anos antes, veiculada em seu *O Banquete* e no *O Café*.

Música Viva

4) Se os compositores, críticos e musicólogos trabalharem prática e ativamente para liquidar o analfabetismo musical e educar musicalmente as massas.

O Congresso apela para os compositores de todo o mundo para que eles criem uma música que saiba unir uma grande qualidade artística e uma forte originalidade, com um perfeito espírito popular.

O Congresso pensa que a troca de experiências e de idéias entre os compositores do mundo inteiro é uma necessidade absoluta. Para atingir este fim, é preciso que os músicos progressistas se organizem desde já em seus países, com a finalidade de evitar delongas na constituição de uma associação internacional.

Esta Associação Internacional de músicos e musicólogos progressistas deverá trabalhar tenazmente e consciente a fim de vencer a crise da música e dar a esta a sua alta e nobre função na sociedade. Esta condição é necessária para que a música se torne um fator importante na realização das grandes tarefas históricas diante das quais se encontra atualmente a humanidade progressista.

Pela presidência do 2° Congresso Internacional de Compositores e Críticos Musicais em Praga:

A.Estrella / Brasil, *V.Stojanov* / Bulgária, *St.Lucky, Fr.A.Kypta,* Dr.*Jar.Tomasek* / Tchecoslováquia, *Roland de Candé* / França, *M. Flothuis* / Países Baixos, *O.Danon, N.Devcic* / Yugoslávia, Prof.Dr. *Sophie Lissa* / Polonia, *Hans Eisler* /Áustria, Dr.*A.Mendelssohn* / Rumania, *T.Chrennikof, B.Jarostowski, J.Chaporine* / URSS, *Georges Bernand* / Suíça, Dr.*D.Bartha* / Hungria, *Alan Bush, B.Stevens* / Grã-Bretanha, Dr.*A.Sachra* / CSR.

É justamente este documento, encaminhado por Cláudio Santoro ao *Música Viva,* que dá maior substância às divergências declaradas de pontos de vista, responsáveis pelos abalos internos, que deflagram o processo efetivo de rupturas.

A *Resolução* do *Música Viva*

A publicação do *Apelo e Resoluções* elaborados no Congresso no último boletim é também acompanhada da própria *Resolução* do *Música Viva* de se organizar como sociedade, tornando-se "Seção Brasileira da Federação Internacional de Compositores e Musicólogos Progressistas".[92] Explicita-se aí abertamente o posicionamento político pretendido pelo grupo e as diretrizes que deveriam ser adotadas em razão desse engajamento atual.

No entanto não existe unicidade em sua leitura por parte dos membros do grupo. As óticas, sob alguns aspectos radicalmente opostas, podem ser sumariamente representadas pelas posições principais assumidas, uma vez mais, nas colocações de Koellreutter e Santoro.

Para o líder do movimento, a linha de trabalho desenvolvida pelo *Música Viva* possuía já compatibilidades intrínsecas com as diretrizes recém-formuladas, porém, mais enquanto "música de grande qualidade artística e forte originalidade", menos como "unida com um perfeito espírito popular". Portanto, música portadora de linguagem e estética novas, contemporâneas em evidente atualização com o revolucionário momento histórico e estético, correspondendo à dimensão didática e ao trabalho de animação sócio-musical a função de estabelecer os elos da referida união.

Koellreutter informa no programa radiofônico *Música Viva* de 11/1/1947, tendo em mente Santoro e Guerra Peixe, compositores mais ativos que ilustram a tendência do movimento:

---

92. Cf. boletim *Música Viva* n°16, Ago./1948, p.2.

Música Viva

A arte dos mais jovens compositores brasileiros rompe energicamente com a tradição, concebendo uma arte mais universalista, sem a preocupação de regionalismo expresso por característicos especiais de país e raça, integrando-se nas correntes mais avançadas da música contemporânea. Sua obra, alheia a preconceitos e doutrinas, não pretende ser outra coisa senão a expressão real e sincera de nossa época. Estes jovens, talvez se encontrem na madrugada de um novo estilo. /.../ Não têm a obsessão do belo, e, principalmente, 'essa intenção estúpida, pueril mesmo e desmoralizadora de criar obra-de-arte perfeitíssima e eterna', para falar como Mário de Andrade. Pretendem ser unicamente sinceros, verdadeiros.[93]

Música e arte despojadas dos cacoetes "idealistas" e individualistas, e assim coerentemente materialistas, marxistas, impulsionadas pelas recentes conquistas, tanto da ciência estética quanto social. "... premissas de uma nova concepção na música brasileira: a música agora não é só para sentir, mas também para compreender!", refere-se Koellreutter a obra de Santoro, mais adiante, no mesmo programa radiofônico (11/1/1947).[94]

O orientador da *Música Viva* se mostra amplamente convencido da identidade latente de princípios entre marxismo e atonalismo. Este se presta como substrato para uma música funcional, representando a música nova de sua época, que fundamentada numa correspondência direta com o materialismo dialético, deveria ser coerente com o estágio de evolução da sociedade e da cultura.

A seu ver, a música da nova sociedade está a caminho, assim como a própria sociedade socialista e nesse sentido ambas precisam ser construídas

---

93. Cf. Anexo ao roteiro do programa "Música Viva", de 11/1/1947, transcrito na íntegra nos Anexos. Vale a pena notar o eco do discurso de Graça Aranha, embaralhando-se ao final com a citação de Mário de Andrade, no pensamento expresso aqui por Koellreutter. Os principais argumentos contrários à estética da nova escola compositiva brasileira são respondidos nessa fala de várias vozes.

94. Idem.

num movimento coerente e progressista, com coragem, determinação e, sobretudo, sem nenhum tipo de retrocesso.

Em correspondência de junho de 1948, endereçada a Santoro, que estava em Praga, Koellreutter explica:

> O problema social da música pode e deve ser resolvido sem o "passo atraz". E já avançamos muito nesse caminho. Estou convencido que os talentos e os "gênios" encontrarão a solução pela clarificação do material novo — criado pela última fase da música burguesa — pelo "descongestionamento" de processos e por uma organização formal mais simples e mais inteligível. /.../ Quanto, em nosso próprio grupo, já trabalhamos nesse sentido! [95]

Pouco mais tarde, no artigo "Arte Funcional" (publicado no boletim n°16, de agosto de 48), discorrendo sobre uma questão essencial colocada por Mário de Andrade em *O Banquete* — o princípio de utilidade [96] — ele expõe sua posição diante das considerações de superação da crise musical da época, veiculadas no "Apelo". Responde aí — inclusive aos próprios compositores do grupo — a tópicos fundamentais do documento de Praga, campo de batalha interno da polêmica.

"Arte dirigida (resultante dos princípios de utilidade e arte-ação) não é arte 'decretada' como muitos pensam. É arte orientada pela crítica e autocrítica de uma coletividade devidamente preparada...", preparação assumida há vários anos como uma das metas essenciais sob responsabilidade do *Música Viva*. Aponta a contradição existente entre "velhas formas x novos conteúdos" e a importância da dialética entre suas manifestações históricas para o desenvolvimento continuamente atualizado da expressão artística. Contrapõe

---

95. Cf. carta de H.J.Koellreutter para C.Santoro, RJ: 20/6/1948, transcrita integralmente em anexo.

96. Cf. ANDRADE, M.de. *O Banquete*, p.130.

às acusações de *pessimismo, negativismo e morbidismo* das obras atonais, o dever de abandono do *ideal de beleza e prazer desnecessário*, citando diretamente Mário de Andrade, e evocando também a questão do *Belo* colocada por Graça Aranha em seu discurso de 1922.[97] Substitui aí a postura hedonística pela utilitária, em decorrência da transformação da posição social do artista de *grande homem* em *trabalhador intelectual.*

Parafraseando Mário, Koellreutter considera que "somos necessariamente primitivos, filhos de uma nacionalidade que se afirma e de um tempo que está principiando", produtos portanto de uma nova era, que deve por eles ser desenvolvida; responsabilidade social, engajamento consciente e ativo, onde a música — baseada no princípio de utilidade, no sentido mais amplo do termo — se coloca não mais como um *fim em si*. Numa dimensão funcional, vizinha mesmo à do canto orfeônico, a música passa a ser considerada como ferramenta de um ideal, como um instrumento fundamental para a transmissão de novos valores, entre os quais o *principado do social*, da atividade coletiva, de formação do público, da conscientização do momento contemporâneo vivido.

Antevê ainda procedimentos que estarão na base de algumas modalidades da arte engajada quase duas décadas depois e enuncia tópicos tornados, com alguma proximidade, princípios seus até os anos 70.

> As formas sociais da arte e da música em particular, principalmente o concerto e o teatro, transformar-se-ão de um modo completo, perdendo seu caráter de diversão e tornando-se verdadeiros comícios artístico-populares. E uma arte nova, funcional e representativa, será a mensagem dos povos ao mundo.[98]

---

97. A influência de Mário de Andrade, especialmente através de seu *O Banquete*, aflora muitas vezes clara mediante citações diretas ou ligeiramente adaptadas (várias das quais sem menção explícita do autor original). Carece ainda um estudo detalhado e profundo da pregnância das idéias de Mário sobre seus contemporâneos, em especial Koellreutter, pois ela parece ser bem maior do que temos considerado.

98. KOELLREUTTER, H.J. Arte Funcional. A propósito de 'O Banquete' de Mário de Andrade. *Música Viva*, n°16, Ago./1948, p.1, e *Fundamentos*, n°2, v.l, Jul./1948, p.151. Esse texto, junto

É de se considerar que, embora Koellreutter não faça alusão direta a certos conceitos e considerações do "Papa do modernismo brasileiro", expressos igualmente no próprio *O Banquete,* eles em muito devem ter servido para alimentar parte essencial de seu pensamento. Ilustram estes argumentos latentes: o *humanismo do artista,* o *caráter naturalmente não classista da arte,* as *técnicas do inacabado* e o *poder das dissonâncias.*[99]

Mário entretanto é múltiplo (desde a *Paulicéia Desvairada,* ele já se dizia "ser muitos"). Veremos cada qual tomar dele o que mais lhe convém: para os nacionalistas é referência máxima e bastante; aos propósitos de Koellreutter, serve de maneira particular pela reflexão dilacerante que oferece; por sua vez, as opiniões dos membros do grupo *Música Viva* em relação às suas teses não são unânimes. Por um lado Guerra Peixe considera que "a música brasileira começa em Carlos Gomes e termina... em Mário de Andrade" e Eunice Katunda tem no *Ensaio sobre a música brasileira* seu predileto livro de cabeceira. Santoro, por sua vez, não reconhece nenhuma virtude nas formulações políticas e estéticas, do poeta modernista, muito ao contrário. Em correspondência a Koellreutter, expressa seu desprezo: "você não ignora como ele (Mário) foi 'picareta' em matéria de conceito político e estético...".[100]

Engajado de forma mais direta e radical com a orientação política das premissas do *realismo socialista,* Santoro rejeita de maneira intransigente o conceito de *arte pela arte* e o "movimento abstracionista".

---

com vários outros de Koellreutter, foi reproduzido com comentário em: *Cadernos de Estudo:Educação Musical,* n°6, 1997, p.113-130.

99. Dinâmicas por excelência, elas *maltratam, excitam o expectador e o põem de pé,* pronto para o combate; cf. ANDRADE, M.de. *O Banquete,* p.62.

100. Cf. Guerra Peixe em carta a Koellreutter, Recife, 19/6/1950; Eunice Katunda em depoimento pessoal ao autor; Santoro em carta a Koellreutter, Paris, junho de 1948, respectivamente.

Música Viva

Assim como os demais compositores progressistas, considera a música contemporânea falsamente moderna, decadente — pois associada à classe burguesa declinante —, formalista — pois desprovida em seu conteúdo de uma sólida base de cultura popular —, desligada enfim da realidade social em sua evolução. Isolados em universo à parte, nas problemáticas da arte em si, os artistas "não-progressistas", a seu ver, fazem o jogo da classe dominante, desacreditando da nova força emergente que é o proletariado e ignorando assim a dinâmica de seu próprio momento social.

> Sejamos conseqüentes com nossas idéias na nossa arte, e não tenhamos receio de proclamar que não é do alto da torre de marfim que falamos ao povo, é participando de suas lutas que poderemos refletir, em nossa arte, um conteúdo verdadeiramente democrático e progressista, na defesa dos justos ideais de desenvolvimento social, em prol da humanidade, da paz e da verdadeira nacionalidade.
>
> Isto mostra que mesmo para defesa do nosso patrimônio musical, a solução do problema da nossa independência econômica é o único meio de sair desta escravidão a que estamos sujeitos, imposto pelo mais audaz e cínico imperialismo que conhece a nossa história. Apelo daqui ao nosso povo para que reaja na defesa da nossa cultura popular, para que ela não seja despedaçada pelo novo inimigo da humanidade: o fascismo disfarçado, o imperialismo americano. /.../ Só será universal a arte que estiver ligada à tradição e ao povo, porque os povos compreendem-se melhor quando ligados pelas suas manifestações expontâneas e livres, traduzidas na sua simplicidade numa manifestação de arte, que os une ao mesmo sentimento de coletivismo e alevantamento, pelo progresso, pela paz e bem estar de seu semelhante.[101]

---

101. Cf. SANTORO, C. Problema da Música Contemporânea Brasileira em face das Resoluções e Apelo do Congresso de Compositores de Praga. *Fundamentos*, Ago./1948, p.238 e p.240, respectivamente. A retórica empregada por Santoro aqui é sintomaticamente análoga a do melhor Villa-Lobos em suas incursões populistas. Apelo ao povo, ao sentimento coletivista, culto dos valores populares, alevantamento em prol de..., são expressões típicas que figuram de forma exemplar nos panfletos de

No artigo "Problema da Música Contemporânea Brasileira..." [102], Santoro corrobora pontos de vista expressos por Alan Bush — cuja conferência sobre a decadência da música contemporânea, em sua opinião, constituiu-se num dos pontos altos do Congresso — e Hanns Eisler, cujo informe — condenando a influência estética schoenberguiana e o neocatolicismo de Stravinsky — apontou a insuficiência e a fragilidade da música contemporânea como decorrências intrínsecas de sua falta de conteúdo.[103] Questiona assim a função da música e do músico frente à luta de classes que marca o estágio de transformação da sociedade no período. Questiona por conseqüência a direção estética do próprio movimento e volta-se à busca de um estilo composicional mais condizente com seus princípios atuais, o que leva músicos e críticos da época a afirmarem prontamente, e não sem grande oportunismo, sua adesão à corrente nacionalista tradicional.

Sua proposta entretanto é diferente, na origem e na essência. O repúdio primeiro dirige-se ao imperialismo americano, à classe dominante, à burguesia e seus valores, e a partir dele então é que se opera a mudança estética. Pretendendo-se "progressista", Santoro está consciente da correspondência existente entre classe dominante e o nacionalismo então contemporâneo. Pondera que este, tal como habitualmente praticado, resulta de "uma mentalidade burguesa de aproveitar do elemento nacional como se explora o indivíduo em seu benefício próprio e não em intenção de con-

---

arregimentação para as exortações cívicas e textos relativos ao canto orfeônico (em especial de 1931 até por volta de 1945). Ver, por exemplo: VILLA-LOBOS, H. *A música nacionalista no Governo Getúlio Vargas* e os textos reunidos sob título "Educação Musical". *Boletin Latino Americano de Musica* VI, 1946, entre vários outros.

102. Ver no Anexo 10 a reprodução integral deste texto.

103. Devemos lembrar entretanto que H. Eisler é o compositor que intensamente engajado, produziu canções politizadas — em freqüente parceria com Bertold Brecht —, cuja música foi concebida sob a técnica dodecafônica, buscando, à sua maneira, uma síntese entre as conquistas musical e social de sua época.

Música Viva

tribuir para o engrandecimento da cultura popular, procurando o equilíbrio perdido entre música 'popular' e 'erudita'".[104]

Ao colocar, no mesmo documento, que "...nossa cultura popular quase inexplorada está esperando que se dê um passo definitivo, lançando bases ideológicas de conteúdo, diferenciando dos 'nacionalistas' pelo conteúdo que devemos introduzir e pela compreensão formal a que devemos levá-la", ele define o novo tipo de nacionalismo e as características da missão que se propõe. Reconsidera produções musicais depositárias de traços musicais brasileiros – *Choros*, de Villa-Lobos, *Ponteios* e *Toadas* de C.Guarnieri, obras de Glauco Velásquez impregnadas pela pesquisa folclórica, por exemplo –, engajando-se no desenvolvimento de uma linha de trabalho na superfície próxima ao nacionalismo estético, no que será seguido por seus colegas.

É sua a iniciativa original de formar um núcleo integrado por membros do *Música Viva*, que viria a representar, como mencionamos, a "Seção Brasileira" da *Sociedade Internacional de Compositores e Críticos Progressistas*, a fim de estabelecer uma "base ampla de defesa da cultura nacional".

Dessa forma, já insatisfeito com a não consonância de rumos entre o *Música Viva* e a vanguarda social emergente daquele momento, Santoro manifesta-se em correspondência de Paris dirigida não mais a Koellreutter apenas, porém ao "Grupo Música Viva" como um todo. Seu incômodo é acentuado pela falta de reconhecimento mais amplo das propostas e realizações do grupo, tornadas enfraquecidas na fala de representantes da "música brasileira oficial" (como a de Arnaldo Estrela em Praga), sombreadas pela imagem de Villa-Lobos e ignoradas, quando não francamente bombardeadas, por críticos e membros do meio musical tradicional. Pro-

---

104. Cf. carta de Santoro a Koellreutter, Paris: 28/6/1948.

Carlos Kater

põe então a criação de uma nova organização, indica o mecanismo de articulação e, ao sugerir o afastamento estratégico de Koellreutter, divide discretamente a posição de liderança frente ao grupo:

Caros companheiros. Hoje escrevo a vocês todos por se tratar de assunto referente diretamente ao "Grupo". Trata-se do seguinte. Como vocês devem estar informados por carta ao Koellreutter, estive no "Congresso de Compositores e Críticos de Música" realizado em Praga. Realizei conferencia e Arnaldo Estrela (embora nem critico nem compositor) esteve lá para representar o Villa. Infelizmente a conferencia do Arnaldo não deu a devida importância ao nosso "Grupo" o que pessoalmente declarei a ele, muito aborrecido. /.../ apenas <u>nós</u> jovens fomos esquecidos, inglobados anonimamente no "Grupo M.Viva" /.../ somente o Grupo M.Viva poderia se encarregar da divulgação das idéias e da formação da "<u>Sociedade Internacional de Compositores e Críticos Progressistas</u>" <u>Seção do Brasil</u>, que ficará ligada a sede internacional e onde todas as finalidades e orientação, ideologia e estetica estão bem claras. /.../ podem contar com meu nome para fazer parte da Sociedade e poderei ficar como delegado se vocês assim decidirem. Não imponho meu nome, só sugiro por ser mais fácil por me encontrar na Europa e também porque já sou lá conhecido. Podem também utilizar meu nome na divulgação do "Apelo" e das "Resoluções" como tendo sido enviadas por mim. /.../ Naturalmente teremos que mudar um pouco nossa orientação estética <u>se quizermos assumir a responsabilidade</u> e se vocês estiverem de acordo com a orientação. Respondam-me <u>imediatamente</u>. Poderei ficar como elemento de ligação /.../ Creio que Guerra-Peixe seria muito bom como elemento para se encarregar de convidar os "críticos" e "compositores" que vocês achem capazes de tomar parte, e que embora filosoficamente não estejam conosco pelo menos tenham uma orientação nacional e se proponham na defesa da cultura nacional e popular. O nome do Guerra à testa do movimento com Eunice etc.

Música Viva

são os meus candidatos, o Koell naturalmente deve tomar parte mas não deve dar a impressão de testa, porque ele já está muito "marcado", para que não dê a impressão de cousa comunista etc... /.../ Vejam se preparam tudo antes do fim de Julho e enviem o resultado para mim afim de comunicar ao Sindicato Tcheco de Compositores os resultados. Como estou encarregado pelo "Congresso" desta divulgação em meu País, passo esta atribuição a vocês e escolham entre si uma comissão que poderá utilizar o meu nome também. Tenho um dever perante o Congresso e passo a vocês por não estar no Brasil e portanto ser impossível tomar esta iniciativa. Um abraço a todos do amigo de sempre. Ao inteiro dispor.

[Claudio Santoro/Assinatura] [105]

Diante da adesão formal da totalidade dos membros do grupo — embora sem concordância integral de Koellreutter —, este é que será transformado *in totum* na nova organização, "Seção Brasileira" da *Sociedade Internacional de Compositores e Críticos Progressistas*. Publica-se então o boletim *Música Viva* n°16, seguido de planos e intenções que, em razão da conjuntura política associada à falta de fôlego dos três compositores (Santoro, Guerra Peixe e Eunice Katunda), não se mostrará à altura de assegurar desdobramentos posteriores.[106]

---

105. Carta de C.Santoro, Paris, 20/Junho/1948, p.7-8. Os sublinhados e a ortografia estão conforme ao original.

106. Mesmo que relativamente solitárias, as realizações de um Hans Eisler ou Luigi Nono por exemplo, explorando possibilidades de integração de questões fundamentais das vanguardas política e estética de seu momento, experiências nessa direção pouco frutificaram no ambiente musical erudito brasileiro pós-*Música Viva*. Reconsiderações ou reavaliações, em percurso contrário, podem ser ilustradas no entanto na obra do compositor paulista Willy Correia de Oliveira, que por volta de 1977/78, abandona e renega publicamente as vertentes formais ("oficiais") do dodecafonismo, do serialismo e a postura dos compositores da Segunda Escola de Viena, tidos por ele como representantes do "imperialismo". Retoma então, à sua própria maneira, Brecht, Eisler e alguns dos princípios essenciais dos

Ocasionadas diante das incompatibilidades entre as diretrizes estéticas pontificadas pelo movimento político e a orientação musical imprimida por Koellreutter ao *Música Viva*, são razões fundamentalmente ideológicas que produzem rupturas graduadas e em seguida a dissolução do grupo.

O labirinto de dimensões no qual seus protagonistas se vêm envolvidos — política, estética e pessoal — torna as relações entre compositores e orientador um verdadeiro imbróglio.[107]

Importante lembrar que o grupo *Música Viva*, como constantemente referido por essa época, não possui mais a representatividade funcional das fases iniciais, quando, de acordo com seus *Estatutos*, além de compositores, reunia também intérpretes e musicólogos.[108] Ele é um pequeno núcleo formado por compositores sob a direção de Koellreutter, todos eles ex-alunos seus.

Assim como já havia ocorrido diversas vezes antes na história, discípulos se voltaram contra seu mestre e orientador com a mesma força negativa suscitada pelo esforço de contraposição à realidade vigente, assim como foi o do núcleo de compositores e do movimento no empenho de transformar o ambiente musical e após a ordem social da época.

---

músicos "progressistas". Ver, notadamente, seus textos: "Cinco fotografias e palavras sem canções". *Folha de S.Paulo* / Ilustrada/Música, 16/10/1983, p.54 e "Webern serve ao imperialismo". *Folha de S.Paulo* / Ilustrada/Música, 11/3/1984, p.59. Embora não caiba aqui aprofundar este ponto, várias obras de Gilberto Mendes e de Jorge Antunes, por exemplo, ilustram de maneira perspicaz posições originais críticas e engajadas, frente a problemáticas contemporâneas.

107. Nesse sentido temos manifestação significativa e extrema quando em torno de fins de 1949 a postura estético-ideológica de Koellreutter é praticamente levada ao "banco dos réus", pela ala radical e majoritária do grupo de compositores *Música Viva*, numa sessão realizada no auditório da Universidade do Povo, conforme depoimento de Gení Marcondes. Importante notar que 30 anos mais tarde, numa homenagem feita a Koellreutter e ao *Música Viva* no "8° Curso Latinoamericano de Música Contemporânea" (São João Del Rey e Tiradentes/MG, 7-21/1/1979), Eunice Katunda se desculpa publicamente pela postura radical assumida contra o movimento e seu líder.

108. Cf. *Estatutos*, Art.1°, nos Anexos.

Música Viva

O compromisso de substituir agora a estética do "novo" pela do "povo" leva à ruptura interna do Grupo de Compositores *Música Viva*. Não há mais possibilidade de conciliação entre estados circunstancialmente tão distintos, cravados pelo mesmo anseio intenso e sincero de tomar a música, a sociedade e a vida pela raiz.

Paris 20/Juin/1948

Ao Grupo "Musica Viva"

Caros companheiros. Hoje escrevo a vocês todos por se tratar de assunto referente diretamente ao ~~Grupo~~ "Grupo". Trata-se do seguinte. Como vocês devem estar informado por carta ao Koellreutter, estive no "Congresso de Compositores e Críticos de Música" realizado em Praga. Realizei conferencia e Arnaldo Estrela, (embora nem crítico nem compositor) esteve lá para representar o Villa. Infelizmente a conferencia do Arnaldo não deu a devida importancia ao nosso "Grupo", que pessoalmente declarei a ele, muito aborrecido. Na minha conferencia que não

Carta de C. Santoro ao Grupo *Música Viva* (Paris, 20/6/1948)

Música Viva

tratou especificamente de nada do Brasil e sim foi submetida ao tema do Congresso "On va la musique", considerações que expuz, unicamente pessoais, sob uma base marxista, e sob apreciação de certos fenômenos que aqui procurei tirar conclusões e onde em carta ainda ao nosso amigo Koellreutter, expuz de maneira franca e honesta; o que não era o caso do Estrella que foi uma espécie de história da música brasileira resumida, onde apenas nós jovens fomos esquecidos, englobados anonimamente no "Grupo M.Viva". Como é natural despertou por parte de certos delegados interesse sobre o nosso movimento e fizeram perguntas a ele

Carta de C.Santoro ao Grupo *Música Viva* (Paris, 20/6/1948)

IV

Rupturas & Engajamentos

O dodecafonismo surgiu, como normalmente se considera, por volta de 1923 sistematiizado por Arnold Schoenberg, com a finalidade de organizar procedimentos da composição atonal, gerando nova ordem e coerência ao discurso musical.[109] Os desenvolvimentos particulares levados a termo por seus alunos — Alban Berg e Anton Webern — possibilitaram durante um período da história o alargamento de horizontes do fato musical. Foram justamente as descobertas técnicas e estéticas desveladas por esses primeiros dodecafonistas que serviram como território para o experimentalismo que, em expansão durante quase cinco décadas, caracterizou a fração mais representativa da produção musical de vanguarda do ocidente. No entanto, em fins de 1950, o dodecafonismo foi escolhido como alvo central para uma disputa feroz, de raros precedentes históricos no Brasil.

---

109. Houve no passado certa disputa sobre a paternidade da descoberta serial entre Schoenberg e o teórico e compositor austríaco Josef Matthias Hauer (1883-1959), ver: WEBERN, A. *O caminho para a música nova*, p.137, nota 5. As séries de conferências proferidas por Webern em 1932 e 1933, em especial "O caminho para a música de doze sons", editadas no livro mencionado, possuem interesse particular relativamente ao dodecafonismo, seu surgimento, busca de legitimação estética e histórica, bem como suas características básicas e a visão de Webern sobre ele.

Música Viva

Mondnacht (Noite de Luar), para coro masculino a capela, de H.J.Koellreutter. Peça de temática folclórica composta na Alemanha, c.1936. Partitura impressa (Karlsruhe: Süddeutscher Musikverlag F.Müller, s.d.) (2p.)

Carlos Kater

De forma análoga às utilizações sistemáticas do verso livre, pioneiramente postas em obra por Mário de Andrade em 1920 [110], algumas composições atonais do grupo *Música Viva* – buscando também libertação dos cânones estritos impostos pelo espírito acadêmico –, haviam por sua vez provocado um considerável mal-estar entre músicos e críticos, logo nos primórdios de 1940.

A introdução no Brasil da nova técnica de composição musical, liberta dos ditames da tonalidade clássica, deve-se irrefutavelmente a Koellreutter e ao *Música Viva*. Suas circunstâncias porém comportam alguma reflexão.

Koellreutter havia já sido iniciado à linguagem dodecafônica pelas mãos de Hermann Scherchen, seu professor em Genebra e Budapeste. Com ele analisou o *Pierrot Lunaire*, o *Trio de Cordas* (Op.45), as *Variações para Orquestra* (Op.31), de Schoenberg, assistiu-o dirigir, entre outras obras, o *Concerto para Violino e Orquestra*, de A.Berg, podendo assim aprofundar seu conhecimento sobre as particularidades estéticas da Segunda Escola de Viena.

Mesmo familiarizado com a técnica serial e seus diversos estilos desde 1937, ele nada havia composto ainda que se aproximasse dessa tendência.[111] O músico que desembarca no Rio de Janeiro é um jovem compositor, que cria, logo em 1938, *Improviso e Estudo*, sua primeira peça no Brasil.[112] Ela não espelha absolutamente nenhuma influência da Escola de Viena, de suas experimentações gramaticais ou preocupações decorrentes do compromisso histórico em relação à evolução da música enquanto linguagem.

---

110. Sua *Paulicéia Desvairada*, como já mencionamos, constituiu-se no grito de combate para o movimento de renovação das artes em nosso país, inaugurado na "Semana de Arte Moderna".

111. Ver comentários em: KATER, C. *Catálogo das Obras de H.J.Koellreutter* e Mondnacht, de c.1936.

112. *Improviso e Estudo*, para flauta solo, primeira peça composta por Koellreutter no Brasil: Amazonas, 26 e 27/7/1938, respectivamente. Foi dedicada a Ursula Koellreutter, sua primeira esposa, e editada após no Rio de Janeiro pela Ed.Arthur Napoleão.

Música Viva

Improviso, para flauta solo, de H.J.Koellreutter. Manuscrito original da peça composta no Amazonas, em 26/7/1938.

Sua *Sonata 1939*, para flauta e piano, composta no Rio de Janeiro, está na tonalidade de Lá menor. Em graus diferentes, esta e outras peças remetem-se de maneira muito mais direta à via estética adotada por um Hindemith do que aquela principiada por um Schoenberg, com quem de fato não possui nenhuma afinidade.

Segundo afirmação de Koellreutter, ele foi inicialmente levado a trabalhar esse tema devido ao fato de um de seus primeiros alunos de composição, Cláudio Santoro, ter elaborado em sua *Sinfonia para duas orquestras de cordas*, de 1940, algumas passagens organizadas de forma serial. Como Santoro ignorasse até aquela data tudo o que se referisse à técnica dodecafônica, Koellreutter inseriu em suas aulas o estudo do assunto, encontrando aí estímulo para escrever sua primeira peça baseada no método de composição com doze notas: *Invenção* (para oboé, clarineta e fagote), que pode ser tida como a única de suas músicas assim rigorosamente estruturada (como podemos observar a seguir).[113]

A *Música 1941* – que figura entre suas peças de maior divulgação e foi considerada pelo famoso compositor argentino Juan Carlos Paz como uma das mais notáveis composições para piano publicadas na América[114] é obra nitidamente atonal. Embora faça recurso à uma série, que se mostra mais evidenciada no terceiro movimento, não possui tratamento sistemático do ponto de vista da técnica dos doze sons.

---

113. *Invenção* (4 páginas) foi editada como Suplemento do boletim *Música Viva* nº 6 (Nov./1940) (no verso da contracapa da partitura aparece indicado "nº 3"). É necessário esclarecer que mesmo a expressão "rigorosamente estruturada" deve ser relativizada, visto que por vezes é possível verificar liberdade na repetição de notas no desenrolar da série. Por exemplo: o Fá#, na parte do fagote, compasso 5, entre a 1ª e a 2ª enunciação da série (O e IO3, respectivamente); o Solb, na parte da clarineta, compasso 8, entre a sexta e a sétima notas (RI3), etc.

114. Cf. *Diretrizes*, 1944, p.5.

INVENÇÃO
PARA OBOE, CLARINETO EM SI BEMOL E FAGOTE

HANS-JOACHIM KOELLREUTTER
(1940)

N.B. Os accidentes só têm valor para a nota que está sendo alterada, não exercendo ação alguma sobre as demais do mesmo nome.

Invenção, para oboé, clarineta (si[b]) e fagote, de H.J.Koellreutter. Publicada como Suplemento do boletim *Música Viva*, n°6, 1940 (4p.)

A mi Padre

MÚSICA 1941

H. J. Koellreutter

Nota: Los accidentes ♯ y ♭ afectan únicamente aquellas notas antes las cuales han sido colocados.
Editorial Cooperativa Interamericana de Compositores, Publicación N⁰ 14
Copyright Instituto Interamericano de Musicología, Montevideo, 1942

Música 1941, para piano solo, de H.J.Koellreutter.
Peça composta em Itatiaia/SP, 1941. (Montevideo/Uruguai: E.C.I.C./Instituto Interamericano de Musicologia, 1942, *Publicación* n°14) (11p.)

Várias outras obras assim concebidas – e de hábito consideradas taxativamente "dodecafônicas" – refletem essa postura mais livre e lúdica do ponto de vista técnico, como *Hai-Kai*, para soprano e instrumentos solistas (1941-45), por exemplo. A fase caracterizada pela utilização de recursos atonais-dodecafônicos – embora não rigorosa e sistemática – pode ser estimada entre 1940 e 1953, aproximadamente.[115]

Vale observar que entre o *Improviso e Estudo* (1938) e a *Invenção* (1940), Koellreutter compôs duas *Sonata 1939*[116] – por ele consideradas músicas distintas –, uma *Sonata*[117], *Três Bagatelas*[118] e um *Prelúdio, Coral e Fuga.*[119]

Até onde se pode verificar, não há propriamente um caminho ou progressão transitando de um a outro modo compositivo, capaz assim de refletir uma inquietação interna deliberada, uma voluntária busca de novo estilo criativo. Nesse sentido então a afirmação de Koellreutter parece legítima, tornando-se versão oficial e divulgada publicamente no programa *Música Viva* da rádio PRA–2:

---

115. Para mais informações, ver comentários em: KATER, C. *Catálogo de Obras de H.J.Koellreutter.*

116. Uma delas ou, simplesmente: *Sonata* – peça n°6 do *Catálogo de Obras*, para flauta e piano (26 páginas), dedicada a Érico e Margarida Simon, teve sua estréia com o compositor (flauta) e Gení Marcondes (piano), no programa radiofônico *Música Viva*, Rio de Janeiro, PRA-2, em 29/6/1946 (cf. roteiro do programa, p.3). A outra, ou *Música para Violino e Piano*, também de 1939, teve estréia no "Fórum de Compositores", EUA, a 20/1/1962, com A.Ajemian (violino) e Lily Miki (piano); partitura extraviada, ela é mencionada em *ECIC – Editorial Cooperativa Interamericana de Compositores* (do *Instituto Interamericano de Musicologia*), n°s 14 e 59, p.1.

117. *Sonata* (1939), para piano solo, extraviada, mencionada em: *ECIC*, n°s 14 e 59, p.1.

118. *Três bagatelas* (1939), para piano solo, editada pela Ed.*Música Viva* n°7/8, em 1941. Dedicada a Egydio de Castro e Silva, foi por ele estreada no *Primeiro Concerto da Música Viva*, Salão da Associação dos Artistas Brasileiros (Palace Hotel), Rio de Janeiro, em 17/9/1939.

119. *Prelúdio, Coral e Fuga* (1940), para piano solo, obra extraviada, com informação proveniente também de *ECIC*, n°14 e n°59, p.1

Cláudio Santoro, compositor brasileiro, tornou-se por temperamento e convicções estéticas um enérgico defensor das orientações universalistas da escola contemporânea mais avançada. Em virtude da orientação marcadamente nacionalista dos principais compositores brasileiros, Cláudio Santoro é um solitário cuja música é pouco conhecida no Brasil /.../ Orientado na técnica dos 12 sons, desenvolveu por si mesmo essa tendência adaptando-a aos seus sentimentos estéticos. Evita todas as influências do folclore e qualquer exterioridade aderindo ao atonalismo e visando unicamente a sua própria expressão /.../.[120]

No entanto, no boletim número 4, de setembro de 1940, aparece já o artigo "A dodecafonia. Horizontes novos!", de Lopes Gonçalves, no qual, além de discorrer sobre a técnica de Schoenberg, efetua críticas de algum porte relativamente à situação de impermeabilidade cultural do ambiente musical da época.[121] Partindo da associação da idéia de "progresso" e "esforço de inteligências", salienta a "resistência aos espíritos progressistas" (aqui em sentido mais largo), à vanguarda estética e intelectual. Duas linhas de força sobressaem aí. Lopes Gonçalves, tal como Webern em suas famosas conferências sobre a música nova, procura legitimar o novo sistema, pinçando na história alguns elementos capazes de estabelecê-lo como decorrência lógica da evolução da linguagem musical. Por outro lado, recorre à noção de universalidade da música, fazendo frente assim à corrente nacionalista preponderante no ambiente da época.

---

120. Cf. roteiro do programa de *Música Viva*, 26 de Janeiro de 1946, publicado integralmente em anexo.

121. Lopes Gonçalves — professor da Escola Nacional de Música — reforça nesse sentido um sentimento mais amplo. O compositor austríaco Max Brand — cuja orientação composicional aproxima-se mais da vertente nacionalista — havia atestado a mesma situação diferentemente. No artigo "A música e nossa época", publicado no número anterior (boletim n°3, Jul./1940), Brand referia-se ao alheamento do público em relação à música moderna, ao pouco esforço de compreensão a ela dedicado, tecendo ainda considerações sobre o "progresso" e o "novo".

Música Viva

Embora os integrantes do *Música Viva* não tivessem, como se considera, efetivo conhecimento das experiências da escola de Viena e apenas Koellreutter possuísse tais informações, constatamos pela data de sua veiculação [122] — e pelo ardor com que Lopes Gonçalves defende tais idéias — que este texto em particular pode ser visto como índice de uma tendência de acolhimento da estética schoenberguiana no seio do grupo.

Tal hipótese pode ser ainda reforçada pela publicação de "Problemas da Música Moderna", de N.Slonimsky, que possui como introdução o seguinte comentário dos editores:

> Atendendo a pedidos para que se continue a dissertar sobre os problemas da 'TÉCNICA DOS DOZE SONS', resolvemos publicar mais um artigo interessante sobre esse assunto.[123]

Diante disso é de se questionar se a prática do dodecafonismo inaugurada pelo *Música Viva* obedeceu apenas e simplesmente a uma circunstância casual, "posta sobre a mesa" no percurso composicional de Cláudio Santoro. Parece-me mais justo considerar que ele tenha sido encarado desde o início como uma técnica de vanguarda e que as incursões em seus domínios — tanto nas obras de Koellreutter quanto nas de Santoro e posteriormente do resto do grupo — resultaram de experiências desenvolvidas, impulsionadas por um desejo renovador de pesquisa, diferenciação e atualização no campo da invenção musical.

Ao invés portanto de mera "florescência espontânea", sua prática muito provavelmente teria se instaurado enquanto proposta deliberada e objetiva; fundamento de um projeto maior de formação musical de orientação universa-

---

122. Setembro de 1940, considerando-se ainda que sua escrita deve ser antecipada de alguns meses.

123. Cf. boletim *Música Viva* n°5, Out./1940, p.9-10.

lista, compatível com a franca tendência de modernização e cosmovisão das metrópoles brasileiras (em particular Rio de Janeiro e São Paulo).

Os trabalhos de concepção atonal elaborados de maneira livre e original em relação à técnica dodecafônica — raramente adotando de forma ortodoxa seus postulados — impuseram-se por conseqüência como resultantes de engajamentos nessa orientação.

Ressalta assim na trajetória do *Música Viva* — enquanto movimento formador e de divulgação, bem como escola de composição — o empenho de ampliar e atualizar os instrumentos de criação, abrindo novos horizontes técnicos e estéticos de experimentação musical, em contraposição aos meios empregados pela vertente romântico-nacionalista predominante, como aliás Koellreutter declara, em relação ao trabalho de Santoro, na emissão radiofônica de 26/1/46 (em citação anterior).

Um ano após, no programa radiofônico de 11/1/1947, Koellreutter, buscando consolidar as realizações da jovem escola de composição brasileira, observa que Guerra Peixe, mesmo sendo um criador autêntico e de estilo diferente de Santoro, está também engajado na nova estética.

> (Guerra Peixe) É um compositor de um humor muitas vezes satírico e de um realismo quasi dramático. Um real talento. GUERRA PEIXE possue um grande e seguro domínio da matéria sonora e um autentico conhecimento dos recursos mais subtis e brilhantes da palheta orquestral. Sua linguagem musical baseada num cromatismo diatônico, atonal e livre de preconceitos, é de uma brevidade de proporções e de uma economia de meios que — característico de uma das tendências estéticas de nosso tempo — parece determinada por uma certa pressa, um certo desejo de condensar. O que ressalta nas DEZ BAGATELAS é o estilo novo, realmente novo, realizado pela primeira vez na SINFONIA para pequena orquestra sinfônica. Estilo fortemente pessoal apesar da contribuição que a música popular deu à sua formação.

Música Viva

As DEZ BAGATELAS são um exemplo de que o atonalismo não é incompatível com a expressão de sentimentos, com a paixão, com a graça, com o lirismo, e que o aspecto por assim dizer esotérico e "cerebral" que essa linguagem musical frequentemente apresenta em SCHOENBERG, em contraste com a "humanização" nela operada pelos jovens atonalistas brasileiros, CLAUDIO SANTORO e GUERRA PEIXE, está estribada no fundo, apenas na diferença das suas respectivas naturezas psicologicas e artisticas.[124]

Nacionalismos estético e político

Uma questão freqüentemente se coloca quando observamos as proporções da reação, anacrônica e mascarante, ao dodecafonismo no Brasil. Webern, que havia comentado sobre as perseguições artísticas impostas aos dodecafonistas em seu país, atribuiu-as ao contexto político, à nova ordem social recém-instalada pelo nazismo. Entre alguns dos artistas e intelectuais brasileiros no entanto se manifestou uma tendência aparentemente oposta, cabendo em última instância aos núcleos de orientação comunista — um dos alvos originais do nazismo — o papel de opositores da nova estética.

Cumpre então distinguir nacionalismo estético de nacionalismo político.

O primeiro tendo em vista a representação, reconstrução ou criação legítima de particularidades características de diversas ordens reconhecidas pela cultura (material, gramatical, sensível, expressiva), comporta em princípio flexibilidade de acolhimento e desenvolvimento de experimentações técnicas.

Possui intrinsecamente tais condições enquanto movimento pretendido no sentido de implantar uma nova situação — tema nacional —, por sua própria modernidade contemporânea e pelo impulso reorientador, modificador da estética vigente. E o nacionalismo, como sabemos, surge nos diferentes cen-

---

124. Cf. roteiro do programa *Música Viva* de 11/1/1947, editado na íntegra em anexo.

tros impregnado do desejo reformulador — na conquista do novo — implícito ao desenvolvimento das artes no processo de modernização da sociedade.

O nacionalismo político, por sua vez, associou-se, com freqüência, diretamente ao estabelecimento de um regime forte e rígido, de cunho ditatorial, que para se justificar no poder teve, entre causas e efeitos bastante complexos, de buscar legitimidade. Nação, povo, raça, supremacia, soberania serviram então como conceitos-suporte de grande funcionalidade para a consecução de objetivos políticos e econômicos.

Se, conforme a perspicaz interpretação "...o ciclo modernista do nacionalismo musical compreende assim uma pedida estético-social: sintetizar e estabilizar uma expressão musical de base popular, como forma de conquistar uma linguagem que concilie o país na horizontalidade do território e na verticalidade das classes..." [125], a implantação do dodecafonismo pelo *Música Viva* não só coloca duplamente em xeque o ideário nacionalista como acentua as contradições fundamentais já tão visíveis no interior da sociedade brasileira do pós-guerra.

A desativação do movimento *Música Viva* se deu numa primeira fase internamente ao grupo — em razão do engajamento político da maioria de seus membros, como vimos — e após, do ponto de vista externo, quando corroboraram dois fatores fundamentais.

Os impactos progressivos desferidos publicamente nos flancos nacionalistas — o "pôr em questão" subjacente aos manifestos, o "pôr contra a parede" mais coesamente formulado no de 1946 e na *Resolução*, e assim também todas as definições públicas dos princípios da *Música Viva* (vinhetas dos programas radiofônicos e, em especial, as declarações polêmicas e bombásticas de Koellreutter para a imprensa) — geraram um acúmulo de críticos diretos e indiretos.

---

125. Cf. WISNIK, J.M. Getúlio da Paixão Cearense. *O Nacional e o Popular na Cultura Brasileira (Música)*, p.148.

Música Viva

Por outro lado, as realizações do movimento e seu potencial de penetração nas várias camadas do estrato social chegaram a gerar um vulto progressivamente ameaçador, não especificamente para as correntes estéticas diversas mas em especial para alguns "latifúndios musicais". E é justamente este último fator que pode estar em medida de explicar melhor o fenômeno ocorrido em São Paulo, que historicamente serve de marco para a fase final da existência do movimento.

No dia 7 de novembro de 1950 Camargo Guarnieri assina sua *Carta aberta aos músicos e críticos do Brasil* (amplamente divulgada pelos noticiários), cuja originalidade de fato justifica-se apenas pelo efeito causado.

Cartas Abertas, referentes à produção artística contemporânea, foram várias em nossa história.[126] Aquelas enfocando problemáticas da música atonal-dodecafônica vinham já constituindo também a sua tradição. O próprio Guarnieri havia, quase dez anos antes, recorrido a essa forma, escrevendo uma para Koellreutter, na qual inclusive o valorizava enquanto talentoso compositor atonal; este, por sua vez, endereçara uma ao artista plástico G.Kosice, discutindo justamente o atonalismo enquanto técnica e estética; houveram as cartas-abertas trocadas entre os líderes do nacionalismo e do modernismo em fins de 50 e posteriormente diversas outras que decorreram da celeuma.[127]

No entanto, a íntegra desse documento instigador é bastante reveladora da posição peculiar de seu autor e seu impacto condizente com a situação dividida em que se encontrava o ambiente musical da época, dada a amplitude das reações controversas que despertou.

---

126. Ver, por exemplo, as trocadas em 1922 entre Menotti del Picchia e Oscar Guanabarino, em: WISNIK, J.M. *O Coro dos contrários.*

127. Ver especialmente: GUARNIERI, M.C. Carta Aberta a Koellreutter. *Resenha Musical,* IV/37, São Paulo, Set./1941 (documento em anexo). KOELLREUTTER, H.J. "Carta Aberta", para a crítica musical Madame D'Or (dezembro de 1943); A propósito de arte social (*Carta Aberta* ao Prof.Pierre Darmangeat, catedrático do Liceu Henri IV, de Paris). *Paralelos,* n°6, São Paulo: Set./1947, p.39-40; Carta Aberta a Octávio Bevilácqua. *Tribuna da Imprensa* (Rio de Janeiro, 27/Set./1950); e, Carta Abierta. *Arte Madi Universal,* n°4, Argentina, Out./1950.

Carlos Kater

CARTA ABIERTA
de H. J. KOELLREUTTER

Estimado Kosice:

Durante mucho tiempo siguieron resonando en mí las discusiones que tuvimos en Buenos Aires y, principalmente, su crítica severa e implacable a nuestra música, la dodecatónica, la cual desearía liberada de cualquier forma de concepción y composición antiguas, reintegrada en su función de arte autónomo y humanizador, ya que la invención es la más importante calidad inherente al hombre. Lo que su audaz y heroico grupo idealiza y procura realizar en sus trabajos, la INVENCION INTEGRAL de la obra artística, he ahí lo que también me parece el fundamento para una nueva realidad en el arte.

Desde que una mayoría de compositores dodecatonistas, so pretexto de "consolidación" y "tradición", trata de reconducir la música hacia fórmulas y normas que caracterizaban el arte del pasado, asumiendo así una actitud de reacción negativa frente a la revolución schoenberguiana, me preocupé seriamente con ese problema. Es que esos compositores olvidan que "consolidación" y "tradición" implican un proceso de creación, el cual, por su lado, obedece a una necesidad humana y no resulta de una actitud, y encierra aquí un sentido de asimilación científica y de continuidad inventiva. Y crear no es otra cosa que inventar.

Fueron **Schoenberg** y, principalmente, su gran discípulo **Anton Webern**, quienes abrieron los horizontes, derribaron prejuicios y crearon, en música, las condiciones que permiten la realización de aquello que Ud., estimado Kosice, preconiza y yo tanto deseo para el arte: UN ESTADO PRIMARIO DE ESENCIA, que posibilite la creación de un arte nuevo, profundamente enraizado en el pensar y sentir del hombre contemporáneo, la verdadera expresión de nuestra época.

Con gran interés le oí hablar de los principios que orientan el trabajo del grupo: color y bidimensionalidad, "marco" recortado e irregular, planos articulados con movimiento lineal, rotativo y de traslación, en la pintura; tridimensionalidad con movimientos convertibles de articulación y rotación, en la escultura; ambiente y formas movibles, desplazables, en la arquitectura; proposición inventada,, conceptos e imágenes no traducibles por otro medio a no ser el lenguaje, en la poesía; personaje y acción en lugar y tiempo totalmente inventados, en la novela y en los cuentos; cuerpo y movimiento circunscripto a un ambiente medido, sin música, en la danza; y finalmente: escenografía movible, diálogo inventado, en el teatro. No olvidé sus palabras respecto a un arte cinético, móvil y dinámico, resultado de un proceso imaginativo, cerebral, una organización científica, realista, y una presencia estética sin demostraciones. Y todo eso se resumió en sus palabras, tan ingenuas y tan grandes, al mismo tiempo: "No buscamos el parecido con nada".

¡Qué mundo bello, rico de posibilidades! Esas, sus palabras, tienen el sentido de un manifiesto: son las palabras de un hombre que participa en la construcción de un mundo nuevo y que defiende la vida contra los que planean la muerte.

No dudo de que ningún arte sería tan capaz de realizar las ideas expuestas por Ud. como la música, arte científico, cinético y abstracto por esencia. Música sin contrapunto, sin armonía, sin tema e imitación, sin tonalidad y cadencia. Música viva, música auténtica, música Madí.

Es verdad. Con el advenimiento del atonalismo y del dodecatonismo, nos aproximamos mucho a la realización de esos propósitos, sin alcanzarlos, sin embargo. La ausencia de un elemento que, por un lado, realizase, EN SU TOTALIDAD, la fórmula:

$$1 : \sqrt[12]{2} : \sqrt[12]{2^2} \ldots$$

— fórmula ésta que constituye la base de la escala cromática y de sus relaciones intervalares — y, por otro, pueda garantizar la unidad formal de la obra sin volver a los antiguos principios formales, impidió que la música dodecatónica se desenvolviese consecuentemente en ese sentido.

Bajo ese punto de vista, siempre me interesó aquella serie calificada de 12 sonidos, la cual presenta no sólo 12 notas, pero también 11 intervalos diferentes. Parecíame lógico y hasta necesario, para la realización total de la fórmula:

$$1 : \sqrt[12]{2} : \sqrt[12]{2^2} \ldots$$

que se emplease, de un modo ESTRICTAMENTE ATONAL, no solamente una parte del material constructivo de la música, o sea los sonidos propiamente dichos, más también los intervalos, esto es, la combinación de dos sonidos en un sentido vertical. Esa serie, que se podría denominar **"pan-intervalar"**, posee la facultad de poder proveer al compositor cualquier intervalo para la estructura armónica, garantizando así un máximo de medios expresivos, al lado de una rigurosa organización formal. Es claro que en esta música idealizada por mí, la forma crece de dentro hacia afuera y no de afuera hacia dentro.

He aquí una de esas series pan-intervalares, de las cuales existe un número de 3.000 aproximadamente, según los cálculos del matemático **Kakutani**:

"*Carta Abierta*", de H.J.Koellreutter à G.Kosice. *Arte Madí Universal*, n°4, Argentina Out./1950, s/n° de página

Música Viva

Solamente el empleo de estas series, altamente cualificadas, permite la realización total de la fórmula:

$$1 : \sqrt[12]{2} : \sqrt[12]{2^2} \ldots$$

o sea el principio cromático-atonal, abriendo así el camino para la creación de un estilo que corresponde en música a los principios estéticos preconizados por ustedes, en otras artes.

Siempre comprendí perfectamente el alto valor de esas series. No recurrí, sin embargo, en mis trabajos, a su empleo sistemático, porque, a pesar de las pesquisas de varios matemáticos, se desconocía aún un procedimiento para calcularlas. Las series conocidas encontradas por **Schoenberg, Krenek, Klein** o por mí, fueron casuales o el resultado de continuos experimentos.

Preocupado por ese problema, hablé al respecto con el matemático **Omar Catunda**, profesor catedrático de la Facultad Nacional de Filosofía en Sao Paulo, el cual, finalmente, después de innumerables estudios, consiguió encontrar el procedimiento buscado por mí.

El problema fué planteado de la siguiente manera: los 11 posibles intervalos deberían ser colocados en línea de modo a obtener una escala sin notas repetidas, esto es, que diferían de una o más octavas. Tomando el medio tono como unidad, debería hallarse una permuta o disposición en línea de los números 1 al 11, de tal manera que ninguna suma de números colocados consecutivamente fuese 12 o un múltiplo de 12.

El procedimiento más fácil de calcular esa serie de intervalos es el de sumar los números desde el principio y sacar los 12, como se hace en la operación elemental de "fuera-nueve", que se emplea en la prueba de los nueve. Las sumas, con "fuera-doce", se ponen debajo de cada número. La permuta es admisible, si todos esos números fueran diferentes, pues, son esos números que corresponden a las 12 notas de la escala.

Importante me parece el hecho de que el tritono (intervalo de seis semitonos) ocupe un lugar especialísimo en la serie; pues ese intervalo — esencialmente amorfo y móvil, por lo demás — no aparece apenas como uno de los 11 consecutivos, sino que también surge entre el 1° y el 12° sonido de cualquiera de las series panintervalares.

No me atrevo todavía a sacar conclusiones de este hecho, pero no hay duda de que el predominio del tritono — el cual se encuentra, en todas las escalas mayores y menores, justamente entre la Subdominante y la Dominante y divide la octava en dos partes iguales (aquel "diabolus in musica" de la Edad Media — será de gran importancia para la consolidación técnica y teórica y para la estética de la música atonal y dodecafónica en particular.

Y ahora, estimado Kosice, en base a esas nuevas relaciones entre los sonidos, orden garantizado por la serie panintervalar, me parece posible la creación de un ESTILO MADI en Música.

La música compuesta con una de esas series demuestra, a pesar de toda la perfección estructural, algo de inestable y fragmentario. Además, los principios de inversión y de recurrencia de la serie parecen anular el tiempo. ¿No recuerda eso la Teoría de la Relatividad? Es en la aparente anulación del tiempo que consiste una de las características más importantes de ese estilo, que es esencialmente dialéctico y aparece como el resultado de la lucha solitaria del individuo contra el implacable desaparecer en la nada de la marcha del tiempo. En eso, así como en el carácter fragmentario — que se presenta en el hábito de todos los detalles y en su consecuencia constructiva — en la inestabilidad y en el carácter cinético de la obra consiste la propia expresión y el alto grado de veracidad de ese estilo.

MADI COMO ESTILO ESENCIAL DE LA NUEVA MUSICA: RENUNCIA AL CONTRAPUNTO ARMONICO lo que, en pintura, corresponde a la bidemensionalidad, al abandono de la perspectiva y al movimiento lineal; ORGANIZACION CIENTIFICA REPRESENTADA POR LA FORMULA:

$$1 : \sqrt[12]{2} : \sqrt[12]{2^2} \ldots$$

PRINCIPIO DE VARIACION PERMANENTE como base de la nueva forma, substituyendo la antigua preestablecida y sus elementos intrínsecos, lo que equivale, en pintura, a los conceptos de "marco" recortado e irregular, de los planos móviles de articulación y traslación; en fin:

ESTILO DE RECOMIENZO,

CONCEPTO DE INVENCION Y CREACION DE ACTOS Y ELEMENTOS ESENCIALES.

Estimado Kosice: he aquí lo que quería escribirle. Me detengo.

Sean estas líneas el comienzo de una colaboración estrecha y eficiente en el sentido de crear un arte libre e independiente como expresión del orden y de la ley.

Teresópolis, agosto 1950 Brasil

Koellreutter
H. J. Koellreutter

Traducción de ANA RIVAS

"Carta Abierta", de H.J.Koellreutter à G.Kosice. *Arte Madi Universal*, n°4, Argentina Out./1950, s/n° de página

Carta Aberta aos Músicos e Críticos do Brasil [128]

Considerando as minhas grandes responsabilidades, como compositor brasileiro, diante de meu povo e das novas gerações de criadores na arte musical, e profundamente preocupado com a orientação atual da música dos jovens compositores que, influenciados por idéias errôneas, se filiam ao Dodecafonismo — corrente formalista que leva a degenerescência do carater nacional de nossa música — tomei a resolução de escrever esta carta-aberta aos músicos e críticos do Brasil.

Através dêste documento, quero alertá-los sôbre os enormes perigos que, neste momento, ameaçam profundamente tôda a cultura musical brasileira, a que estamos estreitamente vinculados.

Esses perigos provêm do fato de muitos dos nossos jovens compositores, por inadvertência ou ignorância, estarem se deixando seduzir por falsas teorias progressistas da música, orientando a sua obra nascente num sentido contrário ao dos verdadeiros interêsses da música brasileira.

Introduzido no Brasil há poucos anos, por elementos oriundos de países onde se empobrece o folclore musical, o Dodecafonismo encontrou aqui ardorosa acolhida por parte de alguns espíritos desprevinidos.

---

128. Cf. folheto impresso, datilografo, em formato oficio dobrado, 4p., sendo a primeira capa. A ortografia está de acordo com o original.

Música Viva

À sombra de seu maléfico prestigio se abrigaram alguns compositores moços de valor e grande talento, como Claudio Santoro e Guerra Peixe, que felizmente, após seguirem esta orientação errada, puderam se libertar dela e retornar o caminho da música baseada no estudo e no aproveitamento artístico-cientifico do nosso folclóre. Outros jovens compositores, entretanto, ainda dominados pela corrente dodecafonista (que desgraçadamente recebe o apoio e a simpatia de muitas pessoas desorientadas), estão sufocando o seu talento, perdendo contato com a realidade e a cultura brasileiras, e criando uma música cerebrina e falaciosa, inteiramente divorciada de nossas características nacionais.

Diante dessa situação que tende a se agravar dia a dia, comprometendo basilarmente o destino de nossa música, é tempo de erguer um grito para deter a nefasta infiltração formalista e anti-brasileira que, recebida com tolerância e complacência hoje, virá trazer, no futuro, graves e insanáveis prejuizos ao desenvolvimento da música nacional do Brasil.

É preciso que se diga a êsses jovens compositores que o Dodecafonismo, em Música, corresponde ao Abstracionismo, em Pintura; ao Hermetismo, em Literatura; ao Existencialismo, em Filosofia; ao Charlatanismo, em Ciência.

Assim, pois, o dodecafonismo (como aqueles e outros contrabandos que estamos importando e assimilando servilmente) é uma expressão característica de uma política de degenerescência cultural, um ramo adventício da figueira-brava do Cosmopolitismo que nos ameaça com suas sombras deformantes e tem por objetivo oculto um lento e pernicioso trabalho de destruição do nosso carater nacional.

O dodecafonismo, é assim de um ponto de vista mais geral, produto de cultura superadas, que se decompõem de maneira inevitável; é um artifício cerebralista, anti-nacional, anti-popular, levado ao extremo; é quimica, é arquitetura, é matemática da música — é tudo o que quizerem — mas não é música! É um requinte de inteligências saturadas, de almas sêcas, descrentes da vida; é um vício de semi-mortos, um refugio de compositores mediocres, de sêres sem patria, incapazes de compreender, de sentir, de amar e revelar tudo que há de novo, dinâmico e saudável no espirito de nosso povo.

Que essa pretensa música encontre adeptos no seio de civilizações e culturas decadentes, onde se exhaurem as fontes originais do folclóre (como é o caso de alguns paízes da Europa); que essa tendência deformadora deite as suas raízes envenenadas no solo cansado de sociedades em decomposição, vá lá! Mas que não encontre acolhida aqui na América nativa e especialmente em nosso Brasil, onde um povo novo e rico de poder criador tem todo um grandioso porvir nacional a construir com suas próprias mãos! Importar e tentar adaptar no Brasil essa caricatura de música, êsse método de contorcionismo cerebral anti-artístico, que nada tem de comum com as características especificas de nosso temperamento nacional e que se destina apenas a nutrir o gosto pervertido de pequenas elites de requintados e paranóicos, reputo um crime de lesa-Pátria! Isso constitue além do mais, uma afronta à capacidade criadora, ao patriotismo e à inteligência dos músicos brasileiros.

O nosso país possue um folclóre musical dos mais ricos do mundo, quasi que totalmente ignorado por muitos compositores brasileiros que, inexplicavelmente, preferem carbonizar o cérebro para produzir música segundo os princípios aparentemente inovadores de uma estética esdrúxula e falsa.

Música Viva

Como macacos, como imitadores vulgares, como criaturas sem princípios, preferem importar e copiar nocivas novidades estrangeiras, simulando, assim, que são 'originais', 'modernos' e 'avançados' e esquecem, deliberada e criminosamente que temos todo um amazonas de música folclórica — expressão viva do nosso carater nacional — à espera de que venham também estudá-lo e divulgá-lo para engrandecimento da cultura brasileira. Eles não sabem ou fingem não saber que somente representaremos um autêntico valor, no conjunto dos valores internacionais na medida em que soubermos preservar e aperfeiçoar os traços fundamentais de nossa fisionomia nacional em todos os sentidos.

Os nossos compositores dodecafonistas adotam e defendem essa tendência formalista e degenerada da música porque não se deram ao cuidado elementar de estudar os tesouros da herança classica, o desenvolvimentro autonomo da música brasileira e suas raizes populares e folclóricas. Eles, certamente, não leram estas sábias palavras de Glinka: — '... a música, cria-a o povo, e nós, os artistas, somente a arranjamos...' (que vale para nós também) — e muito menos meditaram nesta opinião do grande mestre Honegger sôbre o dodecafonismo: '...as suas regras são por demais ingenuamente escolásticas. Permitem ao NÃO MÚSICO escrever a mesma música que escreveria um indivíduo altamente dotado...'

Mas o que pretende, afinal essa corrente anti-artística que procura conquistar principalmente os nossos jovens músicos, deformando a sua obra nascente?

Pretende, aqui no Brasil, o mesmo que tem pretendido em quasi todos os paizes do mundo: atribuir valor preponderante à Forma; despojar a música de seus elementos essenciais de comunicabilidade; arrancar-lhe o conteudo emocional; desfigurar-lhe o carater nacional; isolar o músico (transformando-o num monstro de individualismo) e atingir o seu objetivo principal que é justificar uma música sem Pátria e inteiramente incompreensível para o povo.

Como tôdas as tendencias de arte degenerada e decadente, o dodecafonismo, com suas facilidades, truques e receitas de fabricar música atemática, procura menospresar o trabalho criador do artista, instituindo a improvisação, o charlatanismo, a meia-ciência como substitutos da pesquiza, do talento, da cultura, do aproveitamento racional das experiências do passado, que são as bases para a realização da obra de arte verdadeira.

Desejando, absurdamente, pairar acima e além da influência de fatores de ordem social e histórica, tais como o meio, a tradição, os costumes e a herança clássica; pretendendo ignorar ou desprezar a indole do povo brasileiro e as condições particulares do seu desenvolvimento, o dodecafonismo procura, sorrateiramente realizar a destruição das características especificamente nacionais da nossa música, disseminando entre os jovens a 'teoria' da música de laboratório criada apenas com o concurso de algumas regras especiosas, sem ligação com as fontes populares.

O nosso povo, entretanto, com aguda intuição e sabedoria, tem sabido desprezar essa falsificação e o arremedo de música que conseguem produzir. Para tentar explicar a sua nenhuma aceitação por parte do público, alegam alguns dos seus mais fervorosos adeptos que 'o nosso país é muito atrazado'; que estão 'escrevendo música para o futuro' ou que 'o dodecafonismo não é *ainda* compreendido pelo povo porque a sua obra não é suficientemente divulgada...'

Música Viva

É necessário que se diga, de uma vez por tôdas, que tudo isso não passa de desculpa dos que pretendem ocultar aos nossos olhos os motivos mais profundos daquele divórcio.

Afirmo, sem medo de errar, que o dodecafonismo jamais será compreendido pelo grande público porque ele é essencialmente cerebral, anti-popular, anti-nacional e não tem nenhuma afinidade com a alma do povo.

Muita coisa ainda precisaria ser dita a respeito do Dodecafonismo e do pernicioso trabalho que seus adeptos vêm desenvolvendo no Brasil, mas urge terminar esta carta que já se torna longa demais.

E ela não estaria concluida, se eu não me penitenciasse públicamente perante o povo brasileiro por ter demorado tanto em publicá-la. Esperei que se criassem condições mais favoráveis para um pronunciamneto coletivo dos responsáveis pela nossa música a respeito dêsse importante problema que envolve intenções bem mais graves do que, superficialmente se imagina. Essas condições não se criaram e o que se nota é um silêncio constrangido e comprometedor. Pessoalmente, acho que o nosso silêncio, neste momento, é conivência com a contrafação dodecafonista. É êsse o motivo porque êste documento tem um carater tão pessoal.

Espero, entretanto, que os meus colegas compositores, intérpretes, regentes e críticos manifestem, agora, sinceramente, a sua autorizada opinião a proposito do assunto. Aqui fica, pois, meu apêlo patriótico.

São Paulo, 7 de Novembro de 1950.[129]

---

129. Segue-se o nome de Camargo Guarnieri e a inscrição "(Qualquer pronunciamento ou notícia sobre esta carta, é favor dirigir-se a: Camargo Guarnieri – Rua Melo Alves, 446 – São Paulo – Brasil)".

Essa carta aberta — através da qual Guarnieri incorpora a missão de alertar toda a classe musical do país "sobre os enormes perigos que /.../ ameaçam profundamente toda a cultura brasileira" — não deve ser encarada apenas como um documento resposta às proposições estéticas do *Música Viva*, como dá a entender e como aliás o próprio autor havia já expressado anteriormente em sua *Carta Aberta*, de 1941.[130]

Deste ponto de vista, ela seria, no mínimo, um produto de efeito simplório e sobretudo tardio.

Simplório pois não chega a demonstrar um nível de argumentação que se mantenha por si [131], muito menos ainda proporcional à envergadura do projeto em seu conjunto concebido e realizado pelo movimento. Ainda, sendo não ortodoxo o emprego do dodecafonismo — praticamente sem exceção por parte de todos os compositores do *Música Viva*, conforme se pode observar nos exemplos musicais de Santoro, Guerra Peixe e Eunice Katunda ao final deste capítulo —, as obras criadas segundo essa técnica ofereciam condições, em potencial que fosse, de crivar linguagens legítimas refletindo expressões individuais — regionalizadas ou nacionalizadas — e gerando estilos compositivos menos padronizados e mais autênticos.

Tardio porque o *Apelo dos compositores e críticos musicais de Praga* havia já, dois anos e meio antes, antecipado estas proposições, contemplando-as ainda num contexto político-social de maior envergadura, pertinência e atualidade. Ainda: Cláudio Santoro, no artigo "Problemas da Música Contemporânea Brasileira", publicado em agosto de 1948, expõe a essência do texto da Carta de Guarnieri. Ele faz do "Apelo" apelo seu enfocando justamente a "falta de conteúdo social" da música contemporâ-

---

130. Esta carta está publicada integralmente no Anexo 12.

131. Aliás, Patrícia Galvão (a famosa *Pagú*) no seu artigo "Rebaixou-se o maestro Koellreutter aos princípios musicais de Moscou" (*Fanfulha*, 22/10/1952), a isso se referiu, na forma que lhe era característica: "Onde tinha Camargo Guarnieri ido buscar idéias para escrever a sua carta, dado que se tenha como idéias o recheio daquele documento? Sim, porque Camargo Guarnieri sozinho não seria capaz de lampejar nada que se parecesse com uma idéia. O seu vácuo cerebral é conhecido".

Música Viva

nea; a decadência da arte de vanguarda — "arte pela arte" — reflexo da concepção de indivíduo, criada pela classe burguesa. Resulta então, em decorrência, o afastamento e o isolamento do artista em relação ao povo e à cultura nacional, provocado pelos inimigos da arte, pelo novo inimigo da humanidade, a seu ver, o facismo disfarçado, o imperialismo americano.[132]

Além disso, se fosse realmente estético o alvo visado por Guarnieri, o grupo de compositores do *Música Viva* estando já em fase mais que final de seu processo de desarticulação — Santoro havia reorientado sua linha de trabalho antes mesmo de 48 e Guerra Peixe e Eunice Katunda em torno do final de 49 —, o dodecafonismo não representava de fato risco frontal ou ameaça estética alguma para os patronos e adeptos da corrente nacionalista. E isto, mesmo reconhecendo a necessidade e merecida importância de um projeto original de estímulo à produção de obras nacionais, decorrente de pesquisa dirigida às manifestações típicas do Brasil, projeto de longa trajetória que teve em Mário de Andrade um de seus formuladores, em Guarnieri um de seus melhores realizadores.

Resta-nos assim uma hipótese complementar, antes pessoal e política do que estética e musical propriamente dita. As adesões e a ocupação de espaços cada vez mais em expansão, particularmente pelo *Músiva Viva*, o tornaram afrontador. E a essa ameaça respondeu-se com um combate, não estético — pois, além de raro no Brasil, da fileira nacionalista ninguém surgiu que pudesse ocupar o vazio deixado por Mário de Andrade — mas sim, político.

A carta aberta de Guarnieri teria assim por meta essencial aglutinar os nacionalistas sob a bandeira da orientação stalinista, os adversários históricos e os dissidentes radicais do *Música Viva*, arregimentando um contingente capaz de limitar os avanços progressivos da empresa pedagógica e de dinamização sociocultural capitaneada por Koellreutter com notável sucesso.

---

132. Cf. Santoro, C. Problema da Música Contemporânea Brasileira..., em *Fundamentos*, n°3, v. 2, p. 233-240, editado integralmente no Anexo 10.

Sem dúvida ela teve também atualidade em seu apelo cívico e patrió-tico. É reflexo de um deslocamento do ideário nacionalista da órbita estética para a política, a exemplo de casos semelhantes na história brasi-leira. Duas décadas antes, a instalação do regime revolucionário, prepa-rando o Estado Novo, marcava já significativamente a modificação da trajetória composicional de Villa-Lobos: do *Nonetto* e da série de *Cho-ros* para as *Bachianas* e *Concertos*, passando assim de um modernismo desejada e implicitamente nacional para um nacionalismo pretensa e anacronicamente moderno.

As circunstâncias políticas favorecedoras do ressurgimento das aspira-ções de nacionalidade, com a volta de Getúlio Vargas ao poder em 1950, propiciaram recolocar em pauta a questão. Porém o sentido contemporâ-neo, bem como as potencialidades de exploração do tema nacional tangenciaram em quilômetros de distância a órbita inercial de muitos músicos e artistas aí enveredados.[133]

Ao debate público, proposto por Koellreutter, no Museu de Arte de São Paulo afluiu largo público. Só não compareceu Guarnieri, cuja posição acabou sendo representada por discípulos, ex-alunos e admiradores seus, muitos dos quais varejistas da causa nacionalista e do "realismo socialista".[134]

---

133. As inúmeras notícias jornalísticas veiculando opiniões dos músicos da época ilustram perfeitamente bem o nível razante de compreensão do problema quase sem exceções por parte dos nacionalistas (ou daqueles que de última hora assim se denominaram ou converteram). Ver: NEVES, J.M. *Música Contemporânea Brasileira*, p.127-133, onde figuram, com comentário, transcrições de diversas opiniões publicadas na época.

134. Este rótulo acabou gerando muitas confusões, visto que ele próprio parece ter se originado de uma também, gerada por alguns núcleos do Partido Comunista da América Latina, buscando fazer coincidir as diretrizes do Manifesto de Praga com a linha oficial ditada por Moscou, representada pela resolução assinada por Andrei Zhdanov e Josef Stálin (fevereiro de 1948), decorrente do encontro do Comitê Central do PC da URSS. Cf. AHARONIÁN, Coriún. *The False Communist Ban of 1948*. Texto de estudo gentilmente cedido por seu autor.

Música Viva

Koellreutter no entanto fornece, nos noticiários, respostas várias aos tópicos levantados por Guarnieri e divulga após sua própria carta aberta (Rio de Janeiro, 28/12/1950):

Carta Aberta aos Músicos e Críticos do Brasil. Resposta a Camargo Guarnieri [135]

Consciente de minhas responsabilidades perante a nova geração de compositores, em especial diante daqueles que me foram confiados, e perante o país a cujo desenvolvimento cultural venho dedicando todos os meus esforços profissionais, movido ainda pelo profundo respeito que tenho pelo espírito criador do homem e pela inabalável fé na liberdade de pensamento, venho responder, de público, à 'Carta Aberta aos músicos e críticos do Brasil' que o snr.Camargo Guarnieri fez publicar, com a data de 7 de novembro de 1950. Vejamos de início o que é o tão falado Dodecafonismo, atacado pelo snr. Camargo Guarnieri com tanta veemência e com uma terminologia pouco apta a um documento artístico. Dodecafonismo não é um estilo, não é uma tendência estética, mas sim o emprego de uma técnica de composição criada para a estruturação do atonalismo, linguagem musical em formação, lógica consequência de uma evolução e da conversão das mutações quantitativas do cromatismo em qualitativas, através do modalismo e do tonalismo. Não tendo, por um lado, — como tôda outra técnica de composição — outro fim a não ser o de ajudar o artista a expressar-se e, servindo, por

---

135. Documento divulgado em vários jornais do país. *Folha da Tarde*, Porto Alegre, 13/01/1951. A ortografia original está mantida.

outro lado, à cristalização de <u>qualquer</u> [136] tendência estética, a técnica dodecafônica garante <u>liberdade absoluta</u> de expressão e a realização completa da personalidade do compositor. Ela não é mais nem menos 'formalista', 'cerebralista', 'anti-nacional' ou 'anti-popular' que qualquer outra técnica de composição baseada em contraponto e harmonia tradicionais. É errôneo, portanto, o conceito de que o Dodecafonismo 'atribua valor preponderante à forma' ou 'despoje a música de seus elementos essenciais de comunicabilidade'; que 'lhe arranque o conteúdo emocional'; que 'lhe desfigure o caráter nacional' e que possa 'levar à degenerescência do sentimento nacional'.

O que leva 'à degenerescência do sentimento nacional', o que se torna um 'vício de semi-mortos' e 'um refúgio de compositores medíocres' e não contribui em absoluto para a evolução cultural de um povo, pelo contrário, é fonte de sucessos fáceis e de improvisações, é o nacionalismo em sua forma de adaptação de expressões vernáculas. Essa tendência, tão comum entre nós, é responsável por uma música que lembra o estado premental de 'sensação', próprio do homem primitivo e à criança, e que, com as suas fórmulas gratuitas emprestadas ao colorismo russo-francês, não consegue encobrir sua pobreza estrutural e a ausência de potência criadora. O verdadeiro nacionalismo é um característico intrínseco do artista e de sua obra. Quando, porém, essa tendência se reduz a uma atitude apenas, leva tanto ao formalismo quanto qualquer outra corrente estética. — Entende-se por formalismo a conversão da forma artística numa espécie de auto-suficiência. Ao contrário do que afirma o snr.Camargo Guarnieri, o que me parece alarmante é a situação de estagnação mental em

---

136. Esta e a expressão seguinte aqui sublinhadas aparecem em negrito no texto original.

Música Viva

que vive amodorrado o meio musical brasileiro, de cujas instituições de ensino, com seu programa atrazado e ineficiente, não tem saído nestes últimos anos nenhum valor representativo. Eis a expressão, essa sim, de uma 'política de degenerescência cultural' e não a ancia estética, o trabalho sincero dos jovens dodecafonistas brasileiros que lutam corajosamente por um novo conteúdo e uma nova forma e que jamais desprezaram o folclore de sua terra, estudando-o e assimilando-o em sua essência. Esses jovens dodecafonistas brasileiros desbravam as regiões do inexplorado à procura de uma nova realidade na arte. Escrevem música que não admite outra lógica a não ser a que nasce da própria substância musical. É verdade que essa música, apezar de toda sua perfeição estrutural, demonstra algo de instável e fragmentário, característicos de uma crise que resulta do conflito entre forma e conteúdo, a fonte mais importante do desenvolvimento e do progresso nas artes. E é justamente nisso, no alto grau de veracidade e no realismo de sua arte, que consiste o valor humano e artístico do trabalho desses jovens compositores. Quanto aos conceitos finais dos últimos parágrafos da Carta Aberta do snr. Camargo Guarnieri não merecem resposta por serem incompetentes e tendenciosos. Em lugar de demagogia falaciosa de sua carta, o snr. Camargo Guarnieri deveria ter feito uma exposição objetiva, uma análise serena e limpa dos problemas relativos aos jovens musicistas do Brasil, se é que realmente isso o interessa. O nacionalismo exaltado e exasperado que condena cegamente e de maneira odiosa a contribuição que um grupo de jovens compositores procura dar à cultura musical do país, conduz apenas ao exacerbamento das paixões que originam forças disruptivas e separam os homens. A luta contra essas forças que representam o atrazo e a reação, a luta sincera e honesta em pról do progresso e do humano na arte é a única atitude digna de um artista.

Se os músicos de orientação nacionalista não possuíam, em sua maioria, visível vinculação político-partidária e ao contrário os do *Música Viva* demonstraram compromisso e engajamento cada vez mais intensos — importante reiterar que *Música Viva* torna-se uma célula da "música progressista", quando de sua adesão ao Apelo do II Congresso de Praga — o ponto culminante do combate de fachada estética mostra um quadro de certa inversão.

Significa dizer que em aparência — e numa ótica apenas da realidade — Koellreutter com o atonalismo foi associado à vertente agonizante da burguesia capitalista e Guarnieri nacionalista às forças novas ilustrativas das orientações fundamentais do então progressismo político e estético.

Dessa cisão surgiram realinhamentos intensos, favorecendo o maciço engajamento dos músicos na corrente nacionalista, que prevaleceu até o final da década.[137]

Expressões como "apelo", "responsabilidade diante" (da música, do país, dos jovens, da geração, da sociedade), "preocupação com" (o humano, a cultura, o povo, as massas), "progresso" e suas formas derivadas (progressista, progressismo) e "música" enquanto "expressão viva" aparecem constantemente como paradigmas da retórica das tendências que se antagonizam, possuindo no entanto significados diversos, na imensa maioria das vezes diametralmente opostos.

Para uns, "músicos progressistas", nacionalistas — a idéia de progresso está associada intimamente ao estudo e aproveitamento "artístico-científico" do manancial folclórico — na grande maioria dos casos intenção jamais efetivada e transcendida — e daí por conseqüência com a idéia de povo, raça, cultura localizada, nação.

---

137. Na realidade o nacionalismo musical se colocará como tendência predominante durante toda a década de 50 e só no início da seguinte — desde o significativo desaparecimento de Villa-Lobos, em fins de 59 — é que ressurgirá o experimentalismo na produção musical brasileira, espelhando com sua renovação os frutos diretos e indiretos do trabalho realizado por Koellreutter e pelo *Música Viva*.

Música Viva

Para outros no entanto — *Música Viva* e especialmente Koellreutter — significa busca incessante, liberdade de pensamento e legitimidade de expressão, segundo o estágio atual de desenvolvimento da cultura e da sociedade em termos amplos, supra-nacionais, universais.

Por aqueles o dodecafonismo é visto como "produto de culturas superadas" — deterioradas, desenraizadas —, portanto conteudisticamente desprezível, formalista. Para estes o nacionalismo reflete anacronismo, ausência de potência criadora, confinamento estético.

Em suas próprias visões ambos os enfoques se lêem reciprocamente "não-progressistas" e reducentes do ponto de vista expressivo.

A idéia de que a música deveria se aproximar das massas, do povo, é também comum, assim como a crise que atestam. Entretanto, nacionalistas têm já sua receita constituída histórica e conceitualmente, com base em referências traçadas de início por Mário de Andrade (em particular e quase exclusivamente no *Ensaio* de 1928).[138]

O grupo de compositores por sua vez experimenta formas originais de integração, via trabalhos de Santoro, Eunice Katunda e, mais intensamente, Guerra Peixe, buscando associar elementos de música popular ou folclórica com a técnica dodecafônica.[139] Esse pioneirismo momentâneo, rapsódico,

---

138. ANDRADE, M.de. *Ensaio sobre a Música Brasileira* (1928). (2ªed.). São Paulo: Martins Ed.,1962, onde discorre sobre as características e problemáticas da música nacional, apresentando sua original tese das três fases de evolução do compositor brasileiro. Ver Anexo 2 menção feita por Luciano Gallet, no texto "A missão dos músicos brasileiros de agora" ao livro de Mário, à problemática do projeto compositivo brasileiro e Camargo Guarnieri; entre outros.

139. Diga-se de passagem, o *Negrinho do Pastoreio* (1946), cantata para vozes solistas e coro feminino, é a primeira peça de Eunice Katunda composta sob a orientação de Koellreutter e já contém, nesse sentido, propostas criativas eficazes (o que se pode observar parcialmente mais adiante), assim como várias obras de Santoro e Guerra Peixe.

ocorre marcante entre 45 e 47 (e também se verifica, indiretamente, através de peças do compositor "nacionalista-dodecafônico" Luiz Cosme). Esta questão é recolocada após, com *Música Viva* perseguindo novas saídas, no campo estético e didático-pedagógico, em particular.[140]

De fato, já em 1941, Santoro, em suas "Considerações em torno da Música Brasileira Contemporânea", sugeria — a exemplo de Mário de Andrade e alguns outros — o estudo técnico dos materiais folclóricos tendo em vista recuperar a essencialidade da criação musical popular.[141]

Koellreutter, em entrevista à *Folha da Tarde* (São Paulo, 27/4/1950), tecia considerações sobre a composição de uma música "em brasileiro", reiterando a importância de uma pesquisa competente das características musicais do repertório folclórico.

Entretanto, apesar do reconhecimento generalizado da função e importância de pesquisas a partir do manancial nativo, tanto por parte de "universalistas" quanto de "nacionalistas", praticamente pouco chegou a ser feito nesse período de forma abalizada e, sobretudo, sistemática.

O que vem a se tornar claro com as polêmicas instauradas, tanto internamente ao *Música Viva* — em especial em 1948 — quanto ampla e publicamente a partir de fins de 1950, é que não foram de fato as metas perseguidas que diferiram, mas sim os objetivos mais imediatos, os meios e a determinação para atingi-los, bem como a análise ampla da realidade que eles, obrigatoriamente, pressupõem.

---

140. Ver no capítulo adiante: Atividades *Música Viva*.

141. Cf. SANTORO, C. artigo citado, boletim *Música Viva*, n°9, ano 1, Mar./1941, p.3.

IIª Série de Peças para Piano-Solo, de Cláudio Santoro (1946) (peças 1 e 2)

Suite, para flauta e clarineta, de C.Guerra Peixe (1949) ("II–Canção")

Música Viva

III ATO

Negrinho do Pastoreio, cantata em 4 atos, para solistas (S, MS, A) e coro feminino a capela ou com acompanhamentos ocasionais de flauta, violão e percussão (1946)

Negrinho do Pastoreio, cantata em 4 atos, para solistas (S, MS, A) e coro feminino a capela ou com acompanhamentos ocasionais de flauta, violão e percussão (1946)

Música Viva

Ano I - N. 1	Rio de Janeiro	Maio - 1940

MUSICA VIVA

Fundador Hans-Joachim Koellreutter · Órgão oficial do Grupo "Musica Viva" · Diretor: Prof. Octavio Bevilacqua

Redatores: Prof. Brasilio Itiberê, Prof. Egydio de Castro e Silva, Prof. Hans-Joachim Koellreutter, Prof. Luiz Heitor

O NOSSO PROGRAMA

A obra musical, como a mais elevada organisação do pensamento e sentimento humanos, como a mais grandiosa incarnação da vida, está em primeiro plano, no trabalho artístico da "Musica Viva".

A atividade do grupo "Musica Viva" dedica-se principalmente a produção contemporânea e sobretudo a proteção da joven música brasileira: "Musica Viva" quer mostrar, que em nossa época também existe música, expressão viva de nosso tempo.

Além disto uma das mais importantes tarefas deste grupo, consiste em, tirar do esquecimento obras da literatura musical das grandes épocas passadas desconhecidas ou pouco divulgadas "Musica Viva" quer reanimar a música clássica de real valor e sem razão esquecida.

Eis o nosso programa, cujo único fim é servir a obra musical com todos os esforços.

"Musica Viva" realizará concertos e audições com programas especiais e de acordo com as finalidades do grupo.

"Musica Viva" realizará conferências e discussões sobre temas atuais.

"Musica Viva" publicará obras contemporâneas e composições inéditas da literatura clássica.

"Musica Viva" encarregar-se-á da divulgação e da execução das obras que publicar, no Brasil e no estrangeiro.

"Musica Viva" realizará um intercâmbio de composições contemporâneas entre o Brasil e outros países.

"Musica Viva" publicará mensalmente uma folha musical para servir as finalidades do grupo e apoiar todo movimento tendente a desenvolver a cultura musical. Ela quer informar, animar, ajudar, defender e criticar, numa base positivo e objetiva.

A's Senhoras Lais Wallace, Lisbeth Herzfeld, Ursula Koellreutter, aos Senhores Andrade Muricy, Armando Pinheiro, Franz Becker, Giovanni Ballarim, Luiz Heitor, Oskar Kowsmann, e a todos que nos apoiaram moral ou materialmente e tornaram possível a realização das nossas intenções, agradecemos cordialmente e esperamos merecer toda esta generosidade. Ao mesmo tempo convidamos aqueles que têm real interesse pela música a construir e trabalhar conosco, afim de servir a cultura brasileira.

A atividade do grupo "Musica Viva" em 1939

7 concertos e audições:

5 audições particulares.
2 concertos publicos.
5 com obras contemporâneas.
2 com obras clássicas.
1 curso de interpretação, em 10 conferências

62 composições de música de câmara executadas:

12 clássicas.
50 contemporâneas.
23 brasileiras.
16 francesas.
9 alemãs.
7 italianas.
4 russas.
3 espanholas.

Obras executadas de 42 compositores:

10 clássicos.
32 contemporâneos:
11 franceses
9 brasileiros.
9 alemães.
6 italianos.
4 russos.
3 espanhoes.

15 primeiras audições de 12 compositores:
Grétry.

Haendel.
Scarlatti, Alessandro.
Jean Français.
Honegger.
Ibert.
Jarnach.
Koellreutter,
de la Presle.
Tansman.
Tchérepnine, Alexandre.

Foram executadas obras dos compositores:

Bach, Johann Sebastian.
Beethoven.
Grétry.
Haendel.
Hasse.
Lotti.
Mendelsohn.
Mozart.
Pergolesi.
Scarlatti, Alessandro.
Baton.
Braga, Ernani.
Braga, Francisco.
Cimara.
Debussy.
Falla.
Fernandez.
Français, Jean.
Gnattali.
Gretschaninow.
Guarnieri, Camargo.
Honegger.

Ibert.
Itiberê, Brasilio.
Jarnach.
Koellreutter.
Mignone.
Milhaud.
Nin.
Pierné.
Presle.
Prokofieff.
Ravel.
Recli.
Respighi.
Strawinsky.
Tansman.
Tchérepnine, Alexandre.
Tournier.
Turina.
Vieira-Brandão.
Villa-Lobos.

Nos concertos e audições tomaram parte 11 artistas:

Anna Candida de Moraes Gomide.
Enaura Mello.
Hilde Sinnek.
Lais Wallace.
Maria Stolze Cardoso.
Armando Pinheiro.
Egydio de Castro e Silva.
Hans-Joachim Koellreutter.
Miron Kroyt.
Remja Waschitz.
Waldemar Navarro.

Suplemento Musical deste número: «Sem Fim», modinha de Fructuoso Vianna

"O nosso programa", boletim *Música Viva*, Ano I, n°1, Mai./1940

V

Atividades *Música Viva*

Fator decisivo para a instalação do *Música Viva* foi a atenção dedicada à propaganda de idéias e atividades do movimento, em particular por H.J.Koellreutter, seu criador, líder e porta-voz. Estas, como podemos observar nos diversos documentos existentes, privilegiaram a música jovem brasileira (produção emergente), a criação contemporânea nacional e estrangeira, as músicas de invenção de todas as épocas e também obras pouco conhecidas ou ignoradas pelo grande público. As atividades abrangeram uma larga gama, compreendendo, afora a publicação dos boletins, séries diversas de realizações como promoção de audições, recitais e concertos, edição de partituras, cursos, palestras (em geral seguidas de debate) e emissões radiofônicas.

Música Viva, já na edição do primeiro boletim, em maio de 1940, explicita em editorial suas principais metas e formas de ação: [142]

---

142. O nosso programa. Boletim *Música Viva*. Ano I, nº1, Rio de Janeiro, Mai./1940, p.1. A ortografia foi mantida conforme o original.

Música Viva

"O nosso programa"

A obra musical, como a mais elevada organização do pensamento e sentimento humanos, como a mais grandiosa incarnação da vida, está em primeiro plano, no trabalho artístico da "Musica Viva".

A atividade do grupo "Musica Viva" dedica-se principalmente a produção contemporânea e sobretudo a proteção da jovem música brasileira: "Musica Viva" quer mostrar, que em nossa época também existe música, expressão viva de nosso tempo.

Além disto uma das mais importantes tarefas deste grupo, consiste em tirar do esquecimento obras da literatura musical das grandes épocas passadas, desconhecidas ou pouco divulgadas: "Musica Viva" quer reanimar a música clássica de real valor e sem razão esquecida.

Eis o nosso programa, cujo único fim é servir a obra musical com todos os esforços.

————————————

"Musica Viva" realizará concertos e audições com programas especiais e de acordo com as finalidades do grupo.

"Musica Viva" realizará conferências e discussões sobre temas atuais.

"Musica Viva" publicará obras contemporâneas e composições inéditas da literatura clássica.

"Musica Viva" encarregar-se-á da divulgação e da execução das obras que publicar, no Brasil e no estrangeiro.

"Musica Viva" realizará um intercâmbio de composições contemporâneas entre o Brasil e outros países.

"Musica Viva" publicará mensalmente uma folha musical para servir as finalidades do grupo e apoiar todo o movimento tendente a desenvolver a cultura musical. Ela quer informar, animar, ajudar, defender e criticar, numa base positivo e objetiva.

Subordinando-se a uma intenção marcadamente didático-pedagógica — predominante aliás em toda a trajetória desenvolvida por Koellreutter —, a difusão de criações musicais, especialmente das contemporâneas, tanto internacionais quanto brasileiras, notadamente, constituiu-se num recurso básico para atingir a meta fundamental de renovação pretendida: a criação e a instalação de uma modernidade musical no Brasil.

Entre as várias iniciativas planejadas nesse sentido, algumas, apesar de anunciadas, não chegaram efetivamente a se concretizar.[143]

São porém, desde um primeiro momento, as apresentações musicais e as conferências que se colocarão como suporte básico de formação e divulgação, ao mesmo tempo em que propiciarão recuperar as condições — e mesmo uma das principais finalidades — de um fazer musical, cujo circuito (compositor — obra — intérprete — público) se encontrava na época desatualizado e fortemente desarticulado.

Devemos notar, no entanto, que é sempre uma tarefa delicada a de distinguir os integrantes do movimento *Música Viva* e os alunos participan-

---

143. Caso por exemplo da criação de uma biblioteca de músicas modernas. Ver: boletim *Música Viva* n°4, p.10.

Música Viva

tes dos Cursos de Harmonia, Contraponto, Fuga e Composição, ministrados particularmente por Koellreutter. Isto porque parte expressiva de seus alunos a partir de um momento se inseriam nas atividades propostas pelo movimento, seja apresentando trabalhos de composição, interpretando peças ou simplesmente tomando parte como público. Como parece ter sido de praxe durante vários anos, o professor abria seu estúdio, convidando amigos e familiares de seus discípulos para assistirem a uma "reunião final", quando eram apresentados trabalhos contemporâneos de criação.[144]

Devemos lembrar ainda que, ao lado das referidas apresentações, Koellreutter realizou também — seguramente desde 1939 de maneira sistemática — uma série de audições musicais com intérpretes convidados, bem como ofereceu cursos particulares individuais e para grupos de interessados, em sua própria residência, na rua Saint Roman 24, Apto. 2, Copacabana, Rio de Janeiro. Assim, de 6 de julho a 7 de agosto, ministra todas as segundas e quintas-feiras, o "Curso de Interpretação" cujo folheto de divulgação indica em grande título: "Música Viva". Apresentando um programa detalhado, ele se constituiu numa série de 10 conferências: 1ª - "Música como realidade"; 2ª e 3ª - "O movimento, a entidade da obra musical"; 4ª - "Expressão e dinamismo"; 5ª e 6ª - "Articulação, declamação e recitação"; 7ª - "Questão de interpretação na música dos séculos XVII e XVIII"; 8ª - "A interpretação das obras de Joh. Seb. Bach"; 9ª - "Os problemas da interpretação no conjunto e na rádio"; 10ª - "A obrigação e a responsabilidade do intérprete". Apesar da aparência inofensiva dos temas, a frase escolhida como *caput* do programa impresso é uma citação em francês de Igor Stravinsky:

---

144. Localizamos um convite para apresentação de trabalhos de Guerra Peixe, *Música 1944*, Alexandre Lissowsky, *Três Canções* (1945), Edino Krieger, *Peça para Piano* (1945), Minita Mantero, *Variações 1945*, Ana Maria Porto, *Três Poemas* (1945), Célia Zadumbide, *Música 1945*, Cláudio Santoro, *Sonata a 3* (1942) e Koellreutter, *Noturnos* (1944), prevista para 19 de dezembro de 1945.

"Pois, fatalmente, o intérprete só pode pensar na interpretação e se assemelha assim a um tradutor (*traduttore-traditore*) o que em música é um absurdo e para o intérprete uma fonte de vaidade que o conduz inevitavelmente à mais ridícula das megalomanias".[145]

Audições e Concertos

A distinção entre expressões relativas a diferentes modalidades de apresentação do *Música Viva* — "recital", "audição" e "concerto" — não se mostra sempre muito clara, jamais aparecendo explicitada nos boletins ou outro documento qualquer. Seus significados são ainda relativamente próprios quando empregados pelos movimentos do Rio de Janeiro ou de São Paulo.

Tudo indica no entanto que para o *Música Viva* carioca, a expressão "audição" referia-se a apresentações particulares, de reduzido porte pelo efetivo musical requerido e pela expectativa de platéia, em oposição aos concertos. Não comportando caracterização de estilo ou natureza em função das obras interpretadas — contrariamente ao que se poderia talvez inferir do balanço exposto no boletim n°1, p.1 —, as audições foram realizadas, num primeiro momento, na residência do próprio Koellreutter e desde 1940 "em combinação com a Associação dos Artistas Brasileiros", em diversas salas públicas.[146]

---

145. Cf. folheto impresso, formato legal dobrado, 4 páginas (tradução não literal). Fica evidente neste documento que a postura crítica e instigante de Koellreutter, e após imprimida amplamente ao *Música Viva*, não se deu anos mais tarde por simples adoção oportunista do pensamento de Mário de Andrade (de mesmo sentido e intensidade), mas sim por ressonância ideológica, alimentada já antes por suas experiências junto a grupos de música nova na Europa (1935 e 36) e pela influência exercida por H. Scherchen.

146. Estas audições foram freqüentadas não só por alunos e jovens músicos mas também por artistas e amadores de música em geral, figurando entre os mais assíduos Manuel Bandeira, por exemplo (cf. depoimento de Gení Marcondes ao autor).

Conforme é mencionado na primeira página desse mesmo boletim (Maio de 40), *Música Viva* havia já realizado ao longo de 1939: 5 audições (particulares) e 2 concertos, sendo 5 com obras contemporâneas e 2 com obras clássicas, afora um curso de interpretação, em 10 conferências. São então indicadas características de época e de nacionalidade das 62 composições de música de câmara interpretadas (das quais 50 são contemporâneas e 23 brasileiras), dos 42 compositores (32 contemporâneos e 9 brasileiros), as primeiras audições (nenhuma de brasileiros até este momento), os nomes dos compositores e também dos intérpretes que tomaram parte dos eventos.[147]

A primeira audição, anunciada no programa-convite (Rio de Janeiro, 11/6/1939), foi inteiramente dedicada aos compositores brasileiros:

PRIMEIRA PARTE

Brasilio Itiberê.................................... *Suite Brasileira* (1938)
Invocação
Canto
Dansa
Francisco Mignone................................ *A Lenda Sertaneja*
Lorenzo Fernandez................................ *Marcha dos Soldadinhos*
Desafinados

Anna Candida de Moraes Gomide
SEGUNDA PARTE

Francisco Braga..................................... *Tango Caprichioso*
Heitor Villa-Lobos................................. *Canto do Cysne Negro*
Maripoza na Luz

Enaura Mello
Ao Piano : Miron Kroyt

---

147. Cf. A atividade do grupo "Música Viva" em 1939. Boletim *Música Viva*. Ano I, n°1, RJ: Mai./ 1940, p.1.

TERCEIRA PARTE

Heitor Villa-Lobos.............................. *A Maré encheu...*
Garibaldi foi à Missa
N'esta Rua...
Radamés Gnattali.............................*Três Miniaturas* (1938)
Valsa
Modinha
Jongo

Anna Candida de Moraes Gomide [148]

A pedido serão repetidas, com grande prazer, as peças executadas, cuja comprêensão, pela primeira vez, é um tanto difícil.

A segunda audição será realizada no dia 1° de julho com obras de Albert Roussel, André Caplet, Béla Bartók e Walter Gieseking.

O primeiro concerto, com realização prevista após três meses, apresentava o seguinte programa:

MÚSICA VIVA

Primeiro Concerto

Domingo, 17 de Setembro de 1939 as 17,30 horas
no salão da Associação dos Artistas Brasileiros
Palace-Hotel

VESPERAL DE MÚSICA DE CAMARA

com o concurso do pianista
EGYDIO DE CASTRO E SILVA
e do
CONJUNTO INSTRUMENTAL RIO DE JANEIRO
Miron Kroyt, piano
Hans-Joachim Koellreutter, flauta
Remja Waschitz, violino

---

148. Enaura Mello violinista e Anna Cândida pianista.

Música Viva

MUSICA CONTEMPORANEA

Jean Françaix	*"Musique de Cour", Trio para piano,* *flauta e violino* (1937) *Menuet* *Ballade* *Scherzo* *Badinage*
Alexandre Tansman	*Sonata Rustica para piano* (1925) *Allegro agreste* *Cantilena* *Danza Festiva*

Hans-Joachim Koellreutter Três Bagatellas para piano (1939)

Brasílio Itiberê	*Estudo para piano* (1938)
Alexandre Tscherepnin	*Concerto de Camara em Ré para flauta,* *violino e piano, op.33* (1924) *Allegro Maestoso* *Andantino* *Vivace* *Allegro molto*

As obras de Françaix, Koellreutter e Tscherepnin serão executadas em primeira audição na América do Sul.

A pedido serão repetidas, com grande prazer, as peças executadas, cuja comprehensão, pela primeira vez é um tanto difícil.

Este programa serve de ingresso pessoal.

Para o movimento paulista, o termo "audição" correspondia a reuniões musicais, tendo por base gravações em disco. Eram quase sempre dedicadas à música contemporânea e acompanhadas de palestras ou comentários genéricos relativos à interpretação, compositor e/ou obra enfocada. Elas ocorreram tanto de forma privada, na residência de integrantes do movimento [149], quanto publicamente, na maioria das vezes no Museu de Arte, onde chegaram a se fixar com aparente regularidade, sob o título *Segunda-feira Musical*.

No boletim n°15 são mencionadas quatro audições, duas das quais dedicadas a Béla Bartók — com palestra de Jorge Wilheim —, uma aos *Compositores Brasileiros Contemporâneos* — Camargo Guarnieri, Francisco Mignone, H. Villa-Lobos e Eunice Katunda — e outra a S.Prokofiev — com palestra de Roberto Schnorrenberg.[150]

Outras ainda abordaram: *Obras Contemporâneas Tonais* (*Sinfonia em Fá Menor*, de Vaughan-Williams, *Rugby*, de Honegger e *Sinfonia em três movimentos*, de Stravinsky, com comentários de R.Schnorrenberg), *Música Popular Norte-Americana* (Duke Ellington, C.Basie, L.Armstrong, com comentários de Eunice Katunda), etc.

Além das audições comentadas, realizaram-se de forma análoga conferências — *Tendências da Música Contemporânea*, por Koellreutter, e *Música e Cinema*, por Álvaro Bittencourt, por exemplo — e cursos seriados, dedicados a iniciantes, propondo à reflexão temas de grande atualidade para o momento, como *Evolução das Formas e Música e Sociedade, uma análise social da história da música*, ministrados respectivamente por R.Schnorrenberg e J.Wilheim.[151]

---

149. Como mencionado anteriormente (*Música Viva* paulista), nos encontros musicais que regularmente ocorriam na casa de Ducks Simon, foram apresentadas tanto músicas consagradas do repertório tradicional europeu, quanto obras de autores contemporâneos, bem como aquelas recém-criadas por Koellreutter, membros do *Música Viva* e seus alunos. Entre as mencionadas por Ulla Wolff em depoimento ao autor (SP: 1987), citamos: *Noturnos* e *A menina boba*, para voz e piano, com versão para voz e quarteto, de Koellreutter (texto de Oneyda Alvarenga); *Negrinho do Pastoreio*, para vozes solistas e coro feminino a capela ou com acompanhamentos ocasionais de flauta, violão e percussão, de Eunice Katunda (texto de Zora Seljan).

150. Cf. boletim *Música Viva* n°15, Jul./1948, p.2.

151. Cf. boletim *Música Viva* n°16, Ago./1948; essas informações foram também confirmadas por J.Wilheim e Eunice Katunda em entrevista.

Tais atividades disseminaram, entre amadores, iniciantes e profissionais, o moderno de várias épocas, o contemporâneo internacional, latino-americano e brasileiro. Cumpriram uma função determinante sobretudo na formação de jovens musicistas, oferecendo-se praticamente como a única alternativa, no meio acanhado da época, para a reflexão estética e conseqüente ampliação e atualização de horizontes.

As estréias mundiais de obras brasileiras e as primeiras apresentações de peças estrangeiras no Brasil — e algumas vezes na América Latina — são tornadas constantes nos rodapés dos programas realizados em São Paulo e no Rio de Janeiro.

As inúmeras estréias de peças de Koellreutter, seus alunos e músicos ativos do movimento — Santoro, Guerra Peixe, E.Katunda, Edino Krieger [152], Minita F.Mantero, Nininha Gregori, Heitor Alimonda, Cornélio Hauer, Walter Elsas e tantos mais — ilustram a primeira possibilidade.

Podemos destacar entre as mais conhecidas: *Sonata 1940*, para piano e violino, *Sonata para violoncelo e piano* (1943), *Quarteto nº2* (1947) de Santoro; *Negrinho do Pastoreio* (1946) e *Sonatina para piano* de E.Katunda; *Noneto, Invenção*, para flauta e clarinete (1944), *Música para flauta e piano* (1944), *Quarteto nº1* (1947) de Guerra Peixe; *Peça lenta para flauta, violino, viola e violoncelo* (1946) de E.Krieger; *Três bagatelas* (1939), para piano, *Cinco Canções* (1942-43), *Música 1947*, para quarteto de cordas, de Koellreutter; *Novena à Senhora da Graça* (1950), para narrador, bailarina, piano e quarteto de cordas, de Luiz Cosme, etc.

Por outro lado, temos as não menos numerosas primeiras apresentações de obras compostas por autores diversos, alheios ao *Música Viva*, podendo-se destacar: *Cantata para soprano, flauta e piano*, de A.Scarlatti, *Oferenda Musical*, de J.S.Bach, *Sinfonia* Op.21, de A.Webern, *História do Soldado*, de

---

152. Edino Krieger inicia seus estudos musicais no Rio de Janeiro em 1943 e torna-se aluno de Koellreutter no ano seguinte. Em 1948 é considerado publicamente o membro mais novo do Grupo de Compositores *Música Viva*; cf. roteiro do programa radiofônico de 26/6/1948, em anexo.

I.Stravinsky, *Composição em trio* (1938), de Juan Carlos Paz, *Dois improvisos para flauta* (1941-43), de C.Guarnieri entre várias outras tão ou menos conhecidas, como a *Sonata*, de A.Grimpe, *Sonata para violino e piano* (1935), de H.Badings, *Andante e Scherzetto*, de H.Rabaud, etc.

Essa "marca registrada" das primeiras audições se manifestará também em notícias posteriores, ao longo da série de emissões pela rádio do Ministério da Educação e Saúde. Ao lado das produções contemporâneas do *Música Viva* figurarão as de compositores recobrindo um vasto espectro da música ocidental, de Schoenberg, Bartók, Hindemith, a autores da Idade Média, Renascença, Barroco, etc.

O desejo, firme propósito, de divulgar as produções musicais modernas, apresentando assim ao público diferentes tendências da linguagem contemporânea, levará ainda o movimento paulista a criar ciclos de "audições experimentais".

Apresentações didáticas por natureza, as obras eram aí inicialmente analisadas e em seguida interpretadas, "...podendo ser repetidas parcial ou integralmente", a fim de serem melhor assimiladas (como figura de forma tão reiterada nos programas com obras contemporâneas).[153] Comportavam ainda explanação e debate público sobre os problemas estéticos envolvidos, procedimento e tema aliás sempre muito caros a Koellreutter.

Ludus Tonalis (1942), de Hindemith, *Duo 1946*, de Gaya[154], *Microcosmos* (ed.1940), de Bartók, *Duo para flauta e piano* (1944), de Guerra Peixe, *Sonata para piano* (1925), de Stravinsky são, entre outras, peças de referência da produção contemporânea recente, praticamente introduzidas na época pelas audições experimentais durante 1947 e 48.

---

153. Considerando-se que uma limitação ou resistência na aceitação e conseqüente alheamento na fruição deviam-se à pouca oportunidade de contato e familiaridade com a produção menos acessível, em particular a de recente criação.

154. Lindolfo Gomes Gaya, natural de Itararé/SP, 6/5/1921, compositor, instrumentista, regente e arranjador de música popular brasileira, teve muitos trabalhos gravados e premiados notadamente nas décadas de 50 e 60.

Música Viva

CONSERVATÓRIO BRASILEIRO DE MÚSICA
AVENIDA GRAÇA ARANHA, 57 — ANDAR 11
RIO DE JANEIRO

MÚSICA VIVA

DOIS RECITAIS DE MÚSICA
CONTEMPORÂNEA

★

Sexta-feira, 24 de Dezembro de 1944, às 17 horas
Terça-feira, 19 de Dezembro de 1944, às 17 horas

PRIMEIRO RECITAL

Sexta-feira, 15 de Dezembro de 1944, às 17 horas
no auditório do Conservatório Brasileiro de Música

I

HINDEMITH	Sonata para flauta e piano (1936)
	alegremente animado
	muito lento
	muito animado

Piano: Maria Amélia de Rezende Martins
Flauta: H. J. Koellreutter

II

WALLINGFORD RIEGGER	Duo para flauta e óboe (1944)
	moderato-allegro
	andante con moto
	vivace
	— primeira audição —

Flauta: H. J. Koellreutter
Óboe: João Breitinger

| VILLA-LOBOS | Chôros Bis para violino e violoncelo (1928) |

Violino: Santino Parpinelli
Violoncelo: Aldo Parisot

III

CLAUDIO SANTORO	Sonata para violoncelo e piano (1943)
	Allegro enérgico — Recitativo
	Grave
	Allegro
	— primeira audição —

Piano: Maria Amélia de Rezende Martins
Violoncelo: Aldo Parisot

SEGUNDO RECITAL

Terça-feira, 19 de Dezembro de 1944, às 17 horas
no auditório do Conservatório Brasileiro de Música

I

HENK BADINGS	Sonata para violino e piano (1935)
	Allegro
	Adagio
	Allegro vivace
	— primeira audição —

Piano: Maria Amélia de Rezende Martins
Violino: Ulrich Dannemann

GUERRA PEIXE	Música para flauta e piano (1944)
	Largo
	Allegro-largo
	— primeira audição —

Piano: Maria Amélia de Rezende Martins
Flauta: H. J. Koellreutter

II

CAMARGO GUARNIERI	Trovas de Amor
LORENÇO FERNÂNDEZ	Noturno
FRANCISCO MIGNONE	Improviso
H. J. KOELLREUTTER	Cinco Canções (1942—1943)
	"Puebla" (Ronald de Carvalho)
	"Poema" (Oneyda Alvarenga)
	"A Tarde" (Menotti del Picchia)
	"Epigrama" (Ronald de Carvalho)
	"Sonho da uma Noite de Verão"
	(Ronald de Carvalho)
	— primeira audição —

Canto: Hilde Schneider Sinnek
Piano: Ana Maria Porto

III

JUAN CARLOS PAZ	Composição em trio para flauta, clarinete e fagote (1938)
	Allegro
	Coral
	Andantino
	Fuga triplice (sem interrupção)
	— primeira audição —

Flauta: H. J. Koellreutter
Clarinete: Jaioleno dos Santos
Fagote: Achille Spernazatti

Programa de recitais *Música Viva*, Rio de Janeiro, 19 e 22/12/1944

Edições Musicais

Pouco tempo após sua chegada, Koellreutter começa a se dedicar à edição e publicação de música, seja trabalhando como gravador nas Edições Arthur Napoleão, desde 1939, seja promovendo diretamente a realização de cópias e partes de obras.[155]

Várias obras foram editadas como suplemento de boletins, na primeira fase do movimento: *Sem fim* de Frutuoso Viana (n°1), *Cordão de Prata* de Brasílio Itiberê (n°2), *Peça para flauta e piano* de Max Brand (n°3), *Toada Triste* de C.Guarnieri (n°4), *Bombo* de Luiz Cosme (n°5), *Invenção* de Koellreutter (n°6), *Dois Prelúdios* de H.Villa-Lobos (n°7/8), *Chanson Nègre* de Arthur Pereira (n°9) e *Balada* de Juan Carlos Paz (n°10/11).

O interesse despertado entre intérpretes suscitou a criação de uma pequena edição (tanto pelo formato quanto pela tiragem) dedicada aos compositores contemporâneos, inaugurada com o *Cordão de Prata*, de Brasílio Itiberê, e *Bombo*, de Luiz Cosme, relançando em separatas o material na origem veiculado pelos boletins.[156] Afora estas duas obras acima, *Música Viva* anunciou também a edição de várias outras — conforme figura nos boletins n°12 e 13 —, o que na realidade não chegou a ocorrer.[157]

Sonatina e *Cantos à morte*, para piano, de E.Katunda; *Mensagem* para coro a capela, *Variações 1947* para piano e *Sonata 1939* para violino e piano, de Koellreutter; *Peça lenta* para flauta, violino, viola e violoncelo e *Movimento*

---

155. Cf. depoimento ao autor. Ver, também, carta de Koellreutter para C.Guarnieri (RJ, 7/6/41), em anexo.

156. Cf. boletim *Música Viva* n°6, p.10, e informações prestadas por Koellreutter.

157. *Falação de Anhangá-Pitã,* para violoncelo e piano, de Luiz Cosme; *Três bagatelas,* para piano, e *Oito Noturnos,* para contralto e piano, de Koellreutter; *Oito Corais,* para oboé, clarineta e fagote, de Minita Fried (após Mantero); *Peças e Tocata,* para piano, *Sonata em trio,* para flauta viola e violoncelo, e *2 Prelúdios,* para piano, de Santoro; *Música 1945,* para piano, *Duo,* para violino e violoncelo, *Primeira Sinfonia* de Guerra Peixe. Algumas dessas músicas entretanto foram editadas pela *Editorial Latinoamericana de Compositores.*

Mixto para orquestra de E.Krieger; *Duo* para flauta e violino, *Segundo Divertimento* para orquestra de cordas e *Provérbios* para canto e piano, de Guerra Peixe; e *Seis Peças* para piano, de C.Santoro, são anunciadas no boletim n°16 como novas publicações do grupo. Ao que parece, essas obras, uma vez mais, não foram objeto das ·edições *Música Viva*, algumas delas não tendo mesmo sido publicadas efetivamente por nenhuma editora.

Emissões Radiofônicas

> *O grupo 'Música Viva' comunica que realizará, sábado, 13 de Maio, às 22,10 horas, na PRA 2 – Rádio Ministério da Educação, a sua primeira irradiação.*

Com esse convite – em cartão impresso – tem início em 1944, no Rio de Janeiro, o Programa Radiofônico *Música Viva*, como se tornou conhecido, série concebida e realizada por Koellreutter.[158]

Sua emissão inaugural constou exclusivamente de obras brasileiras contemporâneas: *Invenção* de Guerra Peixe, *Dois Improvisos* de Guarnieri, *Sonata para violoncelo e piano* de Santoro e *Choros n°2* de Villa-Lobos[159], estando a apresentação do grupo a cargo do diretor do *Instituto Interamericano de Musicologia*, Francisco Curt Lange.

O segundo programa, dia 27, oferecia já o texto integral de uma das mais representativas obras expressionistas: *Pierrot Lunaire*, de Arnold Schoenberg.

> *E assim, sábado sim, sábado não, o grupo Música Viva comparecerá ao estúdio do Ministério da Educação para divulgar, comentar e interpretar a obra de autores modernos.*

---

158. *Enciclopédia da Música Brasileira* (São Paulo: Art Editora, 1977), p.396, menciona, erroneamente, que o programa foi produzido até 1944. Aliás, cumpre mencionar que existem várias incorreções no verbete de Koellreutter, publicado pela *EMB*, em particular no que se refere à data de composição de suas músicas. Cf. KATER, C. *Catálogo de Obras de H.J.Koellreutter.*

159. Cf. Cartão-Programa utilizado como anúncio para o evento e também em *Diretrizes,* 1944, p.5.

Foram então irradiados semanalmente, de forma alternada, programas com música ao vivo e programas com gravações em disco. Os primeiros contaram com a participação de membros do *Música Viva* e de diversos artistas convidados, intérpretes, em sua maioria, que desde aqui consolidaram sua experiência, impondo-se no ambiente musical da época.[160]

Egydio de Castro e Silva, Cláudio Santoro, Guerra Peixe, Mirella Vita, Koellreutter, Aldo Parisot, João Breitinger, Edino Krieger, Oriano de Almeida, Esteban Eitler, Jaioleno dos Santos, Marcos Nissenson, Santino Parpinelli, Loris Pinheiro, Gení Marcondes, Eunice Katunda, Lídia e Heitor Alimonda, estão entre os principais participantes do *Música Viva* que tomaram parte das programações, na qualidade de intérprete.

Muito embora o movimento privilegiasse a "jovem criação musical brasileira", não apenas a modernidade mas várias outras épocas foram representadas e comentadas nos programas. Alguns tiveram o prefixo emprestado do *Concerto para Piano e Orquestra* de A.Schoenberg, outros do *Concerto Brandemburguês* n°1 de J.S.Bach.

Foi criado em setembro de 1946:

> *...um novo ciclo de transmissões dedicado às músicas do passado, às obras que representando as correntes estéticas imperativas do seu tempo, modelaram a fisionomia da sua época ou abriram novos caminhos, novas perspectivas para o futuro.*[161]

Este novo ciclo referiu-se a uma série extensa intitulada *E a música esteve sempre presente*, que, segundo depoimento de Koellreutter, foi levada ao ar por ele próprio paralelamente ao programa *Música Viva.*[162]

---

160. A intercalação de programas ao vivo e de música gravada é fonte de freqüentes confusões no que se refere à periodicidade das emissões, nas poucas menções verificáveis na bibliografia existente.

161. Cf. boletim *Música Viva* n°12, p."45", e diversos roteiros de programa datados de 1946 e 1947.

162. Koellreutter menciona em depoimento (1985) ter apresentado também a série *Introdução a uma estética marxista da música*, título de uma das conferências que proferiu na Itália em fins de

Música Viva

Outras séries com temas originais foram levadas ao ar, conforme se pode deduzir pela documentação da época (jornais e, em particular, roteiros de programa): *Antologia de Música Antiga* — na qual foram transmitidas obras de T.Albinoni, J.A.Hasse e H.Purcell em primeira audição brasileira —, *Estilos Musicais* — série de seis emissões versando sobre o Gótico, a Renascença e o Barroco —, *Obras Primas de Nossa Época, Obras Primas da Música Contemporânea*, etc.

Eis abaixo as séries que pudemos identificar apresentadas no programa *Música Viva*:

Séries	Emissora	Início	Término
Música Antiga	PRA-2	24.08.46	(25.01.47) [163]
Série Contemporânea [164]	PRA-2	(15.06.46)	(29.11.47)
Antologia de todos os Estilos Musicais	PRA-2	(01.02.47)	(23.08.47)
Obras Primas de nossa Época	PRA-2	(05.03.49)	13.08.49
Música Contemporânea ao alcance de todos	PRA-2	20.08.49	(07.01.50)
Música Moderna ao alcance de todos	PRA-2	?	(28.10.50)
Música de Nosso Tempo	Roquete Pinto	28.11.49	(20.07.50)

1948 (ver "Cronologia" em anexo). Entretanto, não nos foi possível certificar documentalmente tal informação.

163. As datas entre parênteses correspondem à do último ou do primeiro roteiro localizado referente à serie em questão.

164. Ou, *Música Contemporânea*. Na apresentação dos roteiros da série explicita-se: "... uma antologia de todas as tendências da Música Contemporânea".

De uma maneira geral todas as séries produzidas, apesar de sua relativa especificidade, buscaram conjugar os objetivos centrais visados pelo movimento. Vemos assim fundidas as propostas de divulgação da criação contemporânea, de formação musical e cultural de músicos e ouvintes, bem como, e sobretudo, a ênfase dada à importância da compreensão da nova realidade e seus processos, diante dos quais uma postura coerente e original deveria ser desenvolvida.

Na abertura do programa da série *A música contemporânea ao alcance de todos* — inaugurada em 20 de agosto de 1949 — encontramos veiculado, no texto de abertura, uma clara ilustração disto:

> "A música de hoje, a música de nosso tempo é uma das realidades vivas do presente. Compreendê-la é compreender o momento histórico atual, o homem de nossa época, seu pensamento e seus problemas. A música de nosso tempo é uma resultante lógica e necessária do secular processo evolutivo da música. Abrir o caminho para a compreensão da arte musical contemporânea e das condições histórico-estéticas que a determinam é o fim desta transmissão.
>
> Ouvinte amigo: venha ao encontro da música nova sem nenhuma prevenção de espírito e sem preconceitos. E que estes não o impeçam de ver e admirar as grandes e belas coisas que têm sido criadas em nosso tempo e que fornecem a substância das nossas idéias e dos nossos desejos: música viva, música autêntica, criadora de genuínos valores espirituais, integrada na realidade social do mundo hodierno." [165]

Intercaladas com as diferentes séries, deram-se também as *Audições Especiais*, dedicadas a autores específicos, como Ernst Krenek, Manuel de Falla, Cláudio Santoro, Minita F.Mantero, Esteban Eitler, Béla Bartók, Paul Hindemith, H.Villa-Lobos, compositores do grupo *Renovación* de Buenos Aires, etc.

---

165. Cf. roteiro do programa radiofônico *Música Viva*, de 7/1/1950, p.1.

Música Viva

As estréias mundiais, nacionais ou regionais — característica já do movimento — cobriram então vasta gama, incidindo sobre produções ocidentais desde a Idade Média até a contemporaneidade e, evidentemente, às obras do próprio grupo, conforme se pode observar pelos balanços oferecidos no boletim *Música Viva* n°12, pela correspondência e, em especial, pelo estudo dos roteiros do programa radiofônico que apresentamos a seguir.

De estrutura consistente, contendo vinhetas, texto de abertura e de encerramento, associados às idéias, objetivos e realizações do movimento, sua apresentação adquiriu formas diferenciadas, algumas com um, outras com dois locutores, simulação de diálogos (professor/aluno, locutor/ouvinte), inserção de noticiários, informativos, etc.

A determinação em situar no palco das atenções a "música nova de todas as épocas" e a música contemporânea brasileira — assim como evidenciar cada um dos termos isolados destas expressões —, atingindo um público cada vez mais extenso, leva o *Música Viva* a pôr em obra estratégias criativas e ousadas, que provavelmente devem ter pesado nos argumentos daqueles que contra ele reagiam.

No programa de 13 de agosto de 1949, da série "Obras-primas de nossa época", verificamos um diálogo simulado entre uma Ouvinte (representada por Gení Marcondes) e o Locutor do programa.[166] O que se mostra especialmente interessante no procedimento adotado aqui — uma situação de esclarecimento das particularidades da música contemporânea — é o fato dela servir de ilustração para uma problemática mais ampla e ao final da longa conversa aparentemente surgir a idéia ao locutor de criar uma nova série, visando atender ao tema discutido. De maneira persuasiva é então anunciado, ao final deste mesmo programa, o seu título: *A música contemporânea ao alcance de todos*, série que teve início já no sábado seguinte.

---

166. Ver em anexo a reprodução integral desse roteiro.

Ouvinte — Compreendo e agradeço ao snr. sua gentileza e a paciência que teve comigo.

Locutor — De nada, minha sna. Ao contrário. Sou eu quem deve agradecer à sna. Porque a sna. me sugeriu uma ótima idéia. No sábado próximo iniciaremos uma nova série de transmissões cujo fim será mostrar um caminho para a compreensão da nova música, da música que é a verdadeira expressão de nossa época. O fim dessas transmissões será mostrar ao ouvinte como deve ouvir e assimilar as novas composições e também como será capaz de julgar e de distinguir uma bôa obra de uma obra má da música contemporânea.

Ouvinte — Isso mesmo. Esse ponto me parece muito importante. Seria importante mostrar ao ouvinte como pode julgar o valor de uma obra da nova música.

Meses depois, no dia 28 de novembro de 1949, às 21 horas e 30 minutos, inicia-se um outro programa, intitulado "Música de nosso Tempo". Ele é apresentado na Rádio Roquete Pinto e organizado agora pela *Seção Brasileira* da "Sociedade Internacional de Música Contemporânea" (SIMC). Sua abertura se dá com uma palestra do musicólogo Renato Almeida, que na qualidade de presidente desta seção, inaugura a nova série.[167] Embora não sendo organizado oficialmente pelo *Música Viva*, nem possuindo formalmente nenhum vínculo com o grupo ou o movimento e sendo veiculado numa outra rádio, encontramos pontos evidentes que os associam. Em primeiro, podemos verificar de maneira inequívoca que a estrutura, a formatação geral e o suporte físico dos três roteiros recuperados

---

167. Cf. roteiro do programa de 28/11/1949, p.1. Os outros dois roteiros localizados dessa série são de 16/1/1950 e de 20/7/1950 (apenas este último completo).

Música Viva

são praticamente idênticos aos do programa "*Música Viva*" e das demais séries por ele produzidas.[168] Ainda, as músicas apresentadas no novo programa haviam já integrado transmissões anteriores do *Música Viva* (*Metamorfose*, de P.Hindemith, *Concerto para Violino e Orquestra*, de A.Berg, *Quinteto* de E.Bloch).

Devemos então levar em conta aqui que, conforme mencionamos anteriormente, em 1940 *Música Viva* toma a iniciativa de criar no âmbito de seu movimento a *Seção Brasileira* da SIMC (sendo Villa-Lobos convidado pelo grupo para seu presidente honorário).[169] No entanto, a primeira fundação da Seção Brasileira ocorreu em 1947, sendo Renato Almeida eleito seu Presidente e Koellreutter Secretário Geral. A ligação de Koellreutter com esta entidade se dará ainda até 1949, quando participará de importantes eventos na Europa, entre os quais justamente o seu 23° *Festival*, em Palermo, enquanto Delegado Brasileiro, oportunidade em que é apresentada a sua obra *Noturnos*, em estréia mundial, escolhida para representar o Brasil no encontro. Diante destes fatos levantamos a hipótese de que muito embora o programa "Música de nosso Tempo" não explicite nenhuma associação oficial com o movimento *Música Viva*, ele constituiu-se também numa de suas realizações.

Segundo o que pudemos levantar, os programas *Música Viva* ocorreram quase seguramente até 1952.[170]

---

168. No penúltimo roteiro a folha datilografada leva o timbre "Teresópolis 1950 / Primeiro Curso Internacional de Férias "Pró Arte" / 3 de janeiro – 15 de fevereiro"; e no roteiro de 20/7/1950 "Correspondência Expedida", ambos portanto já utilizados por Koellreutter pessoalmente e em roteiros do *Música Viva*.

169. Ver: Capítulo II.

170. Esta é a última data de menção feita ao programa conforme informações obtidas junto a ex-participantes do movimento e notícias de imprensa (cf. *Correio da Manhã*, Rio de Janeiro, 6/1/1952, por exemplo). No entanto, o último roteiro radiofônico localizado é de 1950.

Com base no levantamento de 90 roteiros recuperados dos programas radiofônicos (do período compreendido entre 1946 e 1950), podemos tecer as considerações que se seguem.

I. Relativamente aos Compositores e suas obras

Dos 85 autores representados: 22,4% são *Brasileiros*, 64,7% *Estrangeiros* (europeus ou americanos) e 12,9% *Latino-americanos*.

Os compositores brasileiros e a incidência de sua representação se expressam, para um total de 53 obras: Guerra Peixe (13,2%, no mínimo [171]), Koellreutter e Cláudio Santoro (11,3%, no mínimo), Edino Krieger e Alexandre Lissowsky (7,5%) e Heitor Alimonda, Camargo Guarnieri e Heitor Villa-Lobos (5,6%).

Os estrangeiros, embora com um volume geral de músicas superior (total de 118 obras), possuem representação individual em média inferior a dos brasileiros: Igor Stravinsky (7,6%), A.Schoenberg (6,7%), Paul Hindemith e Darius Milhaud (5,1%), Pe.Manoel R.Coelho, Claude Debussy, Serge Prokofiev e Maurice Ravel (4,2%), Gabriel Fauré e Arthur Honneger (3,4%) e finalmente Alban Berg e Alois Hába (2,5%).[172]

Podemos observar Stravinsky e Schoenberg com as maiores incidências entre os compositores europeus, possuindo um nível de representação compatível ao espectro dos brasileiros. A relevância dada a eles, que ilustram os dois eixos fundamentais da modernidade musical — estudados particularmente por Theodor Adorno em sua *Filosofia da nova música* —, expressa a sintonia de referenciais entre o movimento brasileiro e a contemporaneidade internacional.[173]

---

171. Uma vez que há anúncio de apresentação de músicas num programa futuro, ou menção, ao contrário, em programa passado, mas cujo roteiro específico no entanto não pode ser consultado.

172. Os demais compositores estão representados em porcentagem inferior.

173. Ver ADORNO, Theodor. *Filosofia da nova música*. São Paulo: Perspectiva, 1974, para um estudo interessante sobre a produção desses dois compositores.

Das 28 obras compostas por autores latino-americanos, encontramos como os mais representados: Juan Carlos Paz (10,7%) e Esteban Eitler (14,2%).

A presença de compositores *Brasileiros*, em meio aos *Estrangeiros e Latino-americanos*, apesar de representada apenas por 22,4% dos Autores e 26,6% das Obras, indica:

1. a intenção de divulgação da produção nacional no contexto mais amplo da contemporaneidade internacional ("Dado da Cultura"). Devemos acrescentar aos compositores já mencionados Arthur Pereira, Luiz Cosme, Radamés Gnatalli, etc;

2. o estímulo aos compositores emergentes ("Dado Pedagógico"). Podemos incluir também entre os já mencionados discípulos de Koellreutter: Minita Fried Mantero, Cornelius Hauer, Ana Maria Porto, Alexandre Lissowsky, etc.[174]

II. Quanto às estréias

Das 199 obras apresentadas 20,1% consistiram em primeiras audições brasileiras, latino-americanas ou, mais raramente, mundiais (caso das obras de membros do grupo *Música Viva* ou de alunos de Koellreutter), atestando assim o nível buscado pelo movimento em sua empresa contemporânea de atualização e integração cultural, coerentemente com os objetivos traçados.

---

174. Alguns programas foram dedicados parcial ou integralmente a compositores da nova geração. Com isso veicularam obras respectivas, mas também informações sobre estilo e formação pessoal. Por exemplo, os roteiros dos programas de 12/1/1946 (Alexandre Lissowsky e Ana Maria Porto), 26/1/46 (Minita Mantero e Edino Krieger), 26/6/48 (Edino Krieger e Roberto Schnorrenberg), etc.

III Natureza do suporte musical

Do total das músicas transmitidas, evidencia-se que 136 aproximadamente (75,6%) corresponderam a interpretações ao vivo e cerca de 44 (24,4%) a gravações. Tais índices demonstram o estímulo e a dinamização da prática de interpretação musical. Isto se reflete igualmente nos meios expressivos empregados pelas diferentes obras, cabendo às formações de porte mais reduzido os índices mais elevados: 67 Solos eqüivalendo a 39,2%; 65 Duos a 38,0%; 9 Trios a 5,3%; 5 Quartetos a 2,9% (fazem exceção as obras de Orquestra, 25, representando 14,6%).

Estes números podem atestar a importância concedida à prática musical — ao lado da atividade criativa —, enquanto elemento de formação e desenvolvimento da competência expressiva, dinamizadora da vida musical e favorecedora da cultura.

IV. Relativamente aos intérpretes

O objetivo pedagógico no sentido amplo, refletido nas metas de atualização e renovação cultural, mostra-se também em muito reforçado pela incidência de intérpretes *Brasileiros* na execução seja de obras nacionais ou estrangeiras.

Intérpretes *Brasileiros* (B)....................128 = 83,1%

Intérpretes *Latino-americanos* (L)......... 18 = 11,7%

Intérpretes *Estrangeiros* (E)...:............. 08 = 5,2%

Encontram-se entre os intérpretes mais atuantes (isto é, com maior número de obras executadas, sempre com base exclusivamente nos documentos recuperados):

Música Viva

Gení Marcondes	(B)	31 peças
H.J.Koellreutter	(B)	21 peças
Eunice Katunda	(B)	20 peças
Heitor Alimonda	(B)	17 peças
Esteban Eitler	(L)	16 peças

Desses dados podemos então considerar a participação fundamental das pianistas Gení Marcondes e Eunice Katunda – nesse caso enquanto intérpretes –, no âmbito do movimento *Música Viva*. Parece-me oportuno lembrar ainda que, assim como a quase totalidade dos discípulos de Koellreutter, elas também compuseram obras, tendo Eunice Katunda produzido, entre composições e arranjos, por volta de 80 títulos.[175]

Outros Eventos

As iniciativas de realização de festivais pelo *Música Viva* ficaram, ao que tudo indica, apenas nos projetos. Eles nos dão, no entanto, uma medida da amplitude idealizada para o movimento.

Conforme um noticiário publicado no jornal carioca *O Globo* (20/12/1944, p.13), os núcleos *Música Viva* de São Paulo e do Rio de Janeiro deveriam visitar Belo Horizonte em fins de janeiro de 1945 – a convite do então diretor do Departamento Cultural da Prefeitura, Prof.J.Guimarães Menegale e do prefeito Juscelino Kubitschek –, a fim de organizarem uma *Semana de Música Contemporânea*. Koellreutter considera na ocasião que tal *Semana* se constituiria num "grande festival, o primeiro...", "a maior exposição de música moderna que se realizou jamais no Brasil" e descreve seu projeto: três recitais de música de câmara, um concerto sinfônico e três conferências, duas das quais versando sobre música moderna (F.Curt Lange

---

175. Ver: KATER, C. *Eunice Katunda, musicista brasileira*, onde figuram informações biográficas e o catálogo completo de suas obras. Gení dedicou-se com menos intensidade à composição, muito embora tenha produzido músicas incidentais para teatro, trabalhos pedagógicos, etc. Nos anexos 13 e 14 são oferecidas mais informações sobre o programa radiofônico *Música Viva*.

e Koellreutter, respectivamente) e uma sobre educação musical (Gení Marcondes). Nos programas musicais planejados aparecem os nomes de Santoro e Guerra Peixe em meio aos dos mais consagrados da escola nacionalista e do próprio Koellreutter e Arthur Bosmans (compositor belga, de tendência conservadora, radicado em Belo Horizonte) entre os compositores estrangeiros Béla Bartók, Igor Stravinsky, Serge Prokofiev, Paul Hindemith, Darius Milhaud, Aaron Copland, etc.

O período de realização previsto para o evento é: 28 de maio a 2 de junho de 1945. No entanto, numa correspondência do inicio de março, endereçada a Guimarães Menegale, na época Diretor da Educação e Saúde, *Música Viva* informa que aguardará um momento mais oportuno para a realização da *Semana de Música Contemporânea*, ao mesmo tempo em que agradece o apoio e o interesse então demonstrados. Ela vai assinada por Cláudio Santoro, H.J.Koellreutter, Mirella Vita, Egydio de Castro e Silva e César Guerra Peixe.[176]

No entanto, conforme matéria publicada no *O Cruzeiro*, de 2 de junho de 1945, anuncia-se a realização da "1ª Semana de Música Contemporânea", "...iniciativa de grande alcance artístico e que vem confirmar os bons propósitos de que está possuído o grupo para a difusão da música moderna".[177] Mencionam-se os nomes dos intérpretes e dos compositores cujas obras estão previstas de serem executadas.[178]

Sua estrutura compreende igualmente um concerto sinfônico e três de música de câmera, mas quatro conferências: "O processo e a evolução da música contemporânea", por Curt Lange, "A educação musical da criança",

---

176. Embora sem terem assinado o documento, estão também indicados os nomes de Aldo Parisot, Santino Parpinelli e Marcos Nissenson. Cf. correspondência, Rio de Janeiro, 1/3/1945.

177. Cf. BANDEIRA, Antônio Rangel. *O Cruzeiro* / Música, 2/6/1945, p.38.

178. Obras de Cláudio Santoro, Guerra Peixe, Koellreutter, junto com as de Francisco Mignone, Camargo Guarnieri, Radamés Gnatalli, Villa-Lobos e ainda Stravinsky, Jean Françoix, Hindemith, Martinú, Walter Piston, Prokofiev, Juan Carlos Paz, Everett Helm, Poulenc, Milhaud, Domingo Santa Cruz, Béla Bartók.

por Geni Marcondes, "O instrumento de sopro na música contemporânea", por Carlton Sprague Smith e "Novos fundamentos da construção musical", por Koellreutter.

Após, foi também previsto um *Festival Hindemith* (provavelmente para dezembro de 1946), conforme mencionado no boletim n°12, que uma vez mais permaneceu apenas nos planos.[179]

Parece legítimo supor que a realização dos *Cursos Internacionais de Férias Pró-Arte* — realizados em Teresópolis/RJ, desde o início da década seguinte —, tenha sido uma conseqüência, uma resposta reformulada desses projetos originais anteriores. Resultando da associação entre as aspirações até então frustradas e o conhecimento de eventos europeus de mesma natureza (importante lembrar que Koellreutter havia lecionado em 1949 no curso de férias de Darmstadt, na Alemanha), foram criados os *Cursos Internacionais de Férias da Pró-Arte*, que chegaram a obter dinâmica própria e intensa. Assim, logo na abertura de 1950 — precisamente no dia 3 de janeiro — veremos surgir mais uma iniciativa pioneira de Koellreutter. Agora já totalmente independente de *Música Viva* (embora ex-integrantes do movimento tenham sido assíduos participantes, tanto na condição de alunos quanto de professores), ele inaugura, numa nova fase de suas atividades, os cursos de férias no Brasil.

Ofereceram-se na época como espaço único, possibilitando simultaneamente a intensificação da prática e apresentação musical, da reflexão e debate de idéias, do encontro e formação com professores de várias regiões do país e estrangeiros (do porte de um Ernst Krenek, por exemplo).

Constituindo-se numa série bem sucedida que se prolongou durante muitos anos, criou raízes no Brasil. Sua proliferação, a partir da década de 60, na maioria dos casos por obra de ex-alunos de Koellreutter, chegou a criar importante tradição que se mantém até os dias de hoje.

---

179. Boletim *Música Viva* n°12, p."46". Koellreutter tinha em vista na ocasião trazer ao Brasil este seu ex-professor de composição, diante do interesse despertado entre os participantes do *Música Viva* quando da vinda à São Paulo e Rio de Janeiro do regente, e seu ex-mestre, H.Scherchen.

Carlos Kater

Considerações finais

O principal objetivo visado pelo *Música Viva*, como vimos, foi implantar um movimento de renovação na realidade musical de sua época. Para tanto produziu um impacto de tal grandeza cuja medida deve ser avaliada pela proporção das atividades que gerou, dos engajamentos viscerais que conquistou, das reações e rupturas que em diversos setores da sociedade suscitou. Com base neste conjunto de fatores e nas novas idéias que fez reverberar, podemos considerá-lo o inaugurador e representante legítimo da Segunda Fase do Modernismo Musical Brasileiro.

O papel desempenhado por Koellreutter junto ao *Música Viva* não se limitou ao de criador e orientador externo, mas, e antes disso, consistiu no de *provocador* também de movimentos internos em seus participantes nessa mesma direção.

A fim de atender à meta reivindicada desde a origem do movimento, foi exercido um discurso de dupla direção: por um lado combatendo a forte tendência de aquietamento e acomodação predominante no ambiente artístico e musical; por outro, seduzindo e estimulando a participação compromissada, de jovens músicos, junto à criação e suas problemáticas atuais. A idéia mesma de "movimento" reside justamente aí, na intensificação deliberada da dinâmica de participação e de produção, seja a nível musical, cultural, intelectual.

Música Viva

Projeto de formação ...

As ferramentas utilizadas no projeto educacional do *Música Viva* não se circunscreveram à um modelo técnico de ensino-aprendizagem musical, à maneira daqueles que se praticavam no país: um método pedagógico-musical, voltado sistematicamente à retórica tonal (ou a uma outra qualquer). Isto não chegou a fazer parte das estratégias desenvolvidas para atingir os seus objetivos.[180] Seu aporte específico caracterizou-se porém pela instauração de novos princípios, nos quais foi posta em evidência a importância, não apenas do patrimônio musical constituído, em sentido genérico, mas sobretudo do "novo de todas as épocas", da criação e da expressão emergentes na contemporaneidade.

Com isso focalizou a necessidade de avançar as barreiras do já conheci-do, de superar a definição de música vigente segundo a ótica tradicional, de produzir idéias e pensamentos originais e de engajar-se junto às causas de seu próprio tempo. Portanto, pelo privilégio da invenção e da experimentação, sobre o academicismo e o conhecimento institucionalizado, o que, nesse sentido, possibilitou que se oferecesse praticamente como a única alternativa — e mais ousada — em seu momento.

Polemizando com representantes da crítica e da música de tendência reacionária, passivelmente confortados em *foyers* de veludo, *Música Viva* formulou palavras de ordem, enfatizadas em seus principais documentos, das quais "idéias são mais fortes do que preconceitos", é ilustração vibrante.[181]

---

180. Refiro-me aqui exclusivamente ao *Música Viva* e ao Koellreutter da época. Este, como sabemos, se dedicará em período posterior à elaboração de exercícios e atividades educativo-formacionais, recorrendo especialmente à improvisação musical. Ver, entre outros: KOELLREUTTER, H.J. Jogos Dialogais (Orgs.C.Kater e R.de Abreu). *Cadernos de Estudo:Educação Musical*, n°6, 1977, p.145-152; *Introdução à estética e à composição musical contemporânea*. (Orgs.B. Zagonel e S. La Chiamulera). Porto Alegre: Movimento 1987, p.39-53 (modelo de improvisação coletiva); e, BRITO, Teca A. de. *Koellreutter Educador: o humano como objetivo da educação musical.* São Paulo: 2001.

181. Tema reiterado de forma literal ou em inúmeras variações nos Manifestos 1944, 1945 e 1946, vinhetas dos programas radiofônicos, boletins, declarações, etc.

Carlos Kater

No entânto um dos alvos mais arrojados foi o de projetar a questão formacional no bojo de seu amplo movimento. Com isso associou esse "experimentar-fazer" a outras qualidades de "saber" e estendeu a competência do músico também para o "agir", estimulando-o a participar e a se posicionar com maior determinação mediante debates sobre temas cruciais de sua época.

A adoção de princípios filosóficos e humanísticos no âmbito de sua proposta formacional, leva Koellreutter a dispor o indivíduo no foco das observações e, por conseqüência, a problemática relativa ao *ser* e a seu *devir* (ou *vir a ser*). E é essa postura que incidiu na concepção dos currículos por ele implantados seja nas escolas ou nos festivais que idealizou. Fundamentado na fenomenologia, propos uma perspectiva crítica que se confrontou de forma radical com os modelos tradicionais vigentes, estruturados de maneira rígida e sem espaço para que professores e alunos analizassem e avaliassem as questões musicais face à sua própria subjetividade e ao mundo cotidiano.

Do ponto de vista estrito da resultante das intenções educacionais que crivaram o movimento — e após a trajetória individual de Koellreutter —, podemos considerá-la mais afim à uma animação sociocultural, no sentido literal do termo: "*animare*", dar *anima*, dar alma, vigor, vivacidade, insuflando, por meio de vasto conjunto de ações, vida na música e, por extensão, música na vida. Por isso ser restritivo, e incorreto a meu ver, considerar Koellreutter meramente professor, mesmo que de intensas e ininterruptas atividades. Estimulador, aglutinador, catalisador por natureza, ele representa o mais significativo — e *avant la lettre* — animador sociomusical de nossa história moderna.

E aqui espelha-se uma grande semelhança entre as suas iniciativas e as de Villa-Lobos. As particularidades metodológicas da ação educativa promovida pelo fértil compositor brasileiro se mostram tênues e com pouca sistematização, se comparadas aos métodos de educação musical concebidos por seus contemporâneos europeus (em especial Orff, Dalcrose, Martenot, Wilhems, etc). Vários dos recursos de que lançou mão, muito embora tenham resultado numa fatura original, são de fato empréstimos adaptados à força de uma realidade artístico-cultural híbrida. Deixando-se de lado determinadas estratégias importantes, porém relativamente avulsas — como me

Música Viva

parece ter sido o caso de alguns *Efeitos Orfeônicos, Guia Prático* e peças musicais com finalidade didática –, a originalidade da proposta pedagógica de Villa-Lobos residiu antes em sua contribuição do ponto de vista da dinamização social através da música.[182]

Assim, sob este aspecto particular, as iniciativas desses dois empreendedores podem então ser aproximadas e – muito embora a alguns possa soar dissonante – considerarmos, desse prisma específico, Koellreutter como um autêntico continuador de Villa-Lobos.

... de uma nova perspectiva ...

A consecução do ousado projeto de revitalização sociocultural por meio da música, levou o *Música Viva* brasileiro, desde a sua fundação, a perseguir na prática a realização do "sentido coletivista da música", o que implicou numa renovada definição da função do músico junto à sociedade, bem como da própria música e da criação musical contemporânea. Isto continuou a impulsionar de maneira característica o percurso pessoal de Koellreutter na trajetória educacional que já vinha desenvolvendo de maneira independente, muito antes das convulsões ocasionadas pelo lançamento da *Carta Aberta* de Guarnieri, em novembro de 1950, quando tem início o processo de solvência do movimento *Música Viva*. Os Cursos de Férias, iniciados em Teresópolis, em janeiro desse mesmo 1950 (quase um ano antes portanto), são, entre tantos, um claro exemplo aqui.

Apesar da importância do papel desempenhado pelos colaboradores e participantes [183], *Música Viva* e seu orientador formam par indissolúvel e

---

182. Ver, entre outros: KATER, C. Aspectos da modernidade de Villa-Lobos. *Em Pauta*, v.I, n°2, Jun./ 1990, p.52-65 e Música e Realidade Brasileira, subsídios para refelexão. *Caderno de Música*, n° 15, ECA/USP, 1988, p.3-5; VENZO-CLEMENT, Jeanne. *Villa-Lobos, Éducateur*. Paris: Tese de Doutorado Univ. Sorbonne, 1980.

183. Visto que o que se processou leva a marca de mais do que um, para bem mais do que um.

torna-se muito difícil mencionar um sem evocarmos o outro. A fronteira entre as existências de ambos não é de fato sempre possível de ser delimitada. De um lado porque a atualidade e o vigor de pensamento, a força da visão e a determinação de trabalho, associados ao carisma que Koellreutter exerceu impregnaram fortemente o movimento produzido e a maneira de ser de muitos daqueles que com ele dividiram idéias, projetos e realizações. De outro, a sedutora proposta de dinamização cultural, tal como tomou forma, nos projetos e ações engendradas, criou nele trilhas profundas, deixando marcas sensíveis em parte significativa de suas atuações posteriores. Empreendedor e obra fundiram-se num processo dialético, dando sentido sempre atual aos vários significados revestidos pela expressão *música viva*: movimento, grupo, sociedade, programa radiofônico, concertos, audições, recitais, boletins, cursos, estética... Em última instância, estes foram todos receptáculos de um mesmo conteúdo, de uma mesma intenção.

Do longo percurso realizado desde 1938, planejando e desenvolvendo um conjunto múltiplo de atividades, tanto individuais quanto coletivas, com adesões variadas em densidade e natureza, *Música Viva* encontra uma definição mais adequada enquanto ideologia ou filosofia. Maneira própria, coerente, persuasiva de tratar o fato musical, com uma posição crítica característica, dirigida a diversas ordens, em particular artística, estética, pedagógica e social. Suas falas foram muitas, mas mesmo em síntese podem explicitar claramente os propósitos essenciais de uma *viva música*: dedicar-se "principalmente à produção contemporânea e sobretudo à proteção da jovem música brasileira", pondo em evidência "que em nossa época também existe música, expressão viva de nosso tempo" (*O nosso programa*, boletim n°1, 1940) e apoiando "tudo o que favorece o nascimento e crescimento do novo, escolhendo a revolução e repelindo a reação" (*Manifesto 1946*).

Seus pressupostos foram: buscar compreender a transformação contínua operada na realidade, atribuindo importância decisiva à reflexão questionadora e, fundamentalmente, à reconsideração do significado da criação e do criador, da música e do músico, junto à sociedade e seu tempo. E nesse sentido, verificamos também a relação de sintonia que mantém com Mário de Andrade,

Música Viva

com idéias expostas sobretudo no *O Banquete*, evento para o qual "Janjão", e não Koellreutter, foi convidado.[184]

Música Viva, tema fértil de variações contínuas, conquistou para a sua causa, entre inúmeros participantes, um, que lhe dedicou nada menos do que a razão mesma da maioria de seus dias.

O polemista austríaco Karl Kraus havia proposto que se enxergasse *abismos nos lugares comuns*. Em outras palavras, que se desbanalizasse a percepção e a compreensão do mundo, recuperando a força e a vitalidade extraordinárias do ordinário mundo cotidiano.[185] E isto é um alerta para que não se ignore o inusitado, no nosso caso, a música nova, nova música sempre possível, murmurada em cada instante. Desprezar esta oportunidade corresponde a negar a multiplidade de expressões e re-leituras do mundo contemporâneo em sua complexidade, significando nesse sentido uma omissão que rejeita já no próprio indivíduo a perspectiva de uma existência mais autêntica e vivamente participativa.

Koellreutter acreditou na existência de *algo a mais* em cada ser humano, na música, em sua função na sociedade e na transformação contínua de todas as coisas. Isto não representou apenas transcender os fatos tais como eles se apresentaram ao senso comum, mas sim criar um sentido capaz de alimentar diversas existências.[186] Compreendeu que sem motivação individual

---

184. A meu ver Guarnieri é quem melhor se aproxima do perfil definido por seu mestre Mário para ilustrar a situação e a problemática características do compositor brasileiro da época.

185. Karl Kraus (1874-1936) foi editor da revista *Die Fackel* (*O Facho*), tornando-se conhecido por seus textos instigantes, combativos e inflamados. Breve referência em: WEBERN, A. *O caminho para a música nova*, p.21-22.

186. Basta lembrar aqui o contingente de músicos que, ao longo de mais de cinco décadas, saíram de suas classes e atividades, dos quais, afora todos os já citados no transcorrer do texto, pode-se acrescentar resumidamente: Tom Jobim (embora com contato episódico), Marlos Nobre, Diogo Pacheco, Roberto Sion, Paulo Moura, David Machado, Isaac Karabchevski, Benito Juarez, Júlio Medaglia, Clara Sverner, entre inúmeros outros de geração mais recente: Regina Porto, Chico Mello, Antônio Carlos Cunha, Yara Casnók, Marcos Mesquita, Tim Rescala, Tato Taborda, Álvaro Guimarães, Arthur Kampela, Rodrigo Cicelli, Bernadete Zagonel, Rubner de Abreu, Rogério Vasconcelos, Sérgio Villafranca, etc.

não há mobilidade interna e sem ela não se produz movimento de nenhuma espécie. Consagrou-se a despertar os potenciais criativos originais de seus discípulos, questionando cada palavra ou nota emitida, cada posição assumida, com a pergunta-ostinato: "Porque?". Semeador que foi, plantou em cada aluno o desejo da questão e a necessidade de construir respostas, afirmando suas próprias idéias. Assim buscou descristalizar padrões de definição constituídos ao longo de antigas gerações.

Aí se localiza a essência de uma proposta autêntica, expressa, embora com suas impurezas, numa primeira fase pelas atividades do *Música Viva* (cujo motor resultou de intensa dialética entre engajamentos e rupturas) e processada por Koellreutter ao longo de produções subseqüentes. As iniciativas por ele insufladas – experimentando sempre formas diversificadas do "sentido coletivista da música" – repousam na base das mais significativas realizações musicais do país, sejam elas modestas formações musicais (coros e conjuntos instrumentais) ou ambiciosas criações de organismos e instituições.

Como num forte lampejo de lucidez havia já sentenciado um incansável crítico musical da época: "Nunca nenhuma guerra é oportuna no terreno da arte, a não ser contra o marasmo e a mediocridade" (Andrade Muricy). Poderíamos então acrescentar nesse terreno também a educação. E sem dúvida não foram outros os objetivos originais perseguidos por Koellreutter com a criação da *Música Viva* e após de tantos organismos e atividades que se seguiram, tendo sempre à frente o crivo de ex-alunos e/ou do próprio introdutor desta fase da Modernidade Musical Brasileira.[187]

Os cursos particulares ministrados, no Rio de Janeiro desde 1938 e em São Paulo desde 1941, adquiriram um formato de dimensão consistente e específica, e – sem jamais deixarem de existir – alimentaram, em permanente renovação, o movimento *Música Viva* da energia que necessitou. A concepção de projetos posteriores, em particular os vinculados à "Pró-Arte" (*Cursos Internacionais de Férias* de Teresópolis, *Escola Livre de*

---

187. Para maiores informações, ver: "Cronologia" em anexo, com as resultantes mais significativas.

Música de São Paulo, *Seminários Internacionais de Música* de Salvador, etc.) constituiram-se na concretização de uma meta continuada em envergadura, que embora na aparência não tenha jamais explicitado nenhuma ligação com o *Música Viva* original, assegurou uma dinâmica coerente e de igual direção no sentido de fazer *viva* a *música* no Brasil.[188]

As críticas incisivas enunciadas desde 1944 contra as instituições oficiais de ensino musical – notadamente em *Diretrizes* (11/5/44) e em *O Globo* (20/12/44) [189] – dão suporte a essas novas concepções de ensino e de formação em espaços institucionais, que alcançam de maneira atualizada os objetivos anteriormente reivindicados pela *Música Viva*.

Assim, mais de uma década depois, Koellreutter incansavelmente reitera ainda alguns desses objetivos – com ênfase no *debate e intercâmbio de idéias* –, agora referentes aos Cursos Internacionais de Férias Pró-Arte, já em seu sétimo ano consecutivo:

> Estes Cursos visam à criação de um ambiente propício ao estudo intenso de todas as matérias musicais e uma colaboração entre professores e alunos, favorecendo um vivo intercâmbio de idéias. Conferências, debates, festivais, concertos, audições, recitais ao ar livre, fazem parte das atividades curriculares /.../ Contando com um corpo docente de professores nacionais e estrangeiros, especialmente convidados e de competência comprovada /.../ oferecerá ao estudante de música ocasião de receber novo estímulo e novas sugestões para os seus futuros trabalhos.[190]

---

188. A fim de ilustrar a natureza de propostas nesse sentido, ver em anexo: "O Setor de Música da Universidade da Bahia", onde podemos observar em linhas gerais a projeção dos princípios básicos no planejamento institucional. Ver ainda discursos de abertura e de encerramento dos Seminários de Música na Bahia, em: *Cadernos de Estudo:Educação Musical* n°6 (1997), entre outros textos e pronunciamentos relevantes de Koelheutter.

189. Citadas anteriormente, no Capítulo II, entre outros.

190. Cf. *Intercâmbio*, Suplemento Musical, n°1. São Paulo: Jan.-Mar./1956, p.10, referente ao VII° Curso Internacional de Férias Pró Arte. Ver também: "O Setor de Música da Universidade da Bahia".

Eis então a resposta aos adversários do movimento, que não chegaram a transpor as barreiras impostas, em parte menor, por alguns incômodos sentimentos humanos, em parte francamente maior, pelas limitações de seus próprios modelos de representação da realidade.

"Falamos freqüentemente da violência das águas turbulentas do rio que transborda levando adiante o que encontra consigo; mas nunca dizemos nada da violência das margens que o constrangem", citando aqui livremente Bertold Brecht, a fim de traçar um paralelo entre o movimento *Música Viva* — a dinâmica de suas atividades — e parte das reações que provieram do ambiente musical de sua época.

... à música no Brasil

Recuperando o desejo acelerado de transformação e de atualização que havia impulsionado o modernismo em sua primeira fase, surge um novo movimento cultural, uma nova perspectiva à música no Brasil. O momento que se esboçava na década de 40 era aquele inaugurado pela pesquisa e experimentação de novas linguagens, pelo aproveitamento das mídias e novas formas de interação, pela discussão de recentes teorias e conceitos. Conjunto de ações e tentativas de sentido revolucionário, elas se contrapuseram às formas de procedimento reticentes e já classicizadas.

Os fatos gerados foram resultantes de uma nova etapa do processo de desenvolvimento econômico e social do país — expressos exemplarmente no Rio de Janeiro e em São Paulo —, que se por um lado buscavam estabelecer uma imagem de nação, fixando para isso elementos populares e tradicionais na esteira dos postulados do Estado Novo, por outro se nutriam das novas tecnologias, idéias de progresso e modernização. E foram exatamente estes últimos os aspectos explorados com pioneirismo pelo *Música Viva* entre nós.

Música Viva

Criando e difundindo novos valores culturais, *Música Viva* compôs respostas sonoras no universo das interrogações mudas de seu tempo. Como tanto insistiu em seus eventos, documentos e transmissões radiofônicas:

> Uma cultura é incompleta, viciada, unilateral, se só olha para o passado e recusa o presente. Uma cultura é incompleta, viciada, unilateral, se recusa aquilo que o presente tem ou possa ter de vivo, de criador, de fecundo, se não acompanha o presente no seu caminho de descoberta e de conquista para o futuro.[191]

O crítico Rangel Bandeira, previu ao testemunhar: "Em breves tempos, creio que em relação ao Grupo Música Viva poderemos dizer: nunca a música, no Brasil, deveu tanto a tão poucos."[192]

Com todos os acertos e enganos, alternados em sua mais que década de existência, só podem ter verdadeiramente lucrado aqueles que de forma sincera acreditaram na necessidade de viver seu momento de maneira profunda. E, por conseqüência, a história da música brasileira que se enriqueceu em efervescência de envolvimentos, de idéias e de produções, como jamais anteriormente.

Num oceano plácido de incertezas, duas pedras foram lançadas: "*música é movimento...*", "*música é vida...*".[193]

Foi justamente o movimento em direção a ela que *Música Viva* e Koellreutter tanto se empenharam em propiciar entre nós, ontem, hoje e, quem sabe, amanhã.

---

191. Cf. roteiro do programa radiofônico *Música Viva*, Sábado, 4 de maio de 1946, texto de encerramento.

192. Cf. BANDEIRA, Antônio Rangel. *O Cruzeiro* / Música, 2/6/1945, p.38.

193. Ver entrevista concedida ao autor: Encontro com Koellreutter. *Cadernos de Estudo:Educação Musical*, n°6, 1997, p.131-144.

Anexos

Carlos Kater

Anexo 1

Cronologia de Koellreutter e da *Música Viva* [1]

Fazem objeto desta cronologia os fatos que nos pareceram mais relevantes nas trajetória de H.J.Koellreutter e da *Música Viva*.

Não houve na sua elaboração a intenção de apresentá-la propriamente como um capítulo ou parte autônoma do presente trabalho. Na realidade, ela originou-se de uma necessidade fundamental de organizar as informações, e nesse sentido, como construção de um elemento de base para a realização deste estudo.

1915 — 2 de Setembro: nasce em Freiburg, na Alemanha, Hans-Joachim Koellreutter.

1918 — Falece sua mãe, Emma Maria Koellreutter.

1923/24 — Seu pai, o médico Wilheim Heinrich Koellreutter, casa-se pela segunda vez. Koellreutter terá sérios problemas de convivência e relacionamento com sua madrasta, e a seguir com a

---

1. Esta cronologia, com ligeiras modificações, encontra-se publicada em: KATER, C. H.J.Koellreutter: música e educação em movimento. *Cadernos de Estudo:Educação Musical*, n°6. SP/BH: Atravez/ EMUFMG/FEA, Fev./1997, p.6-25.

família, que culminarão em rompimento total, quando parte para Berlim.

1926/34 — Em Karlsruhe, cidade próxima a Freiburg, realiza seu *Humanistisches Gymnasium* (curso equivalente ao ensino médio).

1934/36 — Transferindo-se para Berlim, realiza o curso de flauta, composição e direção de coro na *Staatliche Akademische Hochschule für Musik*. Foi aluno de Gustav Scheck (flauta), C.A.Martienssen (piano), Georg Schuenemann e Max Seiffert (musicologia) e Kurt Thomas (composição e regência coral);

- freqüenta os cursos e conferências sobre composição moderna ministrados por Paul Hindemith, na *Volkshochschule*, Berlim.

1935 — Funda, nessa mesma cidade, o *Arbeitskreis fuer Neue Musik* (*Círculo de Música Nova*), junto com Dietrich Erdmann, Ulrich Sommerlatte e Erich Thabe, entre outros com esta iniciativa visaram também a uma reação contra a política cultural nazista;

- apresenta-se como flautista pela primeira vez em recitais em Paris.

1936 — Participa da fundação do "*Cercle de Musique Contemporaine*", junto com Franck Martin e outros, em Genebra.

1936/37 — Expulso da *Staatliche Akademische Hochschule für Musik*, conclui seus estudos no *Conservatoire de Musique*, de Genebra, onde estudou com Marcel Moyse (flauta). Foi aluno, em cursos extra-curriculares, de Hermann Scherchen (direção de orquestra) em Neuchatel, Genebra e Budapeste;

- realiza turnês como flautista por vários países da Europa (Alemanha, Suíça, França, Bélgica, Suécia, Dinamarca, Noruega, Holanda, Itália, Polônia, Checoslováquia, entre outros).

1937 — 9 de Fevereiro: participa como flautista de um Concerto com obras de Darius Milhaud, no qual interpreta junto com o próprio compositor francês a *Sonatina*, para flauta e piano (Brillantmont, Lausanne / Suíça). Neste mesmo concerto Milhaud executa ao piano *Trois Saudades do Brazil*, de sua composição.[2]

- Estréia sua versão da *Arte da Fuga*, de J.S.Bach para flauta, violino, viola e violoncelo, em Berlim;

- 16 de Novembro: chega no Rio de Janeiro, a bordo do navio *Augustus*.

1938 — Realiza seu primeiro recital de flauta no Brasil, no Conservatório Mineiro de Música, em Belo Horizonte (atual Escola de Música da UFMG), ministrando nessa mesma instituição um curso de Interpretação Musical;

- introduzido por Luiz Heitor C. de Azevedo, começa a freqüentar a loja *Pingüim*, na Rua do Ouvidor, onde trava contatos com alguns dos mais significativos representantes da vida musical carioca (Octávio Bevilacqua, Andrade Muricy, Brasílio Itiberê, Luís Cosme, Egydio de Castro e Silva e o próprio Luiz Heitor, entre outros) : início das articulações de criação do movimento *Música Viva*;

- turnês pelo Norte do país — no âmbito da *Instrução Artística do Brasil* —, junto com o pianista Egydio de Castro e Silva. Após, como solista, realiza turnês pela Argentina e Uruguai;

- casa-se pela primeira vez (Ursula Goldschmidt, de quem já era noivo na Europa);

- conhece, no Rio de Janeiro, Theodor Heuberger (proprietário da *Casa e Jardim* e presidente da *Pró-Arte*, que existia em São

---

2. Para informações sobre sua estada no Brasil, em 1917, ver: MILHAUD, D. *Notes sans musique*. Paris: R.Julliard, 1949, p.75-91.

Paulo, Rio de Janeiro, Belo Horizonte e Porto Alegre), que o convida para realizar concertos em 1938, 39 e 40;

- começa a lecionar no *Conservatório Brasileiro de Música*, do Rio de Janeiro, dirigido pelo compositor Oscar Lorenzo Fernandez.

1939 — Trabalha, como gravador, durante todo este ano numa tipografia, no Rio de Janeiro, que prestava serviços para as Edições Arthur Napoleão (sendo transferido posteriormente para a *Magione*, em São Paulo);

- estuda saxofone, durante um ano e meio aproximadamente, com Luiz Americano, no Rio de Janeiro;

- começa a tocar flauta e saxofone durante as noites no restaurante *Danúbio Azul*, na Lapa (Rio de Janeiro);

- afora as aulas de flauta e matérias teóricas (harmonia, contraponto, composição, teoria geral), no *Conservatório Brasileiro de Música*, começa a dar aulas particulares de forma intensa;

- este é um ano já de grande dinâmica de atividades para Koellreutter e a *Música Viva*. Ao lado das atividades e apresentações do movimento, ele realiza sistematicamente uma série de audições musicais com artistas convidados, com obras de seus próprios alunos, bem como profere uma série de 10 conferências e ministra cursos públicos e particulares em sua própria residência;

- 11 de Junho: primeira *Audição Música Viva*, marcando o início concreto das atividades do movimento;

- 17 de Setembro: primeiro *Concerto Música Viva*.

1940 — Começa a lecionar composição para Cláudio Santoro, que se inicia rapidamente na técnica dodecafônica (uma vez que sua *Sinfonia para Duas Orquestras de Cordas* continha já na origem passagens organizadas serialmente, conforme Koellreutter);

- compõe sua primeira peça atonal-dodecafônica, *Invenção*, publicada após como "Suplemento" do boletim *Música Viva* n°6, Nov./1940;

- Maio: é lançado, no Rio de Janeiro, o exemplar n°1 do Boletim *Música Viva*, órgão oficial do grupo. Este então transforma-se numa sociedade, sendo H.J.Koellreutter seu vice-presidente e tesoureiro;[3]

- intensificação das atividades musicais do movimento;

- em decorrência da venda da *Arthur Napoleão* para as Edições Mangione, Koellreutter transfere-se para São Paulo onde trabalha para a editora como gravador de música;

- desde aqui realizará viagens quinzenais praticamente constantes entre as cidades do Rio de Janeiro e de São Paulo, principais pólos culturais do país na época.

1941 — Problemas de saúde, conseqüentes do manuseio constante de chumbo, imposto pelo trabalho de gravador, deixam-no inativo durante 2 a 3 meses. Nesse período, em São Paulo, será visitado regularmente por seu melhor amigo de então, o compositor nacionalista paulista Mozart Camargo Guarnieri (que por divergências estéticas e ideológicas acirradas o tornarão em 1950, o detonador público oficial das críticas veementes de seu trabalho como compositor e, em especial, como "professor de jovens músicos brasileiros");

- com o quadro de saúde se agravando pela intoxicação de chumbo, Theodor Heuberger, proprietário da loja *Casa e Jardim*, convida-o para se instalar em Itatiaia durante um mês, a fim de recuperar-se (compõe aí sua peça atonal-dodecafônica *Música 1941*, para piano solo);

---

3. Cf. *Música Viva*, n°1, 1940, p.7.

- é lançado o boletim *Música Viva* n°10/11 (Rio de Janeiro, Abril/Maio, com 16 páginas). Com ele encerra-se a primeira fase da série de publicações (sua retomada se dará, apenas em 1946, com novo formato e outra política editorial);

- trabalha na galeria de arte, que Heuberger mantinha na sobreloja do prédio da *Casa e Jardim;* na Rua Barão de Itapetininga, em São Paulo;

- começa a lecionar Contraponto e Composição no *Instituto Musical de São Paulo;*

- por volta de meados/fins desse ano, Santoro deixa de ser seu aluno, tornando-se seu colega no movimento *Música Viva*. Será com a participação de Santoro que se operará uma grande transformação posterior do grupo.

1942 — Designado "Chefe de Publicações Musicais" do Instituto Interamericano de Musicologia, dirigindo a *Editorial Cooperativa Interamericana de Compositores* (E.C.I.C.) e também Chefe de Redação da revista *Musica Viva* – órgão oficial da ECIC, a convite e sob orientação geral de Francisco Curt Lange.[4] Desta associação entre Koellreutter e Curt Lange, em tumultuado período político, resultou apenas um número dessa revista *Musica Viva;*

- com a entrada do Brasil na II Grande Guerra, fica detido durante aproximadamente 15 dias, acusado de ser nazista. Tal suspeita origina-se do fato de um alemão estar recebendo dinheiro proveniente do exterior — enviado por Francisco Curt Lange, também alemão, radicado no Uruguai, e que era o diretor das associações acima mencionadas —, fruto de seu trabalho enquanto delegado aqui no Brasil;

---

4. Cf. boletim *Musica Viva* n°1, Montevideo, Ago./1942, p.10-11.

- permanece, em seguida, preso cerca de 3 meses, em regime de "internação política", no departamento de *Emigração*, da polícia de São Paulo;

- libertado, é convidado por um judeu, companheiro de prisão, para trabalhar como vendedor de guarda-chuvas e papel carbono (o que faz com pouco sucesso e durante pouco tempo);

- com a libertação de T.Heuberger, que também fora acusado de ser nazista, volta a trabalhar na *Casa e Jardim*, porém como limpador de janelas, responsável pelo almoxarifado e finalmente como vendedor, em São Paulo;

- funda o *Quinteto Instrumental de São Paulo*, com o qual realiza turnês pelo sul do Brasil, durante aproximadamente dois anos.

1943 — Professor de Contraponto, Fuga e Composição no *Instituto Musical de São Paulo*;

- Santoro, seu primeiro aluno de composição, é premiado com a obra *Impressões de uma fundição de aço* (baseada na peça *Usina de Aço*, de 1942), no Concurso da Orquestra Sinfônica Brasileira, do Rio de Janeiro;

- data provavelmente deste ano a criação dos Estatutos do *Grupo Música Viva*, onde em 4 páginas estão detalhadamente arrolados suas finalidades, forma de organização, modos de atuação, etc.;

- 18 de Dezembro: profere no salão da Biblioteca do Conservatório Brasileiro de Música, a conferência "Problemas da Música Contemporânea", onde explanando sobre a música atonal, enfoca a posição contrária do famoso crítico musical do *Correio da Manhã*, João Itiberê da Cunha.

1944 — De retorno ao Rio de Janeiro, trabalha como vendedor e caixa na filial da *Casa e Jardim*;

- Eugen Szenkar (fundador, junto com José Siqueira, da *Orquestra Sinfônica Brasileira*) convida-o para atuar como substituto da primeira flauta na OSB (orquestra da qual Koellreutter é considerado um dos sócios fundadores). Isto então lhe permite abandonar o trabalho de vendedor na *Casa e Jardim* e é a partir desse momento que ele considera ter iniciado a sua carreira musical;

- começa a dar aulas de composição para César Guerra Peixe, ex-músico popular, aluno de Newton Pádua e recém-saído do *Conservatório Brasileiro de Música*. Nesse mesmo ano, Guerra Peixe compõe as *Quatro Bagatelas*, para piano, considerado o primeiro de seus trabalhos baseado na técnica dodecafônica;

- Edino Krieger torna-se aluno de matérias teóricas e composição de Koellreutter no *Conservatório Brasileiro de Música*, onde estudava desde 1943;

- Santoro obtém "Menção Honrosa" no Concurso Internacional *Chamber Music Guild*, em associação com a *RCA Victor* de Washington, com seu *Primeiro Quarteto*, de 1943;

- 1 de Maio: primeiro manifesto produzido pelo grupo *Música Viva*, conhecido como "Manifesto 1944"

- reflexos diretos de sua entrevista para a revista *Diretrizes*, a 11 de Maio desse ano e polêmica referente à sua postura como pedagogo musical diante da estrutura curricular vigente no *Conservatório Brasileiro de Música*, ocasionada em função de um de seus alunos — Edino Krieger — levam-no a uma situação de ruptura com o compositor e então diretor Oscar Lorenzo Fernandez, resultando finalmente em seu desligamento desta instituição de ensino;

- 13 de Maio: inauguração do programa *Música Viva*, irradiado semanalmente pela emissora PRA-2, Rádio Ministério de Educação e Saúde, no Rio de Janeiro. Várias primeiras audições brasileiras, tanto de música antiga quanto de música contemporânea, de autores nacionais e estrangeiros, ocorrerão nesse programa. Quando o compositor Ernst Krenek esteve no Rio de Janeiro, convidado para participar do Curso de Férias de Teresópolis em 1952, foram apresentadas nessa emissão suas *Variações.*[5]

- sistematização dos "Cursos Independentes de Composição Musical", em São Paulo e no Rio de Janeiro, forma de atuação pedagógica autônoma que Koellreutter desenvolverá de maneira regular e intensa desde então;

- 27 de Julho: reunião de fundação do grupo *Música Viva* paulista (com a participação de Gení Marcondes, Eva Kovach, Ducks Simon, Rodolpho Lanz, Ulla Simon (Wolf), Helena Parigot de Souza Cruz, Gustavo Stern e esposa, Ruy Coelho, Álvaro Bittencourt e, evidentemente, Koellreutter);

- 20 de Dezembro: em entrevista ao jornal carioca *O Globo*, Koellreutter denuncia o descaso geral pela música e questões contemporâneas, bem como define a figura do *músico-criador*, para quem estabelece entre as suas funções a responsabilidade de "criar um ambiente próprio para a obra nova, para a formação de uma mentalidade nova e destruir preconceitos e valores doutrinários, acadêmicos e superficiais", entre outros.

1945 — Elaboração de um desconhecido documento, o *Manifesto 1945*, o mais longo dos manifestos concebidos pelo *Música Viva* (aparentemente inédito);

- Edino Krieger recebe o prêmio *Música Viva* com seu *Trio de Sopros*, após apenas um ano de aulas com Koellreutter;

- Cláudio Santoro obtém o primeiro prêmio no "Concurso Nacional da Associação Rio Grandense de Música para *Lied*", com sua peça *A menina boba*, de 1944;

---

5. Cf. *Correio da Manhã*, RJ, 06/01/1952.

Música Viva

- Koellreutter casa-se pela segunda vez (Gení Marcondes, pianista e pedagoga, sua colaboradora e ex-aluna).

1946 — Professor do *Instituto Musical de São Paulo* e, por curto período, da *Escola de Música Santa Cecília*, de Petrópolis (cidade natal de Guerra Peixe);

- Eunice Katunda e Roberto Schnorrenberg começam a estudar composição e estética com Koellreutter;

- Santoro compõe sua *Música para Cordas* onde experimenta a criação de um estilo original, com vistas a integrar elementos populares nacionais a faturas atonal-dodecafônicas (no que será seguido mais tarde por Guerra Peixe e depois por Eunice Katunda, seus colegas do *Grupo de Compositores Música Viva*);

- Santoro obtém em concurso bolsa da Fundação *Guggenheim* para estudar nos EUA (o que entretanto não chegará a se concretizar uma vez que por razões político-ideológicas o visto será negado);

- Setembro: é criado um novo ciclo de transmissões radiofônicas na PRA-2, intitulado "E a música esteve sempre presente", em paralelo ao programa *Música Viva*;

- 1 de Novembro: é lançado, no Rio de Janeiro, o *Manifesto 1946*, Declaração de Princípios do grupo *Música Viva*. Este é o mais conhecido e expressivo manifesto do grupo;

- Eunice Katunda recebe com a sua obra *O Negrinho do Pastoreio*, cantata para vozes femininas e acompanhamento opcional de violão, flauta e percussão, o prêmio *Música Viva* (que acabou por se tornar uma das mais conhecidas músicas dessa pianista e compositora).

1947 — Janeiro: retomada a edição do boletim *Música Viva*, com o lançamento de seu n°12, que se abre justamente com o *Ma-*

nifesto 1946 / Declaração de Princípios, seguindo-se, em suas 48 páginas não numeradas, textos de Koellreutter, Curt Lange, Guerra Peixe, Gení Marcondes;

• primeira fundação da Seção Brasileira da *Sociedade Internacional de Música Contemporânea* (SIMC), tendo Renato Almeida sido eleito seu Presidente e Koellreutter Secretário Geral;

• sob a orientação de Koellreutter, Edino Krieger começa a compor segundo a técnica atonal-dodecafônica;

• 19 de Julho: inauguração, no Distrito Federal, da Seção de Música da "Universidade do Povo" (que, entre outros artistas, contou com a participação do grupo *Música Viva* e em especial de Cláudio Santoro). Na ocasião, Koellreutter proferiu uma palestra sobre Beethoven;

• Santoro, que não obteve o visto de entrada para os EUA viaja para a França, em meados desse ano, aonde vai estudar com a reconhecida musicista Nádia Boulanger;

• Guerra Peixe compõe seu *Quarteto n°1*, no qual o projeto de "nacionalizar o dodecafonismo" — aplicado inicialmente no movimento *Lento* (Modinheiro) do *Trio para violino, viola, violoncelo* — adquire tratamento mais consciente. Desse mesmo ano data sua *Peça para dois minutos*, que embora diretamente associada à peça anterior pelo projeto composicional, marca o início da fatura mais propriamente serial do que dodecafônica (predominância do trabalho com células, fragmentos da série).

1948 — Edino Krieger, então com 20 anos, conquista, com suas obras *Peça Lenta*, para flauta, violino, viola, violoncelo, e *Movimento Misto*, para pequena orquestra, o primeiro prêmio no Concurso de Compositores Latino-Americanos, promovido pelo *Berkshire Music Center*, de Tanglewood. Em Julho, viaja para os EUA, onde estuda composição com o compositor americano Aaron Copland;

Música Viva

- Roberto Schnorrenberg, aluno paulista de Koellreutter e na época com 19 anos, conquista com as obras *Quarteto Misto* e *Intrata*, para orquestra sinfônica, o segundo lugar no concurso acima mencionado;

- Cláudio Santoro recebe o prêmio *Lili Boulanger*, em Paris;

- em Praga, Santoro participa do *II Congresso Internacional de Compositores e Críticos Musicais* e incorpora alguns dos postulados ali definidos, entre os quais a condenação da música moderna de caráter universalista — atonal e dodecafônica — enquanto produção burguesa e decadente, portanto não "progressista". Início do processo de desalinhamento na cúpula do *Música Viva*;

- Koellreutter trabalha como assistente de seu ex-professor e mestre, Hermann Scherchen, no *Corso Internazionale di Direzione, do XI Festival Internacional de Música Contemporânea*, da Bienal de Veneza, que se realiza nesta cidade de 16 de Agosto a 30 de Setembro. Junto com Koellreutter viajaram para participar do evento seus alunos: Gení Marcondes [6], Sônia Born, Esther Scliar, Antônio Sergi (*Totó*, músico popular), Eunice Katunda, Sula Jaffé, Alfonso Penalva Santos, Miriam Sandbank. O contato direto entre H.Scherchen e Koellreutter (na qualidade de "diretor" da nova escola brasileira de composição) possibilitou a execução e a divulgação na Rádio de Difusão Suíça, em Zurique, de várias obras de compositores brasileiros pelo famoso regente alemão, entre elas: *Noneto*, de Guerra Peixe, *Cantos à Morte*, de Eunice Katunda e *O lambe-lambe*, de Luiz Cosme;[7]

---

6. Que aparece com o nome "Jenny Marcondes Ferreira", em meio aos alunos de Scherchen no programa do Conservatório "Benedetto Marcello" (Veneza, sd).

7. Segundo consta, com a transferência dos arquivos da rádio de Zurique para Bâle, várias gravações foram destruídas, entre elas as das obras mencionadas.

- Koellreutter profere palestras sobre música contemporânea e estética em diversos centros (entre as quais *Fondamenti di una Estética materialista della musica*, promovida pelo Circulo de Cultura A.Grasmsci, em Veneza, 2/10, vinculado ao Partido Comunista Italiano);

- ministra o curso de composição dodecafônica, intitulado: *Novos fundamentos da composição musical*, promovido pelo *II Diapason. Centro Internazionale di Musica Contemporânea* (Milão, 11 e 12/48) (há referências a esta atividade, em seu currículo, como "diretor do I Curso Internacional de Composição Dodecafônica, promovido pelo Centro Internacional de Música Contemporânea"). Entre os seus alunos em classe estavam: Bruno Maderna, Luigi Nono e Eunice Katunda;[8]

- Koellreutter e a pianista Gení Marcondes trabalham como correspondentes do jornal *Diário de São Paulo*, fazendo a cobertura da Bienal de Veneza e enviando notícias sobre a vida musical no velho continente; realizam concertos em várias cidades da Europa, interpretando obras de autores nacionais e estrangeiros, para flauta e piano;

- H.J.Koellreutter naturaliza-se brasileiro.

1949/54 — Estadia em São Paulo.

1949 — Rege o concerto inaugural do "Museu de Arte Moderna" de São Paulo, a convite de seu então diretor, José Maria Bardi. Apresenta, em primeira audição brasileira, obras de Guerra Peixe (*Noneto*), B.Britten (*Sinfonieta*), A.Webern (*Sinfonia*, Opus 21), L.Dallapiccola (*Cânticos de Safo*) e dele próprio (*Fanfarra de Inauguração*);

---

8. Para algumas informações interessantes sobre este período, segundo depoimento de Eunice Katunda e informações diversas (de Luigi Nono, inclusive), ver: KATER, C. *Eunice Katunda, musicista brasileira.*

Música Viva

- participa de vários importantes eventos: *III Congresso Internacional de Compositores Musicais Progressistas*, em Praga; *I Congresso Internacional de Compositores Dodecafônicos*, em Ascona/Suiça (do qual também participaram John Cage e Eunice Katunda) e 23° *Festival* da *Sociedade Internacional de Música Contemporânea* (da SIMC), em Palermo, como delegado brasileiro (nesta oportunidade é apresentada em estréia mundial sua obra *Noturnos*, para contralto e quarteto de cordas, de 1945, sobre textos de Oneyda Alvarenga, peça escolhida para representar o Brasil no evento);

- realiza turnês pela Europa (Espanha, França, Itália, Suiça, Alemanha, Áustria, Checoslováquia e Hungria), como flautista, regente e conferencista;

- Abril: Guerra Peixe compõe aquela que é considerada sua última obra atonal-dodecafônica, buscando integração com o uso de elementos nacionais: *Suíte*, para flauta e clarineta. Desde Junho deste 1949, ele considera ter abandonado definitivamente a orientação dodecafônica e abraçado a linha nacionalista, apoiada entretanto por sólidas pesquisas folclóricas, onde o Recife representará sua primeira e principal fonte de interesse;

- Santoro retorna de sua estadia européia, instalando-se no Rio de Janeiro. Seu posicionamento político não sendo assimilável no meio da época, ele se vê em estado de completa marginalização no Brasil e sem emprego. Vai então se ocupar da fazenda do sogro (*Fazenda Rio do Braço*), de onde corresponde-se intensamente com Koellreutter, embora distanciado do grupo *Música Viva* e preconizando agora um novo nacionalismo, segundo ele, radicalmente diferente daquele praticado por Villa-Lobos e Guarnieri;

- Santoro recebe com sua *Sinfonia n°3* (1947/48), para orquestra, o primeiro prêmio do Concurso Nacional instituído pela *Orquestra Sinfônica de Boston/Bershire Music Center of Boston*;

- Koellreutter leciona no *Curso Internacional de Férias de Música Nova*, promovido pelo Instituto Internacional de Música, em Darmstadt (participação que seguramente estimulará a criação de evento análogo no Brasil, já no ano seguinte). Nesse evento rege também o *Noneto*, de Guerra Peixe.

1950 — Koellreutter, com o apoio de T.Heuberger, funda, organiza e dirige o *Curso Internacional de Férias Pró-Arte*, em Teresópolis/ Rio de Janeiro (3 de janeiro a 15 de fevereiro), primeiro de uma longa e bem sucedida série. Inaugura-se no país a tradição de cursos e festivais de férias;

- dirige o *Festival J.S.Bach*, organizado pela Rádio MEC, regendo concerto no Teatro Municipal do Rio de Janeiro;

- realiza turnês pela Argentina e Uruguai, como conferencista e flautista;

- 24 de Junho: *Hommage à Schoenberg*, para clarineta, cl.baixo, viola, cello e piano, de Eunice Katunda é apresentada no 24° *Festival* da *Sociedade Internacional de Música Contemporânea* (SIMC), em Bruxelas (mesclando ritmos brasileiros com material temático dodecafônico);

- 7 de Novembro: Camargo Guarnieri lança publicamente sua *Carta aberta aos Músicos e Críticos do Brasil*, provocando uma das maiores polêmicas e controvérsias jamais verificada na vida musical brasileira;

- a imprensa escrita dá cobertura intensa, publicando opiniões, críticas e adesões ao documento. O jornalista Ferraz Gonçalves publica, na coluna "Foto-Forum" do *Diário de São Paulo*, uma série de depoimentos opinativos de músicos diversos sobre tópicos da *Carta* de Guarnieri;

- 7 de Dezembro, Museu de Arte de São Paulo: debate público proposto por Koellreutter a Guarnieri. Discussões acaloradas, caracteristicamente incentivadas pelo poeta paulista Oswald de Andrade, porém sem a presença de Santoro, Guerra Peixe e E.Krieger (do grupo de compositores apenas E.Katunda esteve presente). Entretanto a ausência mais marcante foi a do próprio deflagrador da polêmica - Camargo Guarnieri -, que, um dia antes, viajou para o Rio de Janeiro. Este evento cunha o final da existência do Grupo *Música Viva*.

- 28 de Dezembro: Koellreutter responde com uma *Carta Aberta* à Guarnieri, depois de haver já claramente se posicionado diante do controverso documento em várias entrevistas avulsas concedidas anteriormente.

1951 — Janeiro: Koellreutter atua como Diretor Artístico do *2º Curso Internacional de Férias Pró-Arte*, em Teresópolis, Rio de Janeiro;

- sob a coordenação de Koellreutter, o *Movimento Música Viva*, a cargo do grupo paulista, mantém-se, ativo organizando eventos, cursos e audições;

- dirige a série "Concertos *Música Viva*" – que se inicia desde aqui –, apresentando obras contemporâneas no Museu de Arte de São Paulo. São dadas então em primeira audição paulista *Oferenda Musical*, de J.S.Bach, *Duas Líricas de Anacreonte*, de Luigi Dallapiccola, *Sonata para 2 pianos e percussão*, de Béla Bartók, *História do Soldado*, de I.Stravinsky (esta com montagem cênica em primeira apresentação brasileira)[9] e a obra dodecafônica *Novena à Senhora da Graça*, de Luiz Cosme (1950) (em primeira audição mundial), entre outras. (Importante observar aqui que Luiz Cosme realiza cada vez mais intensamente o caminho de abandono do nacionalismo em direção ao atonal-dodecafonismo, processo iniciado desde inícios da década de 40.)

---

9. Cf. *Estado de S.Paulo*, 27/5/1951.

- Koellreutter participa da Assembléia Geral da *Sociedade Internacional de Música Contemporânea*, em Frankfurt, como delegado brasileiro;

- atua como professor no *Fórum Europeum*, em Alpbach, na Áustria;

- preside o *II Congresso Internacional de Composição Dodecafônica*, em Darmstadt;

- realiza turnês como regente pela Europa, estreiando obras contemporâneas de compositores brasileiros e latino-americanos em Berlim (Francisco Mignone, José Siqueira, Alberto Ginastera, Juan Carlos Paz e Luiz Cosme), Roma (C.Guerra Peixe, Cornélio Hauer e Luiz Orban), Londres (C.Santoro), Milão e Zurique (Esteban Eitler, Maciel Guari e Radamés Gnattali). Sua *Sinfonia de Câmara 1947* também é apresentada em primeira audição nesta última cidade.

1952 — Diretor Artístico do *3º Curso Internacional de Férias Pró-Arte*, em Teresópolis. Nos concertos desse curso, Koellreutter rege a estréia brasileira da *Missa em C Maior*, de Mozart (a capela);

- professor de Composição e Teoria nas *Semanas Internacionais de Música*, no Conservatório de Música de Lucerna, Suiça;

- última informação localizada sobre a existência do programa radiofônico *Música Viva*, que vinha sendo levado de 1949 a 50 sob a direção de Gení Marcondes, auxiliada por Edino Krieger;

- Edino Krieger abandona o serialismo, como referência de sua produção musical, adotando uma linha de nacionalismo mais sutil e de estilo neoclássico;

- Santoro recebe o "Prêmio Internacional da Paz", Viena, com a sua obra *Canto de Amor e Paz*, de 1950.

Música Viva

1952/58 — 15 de Março: Koellreutter funda e dirige a *Escola Livre de Música de São Paulo Pró-Arte*, na cidade de São Paulo (Rua Sergipe 271), onde atuará intensamente também como professor de diversas disciplinas, especialmente Estética, Composição, Harmonia e Contraponto. Posteriormente, em 1956, será denominada *Pró-Arte Seminários de Música*. Importante ressaltar que entre as metas visadas pela escola figurava a preparação de artistas e profissionais ao lado também da formação *"de um público dotado de conhecimentos que o capacite a apreciar e a julgar as obras musicais assim como outras manifestações artísticas"*.[10]

1953 — Diretor artístico do *4° Curso Internacional de Férias Pró-Arte*, em Teresópolis:

- 9 de Março: fundação da *Pró-Arte* de Piracicaba, São Paulo, tendo a frente Ernest Mahle, um dos alunos de Koellreutter; este participará como Diretor Artístico e professor de composição dos cursos ali oferecidos;

- 16, 17 e 18 de Junho: Koellreutter vai pela primeira vez à Bahia, a fim de proferir palestras sobre estética musical (*Dialética da Evolução da Expressão Musical, Impressionismo e Expressionismo*), no Salão Nobre da Reitoria da Universidade Federal da Bahia, em Salvador;

- diretor artístico da escola livre de música Pró-Arte de São Paulo;

- Julho: realiza turnês pelos EUA, Itália, Suíça, França, Alemanha, Israel, India e Japão, como regente e flautista, proferindo também diversas conferências;

- professor de Composição e Estética na *Academia de Música Musashino*, em Tóquio (Japão);

---

10. Cf. folheto de divulgação da *Pró-Arte Seminários de Música,* s.d.

- Guerra Peixe, continuando seu trabalho de compositor naciona-lista-folclorista, dá início, com um texto publicado na revista *Fundamentos*, à série persistente de críticas ao dodecafonismo e a Koellreutter pessoalmente, fazendo também sua própria autocrítica da fase serial.

1954 — Diretor Artístico do *5° Curso Internacional de Férias Pró-Arte*, em Teresópolis (9 de Janeiro a 20 de Fevereiro);

- Koellreutter apresenta em primeira audição brasileira as missas de Guillaume de Machaut e de Igor Stravinsky, no âmbito do *Festival de Missas*, realizado pela *Escola Livre de Música*, da Pró-Arte;

- Guerra Peixe, residindo em São Paulo, retoma com a *Suíte n°2* (*Nordestina*), para piano, sua dinâmica criativa. Ele refará na prática as três fases, isto é as "teses de evolução" do compositor brasilei-ro, tal como concebidas por Mário de Andrade em seu famoso *Ensaio*, de 1928, correspondendo essa suite à primeira delas.

1954/57 — Koellreutter atua como crítico musical dos *Diários Associa-dos*, de São Paulo.

1954/62 — 24/6 a 31/7/54 funda e dirige, em Salvador, os *Seminários Internacionais de Música*, que vieram a se transformar posterior-mente na Escola de Música e Artes Cênicas, da Universidade Federal da Bahia (UFBa). Foram alunos de Koellreutter: Diogo Pacheco, Isaac Karabtchewski, Henrique Gregório (Regência), Ernest Mahle e Luiz Carlos Vinholes (Composição) entre mui-tos outros. Estes seminários livres foram patrocinados pela Reito-ria da UFBa, em colaboração com a *Escola Livre de Música Pró-Arte*, de São Paulo, da qual Koellreutter era diretor.

- 6/7/54 — Koellreutter profere a palestra *Problemas do Ensino Musical no Brasil*, no âmbito dos seminários, no Salão Nobre da Reitoria (seguida após de debates, como era já de praxe).

Música Viva

- 4/10/54 — Aula inaugural dos *Seminários Livres de Música* (que se seguiram aos *Seminários Internacionais de Música*, estes cursos de férias), quando Koellreutter faz a preleção sobre *O pensamento da antigüidade e os fundamentos da Música Ocidental.*[11]

1955 — Diretor Artístico do *6º Curso Internacional de Férias Pró-Arte*, em Teresópolis;

- diretor do *II Seminário Internacional de Música da Bahia*, realizado na UFBa, em Salvador;

- regente titular da Orquestra Sinfônica da Bahia, cuja formação definitiva se dará apenas em 1958;

- estréia de sua obra *Sistática*, para flauta solo, considerado seu primeiro trabalho de forma variável ou aberta (a escrita das notas possui particular disposição espacial e simétrica).

1956 — Diretor do *III Seminário Internacional de Música da Bahia*, realizado na UFBa, em Salvador. Nessa ocasião, o compositor suíço Ernest Widmer, a convite de Koellreutter, transfere-se para Salvador e começa a lecionar matérias teóricas e piano. Após passará ministrar Composição, dando continuidade ao trabalho de formação de uma escola de compositores da Bahia iniciado por Koellreutter em Salvador. Widmer terá um papel decisivo na evolução dos seminários, que, progressivamente, se imporão como um centro de referência de reconhecimento nacional no ensino de música e para onde afluirão boa parte dos melhores futuros músicos brasileiros. Grande número de estréias de obras clássicas e modernas são e continuarão após a serem dadas na Bahia durante os seminários;

- Koellreutter dirige o *Festival Mozart*, em Salvador;

---

11. Cf. *Diário da Bahia*, Salvador, 2 e 3/10/1954.

- realiza turnês pelos EUA, Bélgica, Alemanha e Suíça como regente, proferindo também conferências.

1957 — Diretor Artístico do *7º Curso Internacional de Férias Pró-Arte*, em Teresópolis;

- diretor do *IV Seminário Internacional de Música da Bahia*, realizado na UFBa, em Salvador. Dirige na ocasião, em primeira audição brasileira, a *Missa em C Maior*, de Schubert.

1958 — Diretor Artístico do *8º Curso Internacional de Férias Pró-Arte*, em Teresópolis;

- diretor do *V Seminário Internacional de Música da Bahia*, realizado na UFBa, em Salvador. Forma-se completamente a Orquestra Sinfônica da Bahia. Data desse ano a criação de bandas musicais;

- casa-se pela terceira vez (Maria Angélica Bahia);

- estréia brasileira das *Quattro Pezzi Sacri*, de Verdi, sob sua regência em Salvador.

1959 — Diretor Artístico do *9º Curso Internacional de Férias Pró-Arte*, em Teresópolis;

- diretor do *VI Seminário Internacional de Música da Bahia*, realizado na UFBa, em Salvador;

- criação do "Setor de Comunicação e Percepção Auditiva" e do "Setor de Jazz e Música Popular", da Escola de Música da UFBa;

- viaja aos EUA a convite e sob o patrocínio do Departamento de Estado de Washington, para conhecer instituições de ensino musical e de musicoterapia;

- realiza as palestras *Estética da Música Experimental* e *Novos Fundamentos para a Teoria da Música*;

- rege a estréia brasileira do *Primeiro Salmo* e do *Sobrevivente de Varsóvia*, de Arnold Schoenberg, em Salvador;
- 17 de novembro: falece o mais importante compositor brasileiro de sua época, Heitor Villa-Lobos.

1960 — Diretor Artístico do *10° Curso Internacional de Férias Pró-Arte*, em Teresópolis;

- Diretor do *I Curso de Música de Verão*, organizado pela Secretaria de Educação de Porto Alegre (Rio Grande do Sul);
- profere ciclo de palestras na Universidade Federal do Ceará, em Fortaleza;
- criação do "Setor de Música Experimental" e da Banda Sinfônica da Escola de Música da UFBa, em Salvador;
- desde esse ano, Ernst Widmer começa a demonstrar um estilo composicional mais autêntico, desenvolvendo propostas criativas de caráter fortemente vanguardístico e original;
- Koellreutter torna-se vice-presidente do "Instituto de Música", da União Panamericana, em Washington;
- compõe a peça *Concretion*, seu primeiro ensaio de estruturação planimétrica;
- realiza turnês pelo sul do Brasil como regente, professor e conferencista.

1961 — O compositor santista Gilberto Mendes compõe sua "Música para 12 instrumentos" (serial-dodecafônica), que será apresentada em concerto na VI Bienal de Arte Moderna de São Paulo. A repetição deste concerto, junto com outros eventos, em Santos/SP, dará origem no ano seguinte ao "Festival Música Nova".[12]

---

12. Cf. MENDES, Gilberto. *Uma odisséia musical*, p.67.

1962 — Agraciado com prêmio da Fundação Ford, pelos seus 25 anos de serviços prestados no Brasil, passa 12 meses em Berlim, na qualidade de artista-residente. Participaram também deste projeto, patrocinado por essa Fundação em colaboração com o Senado de Berlim vários artistas, entre os quais os seguintes músicos, Michel Butor, Yannis Xenakis, Frederic Rzewski, Elliot Carter e Igor Stravinsky. Esse projeto tinha entre seus objetivos "aprofundar as relações recíprocas entre o centro espiritual da Alemanha e os artistas do mundo inteiro."[13]

- Koellreutter realiza sua primeira grande viagem pelo Oriente. A Escola de Música da Bahia fica sob a direção de Ernst Widmer que, desde 1959, vinha já dividindo tal função (ocupará este cargo até 1969);

- "I Festival Música Nova" de Santos, série idealizada e organizada por Gilberto Mendes, no âmbito da Sociedade *Ars Viva*, que se estende com sucesso e regularidade até os dias de hoje.

1963 — Março: é lançado em São Paulo o *Manifesto Música Nova*, assinado por Gilberto Mendes, Willy Correia de Oliveira, Sandino Hohagen, Alexandre Pascoal, Régis Duprat, Rogério Duprat e Damiano Cozzella (os dois últimos ex-alunos de Koellreutter em São Paulo), cuja proposta essencial era: "compromisso total com o mundo contemporâneo". Recupera-se agora a título de um novo movimento musical, coletivizado, a pesquisa composicional e estética. Afirmam, no melhor estilo da *Música Viva* por volta de 46, que, entre outras coisas a "alienação está na contradição entre o estágio do homem total e seu próprio conhecimento do mundo" e que a "música não pode abandonar suas próprias conquistas para se colocar ao nível dessa alie-

---

13. Cf. *Berlim Confrontation (Künstler in Berlin)*. Berlim: *Gesamtherstellung Brüder Hartmann*, 1965.

Música Viva

nação." Atestam a validade da contribuição de Schoenberg, Webern, Varèse, Messiaen, Schaeffer, Cage, Stockhausen e Boulez para a música, considerando a cultura brasileira possuidora de tradição de atualização internacionalista, recuperando assim uma das linhas de força — o universalismo da música e da arte — que havia desde o início norteado o movimento *Música Viva*.[14]

1963/64 — Koellreutter retorna à Alemanha, onde dirige o Departamento de Programação Internacional do Instituto Goethe de Munique;

- Com a saída definitiva de Koellreutter da Escola de Música da Bahia, E.Widmer passa também a lecionar Composição, responsabilizando-se pela formação e orientação de jovens musicistas.

1964 — Recebe o título de "Doutor Honoris Causa" pela Universidade Federal da Bahia (UFBa);

- Santoro retorna ao serialismo com sua *Sonatina n°2*, para piano. De fato, a partir daqui o compositor amazonense se lançará intensamente à composição de obras experimentais. Com as séries *Intermitências* (década de 60) e *Mutationen* (final de 60 e 70), para diversas formações, Santoro se realinha com a vanguarda estética de seu momento, recorrendo ainda aos meios eletroacústicos e à aleatoriedade (por exemplo, *Agrupamento a 10* e *Diagramas Cíclicos*, de 1966).

1965 — 16 de Novembro: realiza-se no Teatro Municipal de São Paulo um "escandaloso" Festival de Música de Vanguarda, dirigido por Diogo Pacheco e com obras de Willy C.de Oliveira (*Ouviver Música*), Gilberto Mendes (*Blirium C-9*), Cage, Webern, Maiusumi, Pousseur, provocando reações, de público e de crítica, muito próximas às da *Semana de 22*.

---

14. Ver, mais adiante, a reprodução integral desse manifesto.

Carlos Kater

1965/69 — Koellreutter viaja para a India, onde dirige o *Instituto Cultural da República Federal da Alemanha* e atua como Representante Regional do *Instituto Goethe* para a India, Sri Lanka e Birmânia;

- Edino Krieger desenvolve desde este ano (1965) um trabalho criativo, visando integrar o nacionalismo (entendido como recurso a elementos característicos da música popular brasileira) e novas técnicas composicionais.

1966 — Por volta deste ano, data a criação do *Grupo de Compositores da Bahia*, formado por alunos de composição de E.Widmer e alguns ex-alunos de Koellreutter (Nicolau Kokron, Milton Gomes, Carmen Mettig, Lindemberg Cardoso, Jamary de Oliveira, Reinaldo Rossi, Agnaldo Ribeiro, Fernando Cerqueira, Rufo Herrera, etc., em diferentes fases). Postulam a rejeição de princípios técnico-estéticos já estabelecidos em favor de um desenvolvimento criativo mais individual;

- Koellreutter casa-se pela quarta vez (cantora Margarita Schack).

1966/69 — Koellreutter funda e dirige a *Delhi School of Music* (Escola de Música Ocidental), de Nova Delhi/India;

- estuda canto (performance vocal), com Pandit Vinay Chandra;
- profere palestras em vários locais, entre eles na Universidade de Mysore;
- funda a Orquestra de Cordas de Nova Delhi (1966), com a qual realizou várias apresentações como regente;
- apresenta-se como solista (flauta) e também como regente da Orquestra Sinfônica de Nova Delhi, entre outras;
- com a Orquestra Sinfônica de Bombaim rege em primeiras audições nacionais obras de H.Purcell, Beethoven, Mozart, etc.;

201

Música Viva

- dá vários recitais como flautista acompanhado por pianistas locais (Madras, Bangalore, Jaipur, Calcutá, Hilderabad, Nova Delhi, Poona, etc.);

- compõe suas obras *Sunyata*, para flauta, orquestra de câmara e fita magnética (Nova Delhi, 1968), e *Advaita*, para sitar e tabla, com acompanhamento de orquestra de câmara, esta com estréia nesse mesmo ano pela Orquestra de Cordas de Nova Delhi, sob sua regência;

- torna-se membro da Academia de Artes de Bombaim (1968);

- rege com a Orquestra Filarmônica de Bombaim a primeira execução indiana da *Nona Sinfonia*, de Beethoven (1969);

- agraciado pelo governo brasileiro com a *Ordem do Cruzeiro do Sul* (1969).

1970 — É convidado para organizar o Departamento de Música da Universidade de Campinas (UNICAMP), que apesar das várias propostas e sugestões encaminhadas, não chegou efetivamente a se realizar. No entanto, à frente dessa empresa esteve Benito Juarez, seu ex-aluno em São Paulo.

1970/74 — Diretor do *Instituto Cultural da República Federal Alemã* em Tóquio e Representante Regional do *Instituo Goethe* para o Japão e Coréia do Sul;

- leciona no *Christo Kyôkai Ongaku Gakkô* ("Instituto de Música Cristã"), de Tóquio;

- diretor artístico e regente do *Coral Heinrich Schütz* por ele fundado em Tóquio.

1975 — Koellreutter retorna ao Brasil, depois de praticamente 13 anos de ausência.

1975/80 — Diretor do *Instituto Cultural Brasil-Alemanha*, no Rio de Janeiro. Realização de intensas atividades musicais, como professor, regente, compositor e conferencista.

1977 — Dá continuidade a suas aulas particulares de Composição, Contraponto, Harmonia, Estética e Pedagogia Musical, freqüentadas por grande número de jovens alunos, tanto no Rio de Janeiro, quanto em São Paulo, bem como cursos e palestras em diversos centros de ensino do país;

- Abertura do *XIII Festival Música Nova*, de Santos/SP: Koellreutter profere a palestra intitulada *Função e valor da música na sociedade de amanhã*, provocando um "vendaval de discussões" que se alastrou durante meses em jornais, revistas e televisão, envolvendo compositores, intérpretes, críticos.

Como já havia acontecido tantas vezes antes, as concepções de música e cultura, as posições filosóficas, estéticas e ideológicas assumidas por Koellreutter não meramente causaram estranheza, mas estimularam vivamente a reflexão e o debate, o confronto de idéias e posicionamentos, que, em princípio, leva, à conscientização de si e da realidade sociocultural.

Uma frase sua, pronunciada durante o seminário que ministrou no evento *Arte & Consciência*, promovido e realizado pela *Atravez* (São Paulo, 1988), e que de maneira pouco nomeada demonstrou ser um mote ao longo de sua vida, reflete sinteticamente sua postura e a orientação subjacente do *Música Viva*: "*Tudo o que choca conscientiza*".

Anexo 2

"A missão dos músicos brasileiros de agora" [15]

A musica brasileira, atravessa um período ainda inicial de descoberta e exploração.

Uns a negam, outros apenas a combatem; mas está se tornando uma realidade, e dia a dia seus adeptos aumentam.

E é tal o seu atractivo, que aqueles que a procuram uma vez, não conseguem facilmente ocupar-se de outra musica.

Digam o que disserem, é nela que está nossa finalidade; e os que não pensarem assim, dentro em pouco estarão deslocados e fóra de seu meio proprio.

*　　*　　*

Desde 1918 que a musica brasileira me preocupa.

Data daquela época o meu *Tango-Batuque*, de forma embrionaria ainda cheia de influencias alheias e de realisação deficiente.

---

15. GALLET, Luciano. A missão dos músicos brasileiros de agora. *WECO*, Anno II, n°1, Fev./ 1930, p.15-17. A ortografia do texto foi mantida. Na publicação original a formatação encontra-se em duas colunas.

Preocupou-me logo depois a composição de uma obra grande, importante, que fixasse uma aspiração. Ao fim de pouco tempo, vi logo que naquele momento só poderia ser aspiração.

Se tinha uma noção intuitiva daquilo que podia ser musica nossa, faltava entretanto o conhecimento dos dados geraes que a deviam constituir.

* * *

— Onde a *ritmica,* que entretanto, pairava no ar, em redor de nós? Como captal-a mais em detalhe?

— Onde a *melodica,* que eu advinhava rica, mas pouco e mal conhecia?

— Como fixar de momento a *construcção tipica armonica e contrapuntica* que sentia diversas das existentes nos moldes extrangeiros?

— Como determinar as *formas* que revesteriam aquela musica, que de longe em longe eu sentira apresentar-se á parte dos moldes clássicos, desconhecida dos compendios?

* * *

Em todos os sentidos, — afóra exemplos raros como o *Batuque* de Nepomuceno, *Tango e Samba* de Levy, — o mais resumia-se á forma generica «*Maxixe*» que sintetisava tudo. Estaria certo?

Percebia que não faltavam dados e informações que alargassem o circulo.

* * . *

Datam dahi as minhas pesquizas musicaes de folclore; e iniciei-as procurando conhecer os cantos populares para neles encontrar o que me faltava: ritmica, melodica, armonica, forma e sentido musical.

Ao fim de algum tempo começaram a surgir algumas «*Canções Populares Brasileiras,* (Recolhidas e armonisadas)». A tarefa era dura. Tinha de abandonar o meu processo musical anterior já estabelecido, e passar a outro, que percebi logo, bem diverso; — oposto.

Perguntaram-me varias vezes, porque fazia canções «*armonisadas*» em vez de composição sobre esses têmas. Não ha duvida que podia servir-me desses têmas que colhia aqui e ali e trabalhal-os a meu geito. Mas, pergunto: sairia brasileiro? E toda a minha educação musical anterior, feita de influencia extrangeira, permitiria que um têma, adaptado ao meu processo anterior não fugiria ao seu feitio próprio?

Por si, um têma vale relativamente pouco, se não for caracterisado pelo ambiente geral. Glinka e Tschaikowski servindo-se de têmas populares russos fizeram musica tão pouco russa, como Levy com «*Vem cá, Bitú*» (nas variações para piano) fez musica européa.

Nepomuceno na «*Suite Brasileira*», usando o «*Sapo Jururú*», não consegue tambem musica brasileira, porque o ambiente é extrangeiro em forma e factura. O mesmo já não se dá com o mesmo Levy no *Samba* da Suite para orchestra, e tambem com Nepomuceno no *Batuque* da obra citada; ahi não só os recursos melodicos, mas tambem ritmicos, de forma, colorido e timbres afastam-se do processo extrangeiro, ousando afirmar-se brasileiros.

Digo ousar, porque naquela época, afirmar um processo nosso, era realmente uma ousadia que podia até custar caro.

A prova disso é que ainda hoje, ha criticos que acusam Nepomuceno de inferior em «*Galhofeira*» peça para piano de deliciosa factura, quando tocada com o seu verdadeiro caracter ritmico.

Mas neste ponto, estaes no direito de perguntar:

— O que vem a ser «*processo brasileiro*»?

A pergunta é justa e a resposta um pouco longa.

Só vejo uma solução facil e rapida: aconselhar insistentemente a leitura do livro de Mario de Andrade «*Ensaio sobre a música brasileira*».

Nele encontrareis resposta ampla e ensinamentos indispensáveis sobre o «*processo musical brasileiro*».

*   *   *

Todo este desvio, para dizer porque no inicio apenas armonisei cantos populares.

Fazendo assim, obtive varios resultados:

1) Conheci as linhas melodicas populares conservando-as absolutamente originaes, sem a menor alteração.

2) Mantendo as letras populares, as melodias valorisavam-se conservando o seu feitio tipico.

3) Estudei assim varios tipos e formas brasileiras, dentro de sua origem pura.

4) Contribui apenas com enriquecimento e comentario ritmico, armonico e polifonico de cada peça, procurando determinar ainda mais o caracter de cada uma.

*   *   *

Desse geito, trabalhei para a minha própria evolução e para a alheia colhendo e classificando todo esse material que, conservado puro, sabia entretanto do seu estado primitivo e subia a uma esféra superior.

Alem do mais, esse trabalho podia servir de base para futuras obras de maior vulto e desenvolvimento, aproveitado no terreno da composição.

O caso de Respighi, aproveitando na sua *«Sinfonia Brasileira»*, esse trabalho meu, elucida o que estou dizendo.

*   *   *

Dez annos já se passaram. A colheita já se vae fazendo vasta e já se conhece muita cousa do nosso material musical.

Modinha, embolada, côco, samba, desafio, congado, cantigas de roda, martelo, batuque, chôro, toada, seresta, bumba-meu-boi, maracatú, e tantas outras formas já se tornaram comuns, com seus caracteristicos

Música Viva

melodicos e ritmicos, e com sua significação determinada no nosso processo musical.

As tentativas e realisações dos musicos novos brasileiros já começam a fazer evoluir aquele material: Villa Lobos, Lorenzo Fernandes, Camargo Guarnieri, Garritano, Octaviano e outros buscam aquela méta.

Continuar a tarefa e dar áquele material primitivo uma vida nova e propria, e formar com tudo isso uma obra de significação e caracter racial que se incorpore definitivamente ao dominio universal, tal é a missão dos musicos brasileiros de agora.

Luciano Gallet.

"REAGIR" [16]

por Luciano Gallet

A musica atravessa entre nós um periodo de mal-estar visivel.

A prova mais palpavel é esta: o comercio de musica está se debatendo nas garras da crise. Não vende mais pianos; a saida da musica seria é fraquissima e por isso atiraram-se ao disco e á musica de dança. Esta, já não dá mais nada, e o disco cáe dia a dia, depois que a Prefeitura impediu a propaganda de porta-de-rua.

A impressão que se tem é que daqui a pouco a musica vae acabar, como acabou o *tilburi* e o bonde-de-burro.

Situação actual:

Não temos uma Sociedade-de-Musica; uma Sociedade-de-Musica-de-Camera, trio, quarteto ou qualquer outra; nem Sociedade-Coral; nem Sociedade de Compositores-Brasileiros; a Sociedade-Sinfonica não atraza mas não adianta; os empresarios que trazem artistas estrangeiros recusam-se a continuar; não temos Teatro-de-Opera, nem mesmo de Opereta; não há

---

16. GALLET, Luciano. Reagir. *WECO*, Anno II, n°2, Mar./1930, p.3-7. A ortografia e a formatação do texto foram mantidas conforme o original.

Conferencias sobre musica; e até certos criticos afirmam que não temos mais artistas no Brasil terra-da-musica.

Diante disto a situação aparece desoladora.

Causas

Este estado agravou-se pouco a pouco de 3 anos para cá.

Quaes seriam as razões deste desequilibrio?

Analisemos algumas :

1.º — As radio-sociedades

São as principaes causadoras e primeiras responsaveis pela actual degringolada musical.

Entram pelas portas do Brasil inteiro, e espalham musica ruim, sem o menor criterio de selecção.

Em todas as qualidades de musica, do samba do maestro-de-assobio até a musica mais elevada pode haver o bom e o pessimo. Mas é preciso saber escolher; e é o que não se faz.

— Nos programas de discos os Directores-Artisticos recebem os pacotes de discos da casa de musica ou victrolas, e como isto representa negocio, lucro, anuncio, atiram aquilo tudo á boca do microfone.

— Nos programas de executantes, não ha um Director que *organisa* a audição; ao contrario, ele *recebe* a lista das peças a serem executadas, insistindo no que é mais do gôsto-do-publico.

Gôsto-do-publico, são 3 ou 4 radio-amadores que pelo telefone requerem a execução da peça admirada, em geral de máo gôsto.

— Os programas da chamada *musica-seria,* são ainda muito mais prejudicaes.

Toda a gente deve saber que uma orchestra é um grande conjunto que varía de 40 a 120 executantes. As grandes obras sinfonicas e as operas requerem estes grandes conjuntos, sob uma pena de mutilações inominaveis.

Mas as Radios ignoram e fazem o seguinte:

— *Abertura do Tanhauser* — pela orchestra da Radio-Tal.

A orchestra consta de... piano, violino e flauta. A execução torna-se ridicula.

Ou então :

— Audição da Opera Tosca com a orchestra da Radio-Z.

A orchestra ahi é muito melhor: piano, trombone, violino, clarinete e baterias.

E' um desastre. Não há musica no mundo que resista a taes mutilações.

Resultado: depois de 3 anos de experiencias deste genero, não há mais Radio-amador que queira saber de Radio actualmente. Mas ficaram ahi 3 anos de horrivel propaganda musical feita pelas Radio-Sociedades, que obtiveram do Governo a permissão de livre funcionamento porque iam servir para a divulgação da *«educação»* e *«instrução»!*

As outras causas giram mais ou menos em torno desta.

2.° — OS EDITORES DE MUSICA

As Radios lançaram ainda os «artistas-populares»: compositores-de-assobio, executantes-de-ouvido, cantores-ignorantes.

Atraidos pela propaganda facil, enorme e rendosa, a maioria dos editores abandonou a musica e atirou-se á impressão e divulgação pelas Radios e pelo papel-impresso, de quanta banalidade musical lhes veio ás mãos. E esqueceram completamente que quanto mais se rebaixavam, tanto mais amesquinhavam e deprimiam o seu proprio comercio. Por outro lado dificultaram a tal modo a aquisição da bôa musica que esta tornou-se artigo-de-luxo.

3 ° — Os discos

Completaram maravilhosamente a situação. Para o editor de discos, não pesa o argumento que, procurando elevar e apurar o gôsto do consumidor, ele garante as possibilidades de venda-continuada de um mesmo disco, valorisando o seu melhor stock de musica boa e cara; não, só vê que o *Samba-Tal* garante uma tiragem imediata de 70.000 discos, quites a inutilisar-lhe a matriz logo depois e a recomeçar o jogo logo depois com o novo samba que apareceu.

E' um verdadeiro *jogo-de-azar.*

E o que ganham com isto? Ganham o que se dá neste momento. Ha no Rio fabricas estrangeiras de discos jogo-de-azar, que não conseguem colocar o produto, e estão com enormes sobras encalhadas, sem poder dar-lhes destino, o que representa prejuizos não pequenos.

4.° — Falta de orientação

Estamos vendo quanto ela é geral. E ahi ha outras causas importantes que interveem. O *Gôsto-Geral* deve ser conduzido, amparado e desenvolvido. Como se faz para tudo; com um animal, uma planta ou uma criança. Se não é assim, decáe fatalmente.

Não ha máo-gosto; ha má orientação.

Que fazem os factores de educação: o Teatro, a Escola, o Concerto? Nada.

E então o público não pode fazer mais que aceitar o que lhe servem.

Entretanto é este mesmo publico abandonado que instinctivamente estabelece selecções curiosas.

É sabido que hoje não obtêm mais saída, qualquer disco-popular cantado. O gôsto intuitivo estabeleceu que ha cantores superiores a outros. O disco do cantor relativamente melhor assegura maior procura e venda, o que demonstra que existe a procura do melhor.

E não se diga que o nosso publico não é musical. As provas, mesmo colectivas, sobejam.

No jardim publico em dia de Banda-de-Musica, nas portas das casas de discos, em frente ao auto-falante na praça publica.

Para a frequencia aos teatros-musicaes e concertos bons, os preços são proibitivos, o que não impede que as galerias do Municipal estejam sempre cheias e que a rara companhia lirica popular regorgite de gente.

Agora, querer que toda esta gente perceba Musica-de-Camera, Sinfonias de Beetoven, e musica moderna, quando nunca lhes ensinaram o que isto significa, nem os prepararam para a compreensão, é absurdo.

TRES HIPOTESES

Mas a certas pessoas parecerá que o que digo é ficticio. As causas da queda do gôsto musical seriam outras. Admitimos então tres hipoteses:

1.° — Crise Financeira.

2.° — Crise por Falta-de-Educação.

3.° — *Crise-Real*. Abaixamento do nivel intelectual.

O 1.° caso que justificaria a falta de movimento comercial, é um mal-estar passageiro, que dentro de mais ou menos tempo se normalisará.

No 2.° caso, que acabo de alongar acima, só há um remedio: Reagir.

Música Viva

MEIOS DE REAÇÃO

I) *Acôrdo entre os editores.* — Devem unir-se e juntos procurarem a mesma arma que os destróe agora, — as Radio-Sociedades.

a) Forneçam ás Radios o que elas precisam: meios de subsistencia.

b) Apliquem-se a desenvolver o gôsto pela boa musica, (o bom existe em muitas qualidades de musica), mas que seja musica bem apresentada, no seu lugar, equilibrada e bem executada.

c) Confiem a *direcção-artistica* de cada Radio-Sociedade a um artista que tenha consciencia de sua responsabilidade.

d) Promovam conferencias de educação-artistica-popular, como se faz em todas as partes do mundo civilisado.

e) Deem assim ao público os meios de compreender e elevar-se.

f) Trabalharão desta forma para seu proprio beneficio e lucro, pois educando o gôsto garantirão maior e melhor saída e movimento comercial.

II) *Fábricas de Discos.* — As mesmas sugestões acima mas lembrando que é muito maior a sua responsabilidade, porque teem em mãos atravez do disco, os meios de educação imediata, desde que presida o criterio e não a ganancia de lucro descabido.

III) Funde-se ao menos uma Sociedade-de-Musica que proporcione meios de audição e educação colectiva e progressiva.

IV) Desenvolva-se o gôsto pela musica colectiva desde as escolas primárias, até a fundação de *coraes*, o melhor meio de formação musical.[17]

---

17. Villa-Lobos só dará início à sua proposta do Canto Orfônico a partir do início dos anos 30, sobretudo com o convite de Anisio Teixeira, em 1932 no Rio de Janeiro. No entanto, desde a década de 10 João Gomes Jr. vinha já realizando seu trabalho de formação com corais em São Paulo, sendo considerado o precursor do Canto Orfônico no Brasil, o que provavelmente era de conhecimento de Gallet.

V) Confie-se ás Bandas-de-Musica não só a funcção de divertir, mas tambem de educar o gôsto do publico. E para isto todas as Bandas do Exercito, Marinha e Policia, teem os seus Directores-Artisticos, responsaveis pela sua eficiencia. E deem Bandas ao publico que raramente as tem.

VI) Saiba-se convencer os governos que eles devem zelar pela conservação do gôsto-de-arte intuitivo dos brasileiros, e que se em todas as partes do mundo os governos gastam enormes quantias para subvencionar os teatros-de-musica e os concertos de toda a especie, não se concebe que no Brasil o governo queira converter a musica em fonte-de-renda, como se musica fosse estrada-de-ferro ou alfandega.

VII) Pelas mesmas razões convençam-se as autoridades municipaes que um concerto não pode ser agravado de impostos como o vendeiro da esquina.

Se um artista-virtuose deve pagar um salão carissimo, com despesas sobresalientes e ainda impostos de Prefeitura, só pode fazer uma coisa: — desistir de qualquer tentativa.

Agora, se depois disto tudo não se alcançar coisa alguma, se a situação não melhorar e que se constatar que realmente o que se confirma é a 3ª melhor hipótese, isto é, que apesar dos esforços ha uma *Crise-Real*, representada por abaixamento inequivoco de nivel intelectual, então...

Então não ha outra coisa a fazer : é tratar imediatamente de outro oficio; abrir um botequim ou ir plantar bananas o que será sem a menor duvida muito mais compensador.

CONCLUSÃO

Entretanto não acretido nesta ultima hipotese.

A Arte é uma necessidade para muita gente, e não é atôa que ela vem de longe. Se há uma Crise, saibamos encarar o perigo frente a frente e procuremos aniquila-lo.

Lembro apenas um facto. Há uns 15 anos, as estatisticas norte-americanas acusavam um consumo de 95% de musica ruim contra 5% de música melhor. Há 3 ou 4 anos, tinha-se operado a inversão completa; sobravam apenas 5% de musica ruim.

Uma estatistica recente, atravez de um inquerito pelo Radio, acusa a seguinte transformação:

— Quaes as preferencias dos Radio-Auditorios norte-americanos?

— 85% para os Discos Records (grandes obras musicaes Sinfonicas); 12% para a Musica-de-Camera (conjunto e Solistas); 3% para a musica de Opera.

E ninguém poderá negar que a actual organisação musical norte-americana é formidavel em todos os sentidos.

Sigamos o exemplo americano, e estou certo que não nos arrependeremos.

Rio, Março 1930.

Anexo 3

Estatutos [18]

<u>Constituição e sede</u>

Art.nº1:   O grupo "Música Viva" se compõe de compositores, intérpretes e musicólogos brasileiros ou estrangeiros residentes no Brasil.

Art.nº2:   A sua sede se encontra provisoriamente à rua Frei Solano nº 14.

<u>Finalidades</u>

Art.nº3:   O grupo "Música Viva" tem como fim:

a)   cultivar a música contemporânea de valor para a evolução da expressão musical e considerada a expressão de nossa época, de <u>todas</u> as tendências, independente de nacionalidade, raça, ou religião do compositor.

---

18. Cópia carbono de texto datilografado, em 4 páginas de papel poroso, formato ofício, todas numeradas. Não leva nenhuma assinatura, apenas uma inscrição manuscrita "1943", feita ao final, provavelmente em data posterior. A ortografia e a formatação geral foram mantidas conforme o original, sendo corrigidos apenas os erros evidentes.

Música Viva

b) proteger e apoiar principalmente as tendências dificilmente accessíveis.

c) reviver as obras de valor da literatura musical das grandes épocas passadas, desconhecidas, pouco divulgadas ou de interesse especial para a evolução da música contemporânea.

d) promover uma educação musical ampla e popular sob pontos de vista modernos e atuais.

e) animar e apoiar todo movimento tendente a desenvolver a cultura musical.

f) promover o trabalho coletivo e a colaboração entre os jovens musicistas no Brasil.

Art.n°4: O grupo pretende realizar os seus fins por meio de:

a) concertos
b) irradiações
c) conferências e discussões públicas
d) publicações e edições
e) festivais de música contemporânea
f) cursos de música populares
g) intercâmbio com os grupos congêneres de outros paises.
h) concursos [19]

Poderes

Art.n°5: Os poderes são confiados a:

a) Assembléia geral
b) Comissão executiva
c) Juri

---

19. Este item foi acrescentado à mão.

I° Assembleia geral

Art.n°6: A Assembleia geral do grupo compõe-se da Comissão executiva e dos restantes componentes do grupo, em número de 12 membros.

Art.n°7: Cada vaga será preenchida por um elemento eleito pelos componentes da Assembleia geral.

Art.n°8: A Assembleia geral se reune uma vez por mês em sessão plena em data anteriormente fixada pela Comissão executiva, ou por convocação especial desta.

Art.n°9: Todas as propostas submetidas à Assembleia geral devem ser formuladas e justificadas por escrito.

Art.n°10: Os membros do grupo que não comparecerem à Assembleia geral, não têm direito a voto.

Art.n°11: A Assembleia geral tem como missão:

a) nomear os membros da Comissão executiva
b) nomear os membros do Juri
c) aprovar e examinar os orçamentos e despesas
d) resolver as atividades do grupo
e) aprovar resoluções anteriormente tomadas pela Comissão executiva
f) eliminar membros do grupo
g) substituir membros da Comissão executiva ou do Juri
h) eleger membros honorários propostos pela Comissão Executiva
i) aprovar ou modificar os estatutos do grupo

Música Viva

Art.nº12: Nas eleições a maioria absoluta dos membros presentes à sessão é decisiva. A escolha da Comissão executiva e do Juri é feita por voto secreto. Todas as outras questões e eleições são votadas a mãos levantadas. Caso não haver maioria absoluta, decide a Comissão executiva.

IIº A Comissão executiva

Art.nº13: O grupo confia a execução das suas atividades mensais concernentes à parte artística e administrativa à Comissão executiva formada por tres membros, que só não poderão tomar as seguintes resoluções:

a) dissolução do grupo
b) modificação dos estatutos
c) aceitação e eliminação de elementos do grupo, resoluções estas que só poderão ser tomadas em Assembleia geral.

Art.nº14: A Comissão executiva é eleita pela Assembleia geral.

Art.nº15: A Comissão executiva é eleita por um ano.

Art.nº16: Os componentes da Comissão executiva pertencem igualmente à Assembleia geral.

Art.nº17: A Comissão executiva dirige os trabalhos de grupo de acordo com as decisões tomadas pela Assembleia geral.

Art.nº18: A Comissão executiva pode tomar quaisquer decisões que julgar convenientes, porém somente concernentes ao regulamento interno do grupo; decisões estas que devem ser ratificadas posteriormente pela Assembleia geral.

Art.n°19: Os componentes da Comissão executiva podem ser substituidos, a qualquer momento, por decisão da Assembleia geral.

Art.n°20: Para ter valor, cada documento é assinado em nome do grupo "Música Viva" por um membro da Comissão executiva.

III° <u>O Juri</u>

Art.n°21: O Juri é composto de cinco membros eleitos pela Assembleia geral, sendo tres membros do grupo "Música Viva" e dois elementos estranhos ao grupo.

Art.n°22: O Juri estabelece as condições para concursos e escolhe as obras a serem publicadas sob a responsabilidade do grupo.

Art.n°23: O Juri é eleito por um ano pela Assembléia geral.

Art.n°24: O Juri é um orgão autonomo do grupo. Suas decisões são irrevogáveis.

IV° <u>Membros honorarios</u>

Art.n°25: Pessoas que têm prestado serviços especiais ao grupo, à música contemporânea ou à música em geral, são suscetiveis a serem eleitos membros honorários pela Assembleia geral.

<u>Recursos do grupo</u>

Art.n°26: Os recursos do grupo se compõem das rendas das realizações do grupo, de donativos, subvenções e das contribuições dos seus membros.

Art.n°27: Os gastos do grupo são compostos de despezas de Administração, de pagamento de intérpretes, aluguel de salões

Música Viva

e outras despezas particulares estabelecidas nos orçamentos aprovados pela Assembleia geral.

Art.nº28: Os recursos do grupo não podem ser desviados dos seus fins essenciais.

Art.nº29: Os estatutos são definitivamente aprovados pela Assembleia geral, em sessão plena e por votação, na qual decide a maioria absoluta, e são redigidos em português.

Carlos Kater

Anexo 4

"Nuestros Principios" [20]

"Música Viva" comienza su circulación por América en los momentos cruciales de la existencia del continente. En el ánimo de todo individuo consciente pesa la hecatombe que há arrastrado de nuevo al mundo hacia el lodo, la sangre, el fuego y las cenizas. Y se explica que no sea el mismo el espíritu de hoy comparado con el que dió vida al "Americanismo Musical" en 1933, año de su iniciación. Como movimiento de estímulo y dignificación tuvo una evolución rápida que causaba satisfacción por los resultados obtenidos, pese a la indiferencia gubernamental tan propia de la mayoría de nuestros países, pero el saldo principal de esos años de lucha incesante es la experiencia adquirida y con ella daremos a esta publicación el rumbo que necesita y la combatividad que le son indispensables.

Puede afirmarse que alrededor de 1930, en la casi totalidad de las naciones americanas, el músico aún no se hallaba equiparado — en la mente de los dirigentes políticos y del enorme grupo de indiferentes al arte musical — al plano de respeto que merecían profesiones artísticas como las del pintor, escultor y arquitecto. Podria agregarse que tampoco lo está en

---

20. Texto publicado como editorial de *Musica Viva,* n°1. *Revista Mensual. Organo Oficial de la Editorial Cooperativa Interamericana de Compositores.* Montevideo, Agosto de 1942, p.1-3; leva ao final a assinatura facsimilar de Francisco Curt Lange.

los dias aciagos del año 1942 por lo menos en un número aun crecido de países latinoamericanos, y que tendrán que pasar muchos años hasta que sea un imposible confundir los planos, ya sean éstos artísticos o profissionales. El músico activo, integrante de una orquesta sinfonica era hasta ayer un pobre hombre, el compositor un "artista" (palabra pronunciada con desdén y cierta lástima) semejante a una oveja descarriada del camino del Bien, los conservatorios una especie de establecimientos pro aplicación de adornos circunstanciales en niñas que buscaban un buen partido, el "profesor" de canto coral en las escuelas públicas un preparador, llamado a último momento, del brillo que debió darse a la fiesta de fin cursos. Las demás especulaciones no eran tenidas en cuenta. Todo esto, que podría ser clasificado bajo el vocabulo ignorancia, há cambiado ligeramente, porque aún hoy existen tremendas confusiones, criterios abyectos si se quiere, con respecto a la música como arte y al profesional que al mismo se dedica. La existencia de orquestas estables, la realización de conciertos públicos y la existencia de conservatorios aún no há cambiado este estado de cosas si auscultarmos atentamente la opinión de la generalidad, pudiéndose traer a colación la hoy casi absoluta separación de la literatura del arte musical mientras que éste la tuvo por aliada fiel y entusiasta hasta principios de este siglo.

El "Americanismo Musical" logró despertar consciencia en las propias filas de los que sirven a la música en una u outra forma y hemos visto que una materia hasta ayer desconocida, las ciencias musicales, se há impuesto lentamente, ya sea en forma de folklore musical, de historia de la música o de especulaciones abstractas. Algo análogo ha sucedido en la creación. Se nota hoy dia, una mayor dignidad en quienes la cultivan a consciencia, una confianza firme que mueve a cada uno en la prosecución de los principios propios forjados tras duro batallar. Por último, existen conexiones interamericanas, estímulos venidos de afuera que sirven de poderoso incentivo cuando se vive sin apoyo y a la vera de los casos providenciales. Constatamos, pues, una elevación de nivel en lo que se refiere a la combatividad de los conscientes, y a la existencia de células, grupos, entidades o instituciones que marcan atualmente rumbo al futuro del arte musical americano. Los hombres que las integran han realizado muchos sacrificios y han sufrido muchas persecusiones por los aún fuertes grupos de profesionales sin cultura y apoyados en cualquier situación de conveniencia, pero su esfuerzo no há sido en vano y las generaciones que se asoman ya en el crítico perfil que será para todos nosotros el promediar de este siglo, cosecharán benefícios de las privaciones de sus precursores.

Un agudo y experimentado observador de este continente no podrá, en su fuero íntimo, contemplar el estado actual de nuestra música con el optimismo que debe emplear para estímulo de sus amigos. Sabe que la situación musical sigue siendo heterogénea, a causa de la ausencia de elementos orgánicos, funcionales, que la transformen en entidad sana. Por doquier se notan intrigas, pasiones, juicios, violentos y demoledores (que mañana se tornarán alabanzas), y más que nada, un individualismo con ribetes de patológico. Si la envidia y el odio son los legados legítimos que nos dejó la época de la conquista, fomentados luego por la evolución política y social tan accidentada de muchos países, maldiso sea el momento en que pisaron tierras de America. Pero estos defectos, más que nada son armas de los mediocres, de los que nunca hicieron nada en su vida, de los que ven ahora nacer en derredor suyo una generación de outro temple, y de distinto saber. No son, pues, características exclusivas de una raza sino de defectos propios del humano que prosperaran en ambientes donde la confusion en torno de un arte es aún grande, donde la evolución del mismo tropieza con muchos obstáculos, incluso con la rápida separación del creador contemporaneo de un público que está acostumbrado a escuchar, año tras año, el repertorio estereotipico y convencional de pianistas y directores que nos visitan en compañia de la sombra inevitable del empresario.

"Música Viva" es el órgano oficial de la Editorial Cooperativa Interamericana de Compositores, y esta, a su vez, no es sino la consecuencia de muchas iniciativas, logradas algunas, frustadas otras, del "Americanismo Musical". El compositor contemporaneo es la victima expiatoria del estado que hemos tratado de describir con rasgos sintetizados. No sólo le es un impossible publicar su música, sino que le es en extremo difícil oírla interpretada por un profesional o conjunto representativo. Al surgir la Editorial Cooperativa

Música Viva

Interamericana de Compositores se pensó en la formación de un grupo, y necesariamente, en el mismo que há acompanhado al "Americanismo Musical" desde los primeros años de su existencia. Pero este grupo no es local, ni tendencioso ni extremista. No lo puede ser! Nos explicamos que un compositor, fiel a sus principios, tenga exigencias para consigo mismo y las quiera aplicar a los demás, que viven distantes de su lugar de residencia. Pero este punto de vista, en nuestro principio de coordinación de fuerzas, sólo puede ocupar un lugar secundario. Ya temos señalado la dispersión inútil de fuerzas, conducente de nuevo al aislamiento peligroso y aniquilador y no hay virtualmente necesidad de insistir en ello. La existencia de creadores estrictamente contemporáneos en nuestros países es tan insignificante y su posicíon individual se halla tan expuesta a la inanición, que no basta saber que de él simpatizan dos hombres en México, diez en los Estados Unidos de Norte América, uno en el Perú, outro en Cuba y dos o tres en Chile. Pueden o quieren estos hombres corresponder en la misma medida a un esfuerzo realizado por ellos en la Argentina o el Uruguay, y el grupo residente en estos países a aquéllos, cuando la mayoria no cuenta siquiera con medios para harcelo? El "Americanismo Musical", y con ello, la Editorial Cooperativa Interamericana de Compositores, se mueven sobre una base de un eclecticismo razonable, única que puede llevar la incipiencia actual de la música contemporánea en América hacia un futuro mejor, beneficiando desde ya a los partícipes. Este punto de vista, posiblemente no sea compartido por el grupo, estética y numéricamente más fuerte, que representa a los Estados Unidos de Norte América, máxime porque muchos de nuestros países aún no se han emancipado de una tendencia folklorizante que podria ser beneficiosa si sus panegíricos tuviesen una preparación profesional seria y contemporánea, pero que há caído en una especulación relacionada estrechamente con el estómago, si exceptuamos algunos casos de pública autoridad.

Resulta curioso observar las reacciones que produce una Editorial como la nuestra, luego de publicadas sus primeras obras. Reunidos los juicios venidos de distintos puntos de América e incluso de Europa, podemos adelantar que nos hallamos en lo cierto. La Editorial, con ser cooperativa, no ha admitido a los compositores por el simples hecho de que deben contribuir economicamente en la realización de las ediciones, sino que se há hecho seleción. Esta discriminación sobre las personas que deben o no tomar parte en nuestro esfuerzo es distinta a la posición de un individuo. Se puede escribir un libro o una crítica y decir en ellos lo que se desca, pero no se puede realizar obra de cooperación y de estímulo, excluyendo a elementos utiles y comprensivos para con nuestras ideas so pena de edificar sobre una base diminuta que haga caer el edificio con el menor vientecillo. Para sostener estos puntos de vista nos acompaña una larga experiencia. En este continente se han fundado publicaciones, y especialmente revistas, con el fin de servir a un grupo, a una tendencia. Su vida há sido efímera porque no se midió la potencialidad intrínseca del cuerpo que buscaba su defensa y expansion en la publicación iniciada. Agreguemos a todo esto que la casi totalidad de los compositores que nos acompañan son los que menos recursos posoen, lamentamos, por razones financeiras, no poder incluir a otros que carecen totalmente de ellos y merecerían ser ampliamente conocidos. En lo que aventaja nuestra Editorial a cuántas se han iniciado en este continente, es en entusiasmo que la anima y la eficiencia que caracteriza la distribuición de sus obras. Si a pesar de las condiciones adversas que reinan actualmente en el mundo, ya han sido interpretadas la casi totalidad de sus primeras ediciones, puede estar satisfecha y mirar con confianza hacia el futuro.

"Música Viva" no es un título nuevo. Hubiera sido fácil hallar outro, pero nos complacemos en haberlo elegido como continuación de los esfuerzos que hizo años atrás en Europa Hermann Scherchen y que volvieron a nacer en el Brasil en manos de un grupo de jóvens.[21] Lo esencial de esta revista debe buscarse en su afán de unir más estrechamente a los elementos de empuje de nuestra América. El Boletín Latino-Americano de Música es una publicación cuya periocidad no está garantizada. Cada volumen há sido

---

21. Curt Lange descarta sumariamente o nome de Koellreutter aqui, bem como o papel que veio desempenhando na organização e direção do movimento brasileiro, visto que seu interesse é incorporar esta iniciativa ao *Americanismo Musical* por ele criado.

Música Viva

una proeza, así como la combinación más o menos hábil de hechos fortuitos. Existe además el darle un carácter más científico, eliminando a partir del tomo VI el Suplemento Musical por haberse hallado una solución infinitamente mejor en la Editorial Cooperativa Interamericana de Compositores. "Música Viva" se publicará en tres idiomas, y para ello se recurre nuevamente a los elementos cultos. En un investigador se pressupone la existencia de una vasta cultura, pero salvarlo ante dictamen de la posteridad. Esta exigencia iría muy lejos si pidiera la formación de una cultura amplia, universal. Aunque lógica y necesaria, nosotros buscamos primero la cultura profesional, o sea, el conocimiento de las corrientes actuales, su lectura y asimilación y crítica, pues es con estos elementos que el compositor logra sus objetivos fundamentales y a través de ellos, el respeto y reconocimiento locales e internacionales.

El Interamericanismo de nuestro movimiento es anterior a los acontecimientos que lo hicieron actual. Por consiguiente, estamos exentos de ser calificados de oportunistas, presunción interesada que nace en los que ven en esta clase de movimientos de actualidad una fácil cosecha para sus propios intereses. Nos acompaña, en cambio, la experiencia y la convicción de que la buena voluntad en los Estados Unidos de Norte América para con nuestra música es sincera, y sin duda más sincera y práctica que la ejercida hasta ahora por la mayoria de los hombres e instituciones latinoamericanas. Y este interés de los Estados Unidos está respaldado por una organización musical positiva que aventaja a cualquiera de las nuestras, por la existencia de una tradición y de un respeto, porque éste es consecuencia de lo anterior. Y sin respeto, tolerancia, comprensión y entusiasmo no puede prosperar ninguna obra colectiva.

Al iniciar "Música Viva" su caminar a través de tierras americanas, en modesta vestimenta, pero respaldada moralmente por muchos, cumple una nueva etapa del "Americanismo Musical" [22]*. Los tiempos que corren son*

---

22. Uma vez mais Lange desconsidera as iniciativas de Koellheutter no Brasil, neste caso ignorando a edição dos boletins *Música Viva*, nesta época já com 11 números publicados e dedicados sempre à música nova e seus compositores, brasileiros e estrangeiros (latino-americanos, inclusive); ver Anexo 5 a seguir. Alguns dos textos que aí figuram foram inclusive traduzidos do *Boletin Latino-Americano de Musica*, v.IV, editado pelo próprio Lange.

difíciles, nuestros países no salieron aún de su composición étnica, social y espiritual heterogéna, y antes de que comience una lucha real por su existencia, ya hallamos a un gran número de vencidos. Pero sabemos desde ya que la fraternal compenetración de nuestros intereses y la defensa de los mismos prosperará lentamente, con la misma seguridad con que há evolucionado el "Americanismo Musical". El continente necesita de una unidad espiritual para que pueda sobrevivir la expresión libre de la creación. Esta unidad no tiene que ser, necessariamente, un punto de vista único, sustentado por todos, sino la convergencia de ideas hacia un crisol en el cual se funden no las ideas varias de la estética contemporánea, que pueden ser muchas, sino la voluntad de construir conscientemente el futuro de la música en las Américas, basado en la tolerancia, el respeto y el vivir armónico de los que sirven a un ideal común.

Francisco Curt Lange

Anexo 5

Indice dos boletins *Música Viva*

"Música Viva, Órgão Oficial do Grupo Música Viva"

n°1 – Ano 1, RJ: Maio 1940 (8p.) [23]

"O Nosso Programa" (p.1)

"A atividade do grupo 'Música Viva' em 1939" (p.1)

"Compositores de Hoje: Fructuoso Vianna" (p.2)

" *Sem Fim* ", por João C.Caldeira Filho (p.2)

"Primeira Audição da 'Música Viva'" (p.3)

"Um Jubileu", por Luiz Heitor (p.3-4)

" Do fundo e da forma", por Daniel Lesur (p.4-5) [24]

"Concurso de composição" (p.5)

"Uma canção popular religiosa e sua variante", Brasílio Itiberê (p.6)

"O sucesso da música Brasileira nos Estados Unidos", por Idelfonso Falcão (p.6-7)

"Um grande acontecimento artístico" (p.7)

---

23. Exemplar em formato ofício, em 3 colunas, contendo várias ilustrações. Este formato se manterá até o número 3.

24. Traduzido da *Revue Musicale*, por Egydio de Castro e Silva.

"Um instrumento novo" (p.7)

"Grupo 'Música Viva'" (p.7)

"Noticiário" (p.7)

Variedades: livros, partituras e discos recém lançados (p.8)

Suplemento Musical: *Sem Fim*, modinha para canto e piano de Fructuoso Vianna.

n°2 - Ano 1, RJ: Junho 1940 (8p.)

"Arturo Toscanini", por Hans-Joachim Koellreutter (p.1)

"Educação Rítmica", por Octávio Bevilacqua (p.2)

"Segunda Audição da 'Música Viva'" (p.2)

"Cordão de Prata" (p.3)

"Guerra, Vida, Arte", por Andrade Muricy (p.3-4)

"Música Cinematográfica", por Max Brand (p.4-5) [25]

"Mozart sobre os seus colegas" (p.5) [26]

"Música moderna nos programas de Madalena Tagliaferro", por Luiz Heitor (p.6)

"A primeira audição da Música Viva", por O.Bevilacqua (p.6)

" Noticiário" (p.7)

"Venda de manuscritos musicais e literários" (p.7)

"Anedotas" (p.7)

"Uma experiência interessante" (p.7)

Variedades: livros, partituras, e discos recém lançados (p.8)

Suplemento Musical: *Cordão de Prata*, canção popular ambientada por Brasílio
Itiberê.

---

25. Traduzido por C.Peixoto.

26. Traduzido do *Neues Musikblatt*, n°47.

n°3 – Ano 1, RJ: Julho 1940 (8p.)

"A música e nossa época", por Max Brand (p.1-2)

"Terceira audição da 'Música Viva'" (p.2)

"Compositores de hoje: Max Brand" (p.3)

"Peça para flauta e piano", por Max Brand (p.3)

"Cravo ou piano moderno?", por Hans-Joachim Koellreutter (p.3-4)

"Haverá música de guerra?", por Claude Chamfray (p.4-6) [27]

"Uma ópera de H. Villa-Lobos", por Lisa M.Peppercorn (p.6-7)

"A Segunda Audição da 'Música Viva'", por O.Bevilacqua (p.6-7)

"Noticiário" (p.7)

"O grupo 'Música Viva' avisa:" (p.7)

Variedades: diversos lançamentos (p.8)

Suplemento Musical: *Peça para flauta e piano*, de Max Brand.

n°4 – Ano 1, RJ: Setembro 1940 (12p.) [28]

"Camargo Guarnieri", por Luiz Heitor (p.1-3)

"A dodecafonia – Horizontes novos!", por Lopes Gonçalves (p.3-5)

"Quarta audição da 'Música Viva'" (p.5)

"A Música e o Brasil", por Max Brand (p.5-7)

"Música 'Pinturica' e Pintura 'Musical'", por Jean-Pierre Chabloz (p.7-10)

---

27. Traduzido da *Revue Musicale*, n°194, por E.de Castro e Silva.

28. Exemplar em formato 16x23,5cm, 2 colunas, contendo várias ilustrações. Este formato se manterá até o número 10/11.

"Música Viva avisa:" (p.10)

"Terceira audição da 'Música Viva' por O. Bevilacqua (p.11)

"Carleton S.Smith" (p.11)

"Noticiário" (p.12)

"Indicador profissional" (p.12)

Suplemento Musical: *Toada Triste*, de Camargo Guarnieri.

n°5 – Ano 1, RJ: Outubro 1940 (12p.)

"Compositores de Hoje: Luiz Cosme", por Luiz Heitor (p.1-2)

"Strawinsky, homem de 'Metier'", por Arthur Honneger (p.3-4) [29]

"Quinta Audição da 'Música Viva' (p.4)

"Aviso importante" (p.5)

"Talento e Gênio", por Walter Abendroth (p.5-9) [30]

"Quarta Audição de 'Música Viva'", por O.Bevilacqua (p.9)

"Problemas da Música Moderna", por Nicolas Slonimsky [continua no próximo número] (p.9-10) [31]

"Sexta Audição da Música Viva" (p.10)

"'*Momo Precoce* de Villa-Lobos, na All American Youth Orquestra", por O. Bevilacqua (p.11)

"Música Viva avisa:" (p.11)

"Noticiário" (p.12)

"Indicador Profissional" (p.12)

---

29. Traduzido da *Revue Musicale*, n°191, por Gabriella Ballarin.

30. Traduzido de *Allgemeine Musikzeitung*, n°18, 1939, por C. Peixoto.

31. Traduzido do *Boletin Latino-Americano de Musica*, Tomo IV, por Gabriella Ballarin.

Suplemento Musical: *Bombo* (Canto Onomatopaico-mímico), para canto e piano, de Luiz Cosme.

n°6 – Ano 1, RJ: Novembro 1940 (12p.)

"Compositores de Hoje: Hans–Joachim Koellreutter", por Luís Heitor (p.1-3)

"Música Mecânica e Radio", por Sílvia Guaspari (p.3-4)

"Sobre a Música Livre", por Eurico Nogueira França (p.4-5)

"Sétima Audição da Música Viva" (p.5)

"Uma Exposição 'Musicalista' no Rio", por J.P. Chabloz (p.6-7)

"Prêmio Pró-Música para violinista" (p.8)

"Música de Film. Maurice Thiriet e sua personalidade Musical na cinematografia", por Pierre Michaut (p.9-10) [32]

"Música Viva avisa:" (p.10)

"Problemas da Música Moderna", por Nicolas Slonimsky [continuação do número 5] (p.11) [33]

"Noticiário" (p.12)

"Indicador Profissional" (p.12)

Suplemento Musical: *Invenção*, para oboé, clarineta (Si^b) e fagote, de H.J.Koellreutter.

n°7/8 – Ano 1, RJ: Janeiro-Fevereiro 1941 (20p.)

"Em Homenagem", por Hans-Joachim Koellreutter (p.1-2)

"Villa-Lobos e a Criação Musical", por Luis Heitor (p.2-3)

---

32. Traduzido da *Revue Musicale*, n°194, por Gabriella Ballarin.

33. Traduzido do *Boletin Latino-Americano de Musica*, Tomo IV, por Gabriella Ballarin.

"A obra de Villa-Lobos e o problema folclórico", por Brasilio Itiberê (p.4-5)

"Primeiro Festival de Música Contemporânea" (p.5)

"Villa-Lobos, pedagogo", por Eurico Nogueira França (p.6)

"Considerações em torno da obra pianística de Heitor Villa-Lobos", por Sílvia Gaspari (p.7-8)

"Prelúdios para violão de Villa-Lobos" (p.7-8)

"Villa-Lobos: Rabelais da Música Moderna", por Irving Schwerk [34], (p.9-10)

"Casos e fatos importantes sobre H.Villa-Lobos, numa biografia autêntica resumida" (p.11-15)

"A Juventude Artística do Uruguay e Argentina", por José Vieira-Brandão (p.15-16)

"Um novo filme de Walt Disney" (p.16-17)

"5ª Audição de Música Viva", por Brasílio Itiberê (p.17)

"Sexta Audição", (por O.Bevilacqua?) (p.17-18)

"Sétima Audição", por O.Bevilacqua (p.18)

"Música Viva avisa" (p.18)

"Film esteroscópico russo" (p.18)

"Noticiário" (p.19)

"Novas Edições" (p.19)

"Livros Novos" (p.19)

"Discos Novos" (p.20)

"Indicador Profissional" (p.20)

Suplemento Musical: *Dois Prelúdios*, para violão, de H.Villa-Lobos.

---

34. Tradução de um capítulo de *Kings Jazz and David — Jazz et David, Rois*, (Paris, Les Presses Modernes).

Música Viva

n°9 – Ano 1, RJ: Março 1941 (8p.)

"Compositores de Hoje: Arthur Pereira", por Clovis de Oliveira (p.1-2)

"*Handbook of Latin American Studies*" (Aviso) (p.2)

"Considerações em torno da música brasileira contemporânea", por Cláudio Santoro (p.3)

"Compreensão e crítica da música hodierna", por Sílvia Gaspari (p.3-5)

"Música Viva avisa:" (p.5)

"Problemas da Música Moderna", por Nicolas Slonimsky [continuação do número 6] (p.6-7) [35]

"Noticiário" (p.8)

"Edições Novas" (p.8)

"Indicador Profissional" (p.8)

Suplemento Musical: *Chanson Nègre,* para canto e piano, de Arthur Pereira.

n°10-11 – Ano II, RJ: Abril-Maio 1941 (16p.)

"Compositores de hoje: Juan Carlos Paz", por Eduardo Keller (p.1-2)

"Juan Carlos Paz e sua obra" (p.2)

"A música livre", por Jean de Bremaeker (p.3-5) [36]

"Considerações em torno da música contemporânea nacional", por Claudio Santoro (p.5-7)

"W.Burle Marx (Reminiscências)" (p.7-9)

"Instituto Interamericano de Musicologia" (p.9)

---

35. Traduzido do *Boletin Latino-Americano de Musica*, Tomo IV, por Gabriella Ballarin.

36. Traduzido por Silvia Guaspari.

"Que é Atonalidade?" (Extraído por Willi Reich, do manuscrito duma palestra radiofônica de Alban Berg, destinada a *Rádio de Viena*) (p.10-14) [37]

"Composições de Camargo Guarnieri" (p.15)

"Movimentos Mixtos para violino e orquestra de Heitor Villa-Lobos", por Hans-Joachin Koellreutter (p.15)

"Música Viva avisa:" (p.16)

"Edições Novas" (p.16)

"Indicador Profissional" (p.16)

Suplemento Musical: *Balada*, para piano, de Juan Carlos Paz.

Obs: "Nota da redação: O fim do artigo 'Problemas da Música Moderna' de Slonimsky dedicado ao compositor Lorenzo Fernândez será publicado no próximo número."

Música Viva, revista mensual, Organo oficial de la Editorial Cooperativa Interamericana de Compositores. [38]

n°1 – Montevideo: Agosto 1942 (14p.)

"Nuestros Princípios", por Francisco Curt Lange (p.1-3) [39]

"Bibliografia" (Resenha do livro *La Historia de la Música como reflejo de la evolución cultural. Diez Conferências*, de E. Leuchter; e da revista *The*

---

37. Traduzido por Silvia Guaspari.

38. Este exemplar da revista mensal *Música Viva*, teve como diretor F.Curt Lange e como redator-chefe H.J.Koellreutter. Foi o único número encontrado na pesquisa, quando foram consultados diferentes acervos nacionais e estrangeiros, bem como colhidas informações junto a F.Curt Lange e H.J.Koellreutter. Formato: 27,5x37,5cm, em 2 colunas, com ilustrações.

39. Este Editorial figura integralmente no Anexo 4.

Composers of South America, de A. Copland, artigo publicado no *Modern Music*, vol.XIX, n°2, 1942, p.75-82.) (p.1-3)

"*The importance to cultural understanding of folk and popular music*", por Charles Seeger (p.3-5)

"Sonata", por Mário de Andrade (p.6)

"La actividad musical en Montevideo durante 1941", por Diego Errandonea (p.7-8)

"Itinerario de la Música Argentina en cuatro etapas", por Juan Carlos Paz [continua no próximo número] (p.8-9)

"Noticiário" (p.9-11)

Música Viva: n°12 – RJ: Janeiro 1947 (48p.) [40]

"Manifesto 1946. Declaração de princípios". Rio de Janeiro, 01/11/1946 (p.1-4) [p.3-6] [41]

"Música Brasileira", por H.J.Koellreutter (p.1-9) [p.8-16]

"Falhas nas Relações Musicais Interamericanas", por Francisco Curt Lange (p.1-13) [p.17-29]

"Aspectos da Música Popular", por Guerra Peixe (p.1-9) [p.30-38]

"Rádio". "Não farei crítica botocuda", por Gení Marcondes (p.1-5) [p.39-43]

"Movimento 'Música Viva" (p.1-4) [p.44-47] :

"Atividades Radiofônicas" [p.44-45]

"Audições Experimentais" [p.45-46]

"Festivais "Música Viva" [p.46]

"Edição 'Música Viva" [p.46-47]

---

40. Exemplar em formato 21,5x31cm, 1 coluna, com ilustração na capa apenas. Conforme os exemplares que tivemos acesso em pesquisa realizada no acervo pessoal de Koellreutter, no de diversos integrantes do *Música Viva* e na Seção de Música da Biblioteca Nacional do Rio de Janeiro, este número da revista é atípico, não possuindo a mesma qualidade editorial formal dos demais números.

41. Cada um dos artigos publicados nesse número tem paginação própria. A numeração indicada entre colchetes refere-se às páginas corridas da publicação.

"Boletim 'Música Viva" [p.47]

"Sumário" [42] [p.48]

n°13 – RJ: Abril 1947 (2p. / 1fl.) [43]

"O músico criador no Estado Socialista", por Hans-Joachim Koellreutter (p.1)

"A Propósito de Arte Social", por Pierre Darmangeat ("Nota: no próximo número H.J.Koellreutter responderá numa *Carta Aberta* ao Prof. Pierre Darmangeat, catedrático de filosofia na Sorbonne de Paris") (p.1)

"Música e matemática", por Osmar Catunda (p.1)

"Música contemporânea Iugoslava", por Juan Carlos Paz (p.1-2)

"Aspectos da Música Popular. As Fábricas Gravadoras de Discos – A Guilhotina da Música Popular Brasileira", por Guerra Peixe (p.2)

"Movimento 'Música Viva" (p.2)

"Rádio. *Agosto, mês de cachorro louco* ou *A Douda d'Albano*", por Gení Marcondes (p.2)

"n°14" – Publicado na revista *Paralelos*, n°6. SP: Setembro 1947 [44]

"A propósito de arte social" (*Carta Aberta* em resposta ao professor Pierre Darmangeat, catedrático do Liceu Henri IV, de Paris), por H.J.Koellreutter (p.39-40)

---

42. Afora os artigos acima citados, figura também no sumário *O Banquete*, do próprio Mário de Andrade, muito provavelmente um fragmento que não pudemos encontrar em 2 exemplares consultados por nós. Sem dúvida ele seria aqui a referência para os artigos escritos por Koellreutter sob o mesmo título nos boletins n°15 e 16.

43. Novo projeto gráfico, em formato jornal, medindo 38x68,5cm, em 6 colunas.

44. Sem indicação formal do número de série, os artigos situam-se nas p.39-47 da revista mencionada. Esta publicação fez parte, como mencionamos, de um contrato de associação entre o grupo *Música Viva* e a revista paulista, editada por J.Wilheim. Por tal motivo em razão da inexistência de um nomeado "n°14" e pela continuidade de artigos ("A propósito de arte social" e "Aspectos da música popular"), parece-nos acertado considerarmos esses textos, no conjunto, o seu equivalente. Não houve continuidade de produtos nessa associação. Formato: 16,5xc.23,5cm.

Música Viva

"A evolução dos elementos construtivos da música", por Cornélio César Hauer (p.41-43)

"Aspectos da música popular. As casas editoras – uma das nossas deficiências musicais", por Guerra Peixe (p.44-45)

"A menina da fita vermelha", por Gení Marcondes (p.46-47)

n°15 – RJ: Junho 1948 (2p. / 1 fl.) [45]

"Música e Sociedade: Em torno da Arte de Vanguarda", por George Knepler (p.1)

"Música Popular Norte Americana", por Eunice Catunda (p.1-2)

"Movimento Música Viva" (p.2)

"Aspectos da Música Popular: Programas de Rádio", por Guerra Peixe (p.2)

"Compositores de Hoje: Aaron Copland", por Israel Citkowitz (p.2)

"O Banquete (II)", por Mário de Andrade [46] (continua no próximo número) (p.2)

n°16 – RJ: Agosto 1948 (2p. / 1 fl.)

"Apêlo. Votado por unanimidade pelo II° Congresso de Compositores e Críticos Musicais em Praga" (p.1)

"Música e Sociedade: Arte Funcional. A propósito de 'O Banquete' de Mário de Andrade", por H.J.Koellreutter (p.1)

"Reflexões sobre a música de nosso tempo", por Juan Carlos Paz (p.1)

"Aspectos da Música Popular. Introdução ao samba", por Guerra Peixe (p.2)

"Posição de Vila Lobos na música brasileira", por Vasco Mariz (p.2)

"O Banquete" (III), por Mário de Andrade (continua no próximo número) (p.2) [47]

---

45. Exemplar em formato jornal, medindo 38x68,5cm, em 6 colunas, assim como o n°16.

46. O trecho do *O Banquete* aqui publicado corresponde àquele das p.60-64 (da edição que figura na bibliografia).

47. O trecho do *O Banquete* aqui publicado corresponde às p.64-67 da edição mencionada na bibliografia.

Participantes dos Boletins Música Viva

Números 1 ao 10/11:

Fundador: Hans-Joachim Koellreutter
Diretor: Prof. Octávio Bevilacqua
Redatores: Prof. Brasílio Itiberê, Prof. Egydio de Castro e Silva,
Prof. Hans-Joachim Koellreutter, Prof. Luiz Heitor

Números 12 e 13:

Comissão Redatora: Cláudio Santoro, Egydio de Castro e Silva,
Eunice Catunda, Gení M. Koellreutter,
Guerra Peixe, Heitor Alimonda, H.J.Koellreutter,
Santino Parpinelli

Números 15 e 16:

(Redatores):   Cláudio Santoro, Edino Krieger, Eunice Catunda,
Guerra Peixe, H.J.Koellreutter

Colaboradores: Gení M.Koellreutter, Egydio de C. e Silva,
Jorge Wilheim, Heitor Alimonda, Roberto
Schnorrenberg, Santino Parpinelli

Música Viva

Anexo 6

"Carta de Koellreutter a Camargo Guarnieri" [48]

HANS-JOACHIM KOELLREUTTER

Rio de Janeiro, 7 de Junho de 1941.
Caixa Postal 3846.

Caríssimo Camargo,

há muito tempo, que não recebi notícias suas. Espero que recebeu tudo direito: a TOCATA, as músicas de HINDEMITH e ROUSSEL os últimos números de MÚSICA VIVA, TOSTÃO DE CHUVA de LUIZ HEITOR, e enfim, CANTIGO LÁ DE LONGE. O seu telegrama não recebi até hoje! Um caso sério o correio aquí. Por isso não gosto de mandar músicas; sempre estou com medo que o correio as perde. Recebi as suas cartas que muito lhe agradeço.

Escrevi ao FRITZSCHE e pedi, que deixa sua sonata na PRO ARTE. Você já a recebeu? O QUARTETO FRITZSCHE tocará nestas dias na

---

48. Papel em formato ofício, 2p. Foi mantida a forma original do documento (os erros gramaticais e a disposição gráfica). O título indicado entre parênteses não consta do documento.

CULTURA ARTÍSTICA um programa cheio de revelações! HAYDN, BEETHOVEN e como compositor brasileiro PAULO FLORENCE (?) !

Falei com ARNALDO ESTRELLA por telefone. As cópias das suas sonatinas ainda não estão prontas e vão demorar mais uns quatro dias.

Ainda não tive oportunidade de falar com HEUBERGER. Ele gostou da EUNICE DE CONTE? Aliás, já escrevi a SCHOTT, pedindo permissão para copiar as partes de orquestra do TCHÉREPNINE. Tenho a parte de violino solo; tenho mais uma redução de piano ou melhor um arranjo. TCHÉREPNINE mesmo transcreveu o concerto de câmara para piano, flauta e violino.

Como vai o seu DUO PARA FLAUTA E HARPA? Não posso achar aquí a harpista MARIA STOLTZE CARDOSO. Foram os "círculos bem informados" que disseram, que ela esteja no Rio. Você deve procurá-la em São Paulo. Peça o endereço da MIRELLA VITA. Madame CARDOSO tem com toda certeza a segunda parte do método de SALZEDO ou deve saber, onde está. Esse método seria interessantíssimo, mesmo necessário para você.

Daquí em tres ou quatro semanas mudarei para São Paulo. Foi resolvido agora definitivamente. Ainda tenho que terminar um trabalho aquí e depois vou logo para lá. Estou muito contente e certo, que poderemos realizar e conseguir muita coisa interessante e iniciar uma colaboração estimulante e produtiva.

Vou trabalhar muito com MIRELLA e formar um ótimo conjunto de câmara. Você deve animá-la. Ela pode já preparar muita coisa: BACH, DEBUSSY, HINDEMITH e mais solos de harpa. Quero realizar um concerto interessantíssimo em São Paulo.

Você já falou com ARTUR sobre o negócio de mimeógrafo? Formando o grupo MÚSICA VIVA em São Paulo, talvez poderia-se conseguir um mimeógrafo para a edição de obras maiores, cuja impressão ficaria muito cara. Mesmo as cópias à mão são caras em comparação ao mimeógrafo, que tira inúmeros exemplares. LORENZO FERNÂNDES e VILLA-LOBOS compraram um agora para o CONSERVATÓRIO BRASILEIRO resp. para a SEMA.

A propósito de cópias: eu gostaria de mandar ao CLAUDIO ARRAU suas sonatinas e a TOCATA. ARRAU tem muito interesse pela música contemporânea e é um grande amigo de MÚSICA VIVA. Se Você pode arranjar cópias dessas obras, vou mandá-las a ele.

LUIZ HEITOR, parece, vai, no mês de Julho, para ao Estados Unidos, onde permanecerá mais ou menos um ano.

Quando Você pretende vir ao Rio? O concerto na CULTURA ARTÍSTICA ainda não está fixado?

Esperando notícias suas, mando lembranças nossas à sua senhora e para Você um forte abraço de seu amigo

Koellreutter

Carlos Kater

Anexo 7

"Manifesto Música Viva 1945"

Como mencionado anteriormente, não foi possível assegurar que tenha ocorrido de fato a publicação do *Manifesto 1945*. O documento que reproduzimos a seguir foi encontrado sob a forma de texto datilografado e contendo várias correções manuscritas à lápis com a caligrafia de Koellreutter. Em consulta pessoal, ele revelou não se recordar de uma possível veiculação do texto, tampouco da existência do próprio documento. Somente após a sua leitura e alguma conversa, ele atribuiu a si mesmo sua elaboração. Muito provavelmente esse *Manifesto* tenha servido apenas como um elemento de reflexão e "prova" de algumas das idéias centrais que foram posteriormente incluídas, de maneira mais sintética e objetiva, no *Manifesto 1946*.

Diante porém de sua importância musicológica, ao menos enquanto "situação ponte" entre dois estados particulares de consciência, representados pelos manifestos de 1944 e de 1946, e de seus respectivos impactos diretos e indiretos no ambiente musical brasileiro, reproduzo-o aqui na íntegra.

Música Viva

Manifesto 1945 [49]

Mais um período de transformação registra a História. Atravessamos o momento em que se processa um dos maiores movimentos da Humanidade.

Essa transformação que é tanto social como espiritual, tem por meta a liberdade de expressão e de pensamento, o advento de uma época em que, pela primeira vez na História, todos os homens poderão viver humanamente.

Surgirá um mundo do primado do social que substituirá o do primado do individual, e, de Estados que representarão a vontade do povo, emergirá uma arte que será mais do que nunca, a concretização das idéias e do pensamento da comunidade.

Repercutindo em todas as camadas sociais, essa transformação fará com que o homem deixe de agir como "homem econômico", que procura obter o máximo com um mínimo de esforço, para agir como "homem social", que procura obter o que lhe é de direito dentro da sociedade em que vive. E, o povo, passando então a ser formado de "homens sociais", perderá a sua condição passiva e de atividade ocasional, para tornar-se uma entidade dinâmica em lugar de estática.

Consciente dessa revolução espiritual que se alastra por toda a terra, e compreendendo os imperativos desse mundo novo, o grupo "Música Viva" exige uma atitude do artista, e em especial do músico, essencialmente modificada em face da comunidade, condenando a mentalidade individualista do músico romântico e apelando para o "homem moderno", e estabelecendo as diretrizes para a criação de uma música livre e nova num mundo livre e novo.

---

49. Exemplar datilografado, 7 páginas, em papel poroso, formato ofício, com anotações manuscritas à lápis, do próprio Koellreutter. Documento localizado no acervo pessoal de Gení Marcondes em 1989. Não há absolutamente nenhuma menção feita à ele na bibliografia especializada.

Das artes — da música — dos artistas

A arte é a sublimação dos sentimentos da coletividade, e as diversas forças de expressão artística são a concretização das aspirações, desejos e idéias de uma determinada sociedade. O artista, produto do meio, exprime o que a coletividade sente, e constroe assim as bases sobre as quais se processa a evolução da humanidade.

A arte deixará de ser sinônimo de belo, para ser também sinônimo de útil. O artista, adotando os princípios de arte-ação, "abandonará como ideal, a preocupação exclusiva de beleza, de prazer desnecessário e a intenção estúpida, pueril e desmoralizadora de criar a obra-de-arte perfeitíssima e eterna". Colocará como princípio da sua estética o PRINCÍPIO DA UTILIDADE. [50]

Conscientemente o artista criará o belo para o útil, isto é, uma obra de arte que satisfaz uma necessidade humana, porque somente assim ela poderá subsistir. Toda a arte de nossa época que não se organizar diretamente sobre o princípio da utilidade, mesmo aquela que procura atingir os valores eternos, será vã, diletante, pedante e desligada do real.

O artista não viverá mais num mundo segregado — não será mais o "grande homem" no sentido romântico. Será simplesmente um homem do povo, que vive para e pelo povo.

Acreditamos na música como a única linguagem universalmente inteligível, capaz de criar um ambiente real de compreensão e solidariedade (entre os homens), e que o nacionalismo (em música) constitue um dos grandes perigos, dos quais surgem as guerras e as lutas entre os homens; pois

---

50. Embora não sinalizada, esta é uma citação de Mário de Andrade, de quem Koellreutter empresta também o conceito (Princípio de Utilidade), do livro já mencionado. No parágrafo seguinte e em outros, a voz de Mário poderá ainda ser ouvida, embora sem referência nominal.

consideramos o nacionalismo em música, tendência puramente egocêntrica e individualista, que separa os homens, originando forças disruptivas.[51]

O grande fim socializador da música nova é a universalização.

Da educação artística – de uma mentalidade nova – de um novo estilo

Colocamos acima de tudo a educação, considerando-a a base para qualquer evolução no terreno artístico e para a formação de um nível alto coletivo.

Educados na mística do 'ego', no conceito da individualidade, fomos preparados para viver numa organização social decadente. Resulta dessa educação um nível coletivo baixo com apenas alguns valores individuais, que se distanciam cada vez mais da compreensão da maioria, segregando-se em elites prejudiciais à coletividade e à evolução da humanidade.

Combateremos portanto a educação que visa a formação de tais elites e exigimos em primeiro lugar uma educação que vise um nivel alto coletivo, condição essencial a toda evolução que permita a massa compreender as manifestações do espírito humano. [52]

A técnica desenvolveu tremendamente as possibilidades de divulgação das manifestações do espírito humano. Muitas vezes, porém, a técnica foi além das possibilidades de assimilação do homem, porque a educação não se desenvolveu paralelamente.

---

51. O tom das ponderações feitas aqui sobre a "música nacionalista" tem claro paralelo com aquele referente à "música dodecafônica", tal como verificado na *Carta Aberta*, de Guarnieri. Observamos em particular o posicionamento crítico frontal que os autores assumem diante dos nacionalistas musicais, que praticamente 5 anos mais tarde responderão virulentamente, pela assinatura de Guarnieri. Tendência que separa os homens... "forças disruptivas" é expressão que figurará no Manifesto 46 e também na Carta Resposta à C.Guarnieri, em 1950 .

52. Para melhor apreciarmos esta colocação, vale lembrar aqui o significado da função social do compositor, expresso por Koellreutter em outros textos da época: *"O artista-criador é o arquiteto do espírito humano"*, expressão emprestada de Stálin, segundo ele mesmo em outro texto.

A verdadeira finalidade dos meios técnicos de divulgação é a instrução.

No entanto, esses meios — rádio, cinema, gravação, imprensa — apesar de constituirem uma magnífica oportunidade para os autores e executantes atingirem as grandes massas, e para a massa de tomar contato com a criação contemporânea, 'atrazam' a divulgação das manifestações do espirito humano, voluntária ou involuntariamente. Resulta disso uma distorção, pois que:

a massa tem aproveitamento muito menor do que realmente poderia ter, se nesses meios de divulgação tivessem uma orientação mais justa e lógica; e a coletividade continua ignorantemente instruída.

O povo, principalmente pela crescente utilização dos meios mecânicos de difusão, formidáveis conquistas da ciência, absorve indistintamente ensinamentos bons e medíocres, e, não tendo ainda desenvolvido o espirito de seleção e critério, forma uma mentalidade caótica.

Um dos resultados dessa mentalidade é a atitude do povo em geral, para com as manifestações do espirito humano -particularmente para com as artes-, a atitude de indiferença.

Tal atitude é resultante da facilidade de conhecer sem esforço uma obra musical, torcendo-se simplesmente um botão de rádio ou tocando-se um disco e da ausência de qualquer dispêndio de energia, pois na música, mais do que em qualquer outra arte, a compreensão só é possivel pelo esforço ativo. A recepção passiva não basta e produz junto com a falta de critério na seleção de programas radiofônicos, a apatia completa da massa, em lugar de produzir amor e compreensão pela arte.[53]

---

53. Villa-Lobos chegou também a dividir pontos de vista muito semelhantes sobre esse mesmo assunto, bem como L. Gallet em seu texto "Reagir", editado no Anexo 2.

Música Viva

Em face dessa situação consideramos essencial para o ensino musical:

1. educar a coletividade utilizando as inovações técnicas a fim de que ela se torne capaz de selecionar e julgar o que de melhor se adapta à personalidade de cada um dentro das necessidades da coletividade;

2. combater o ensino baseado em opiniões pré-estabelecidas e preconceitos aceitos como dogmas;

3. reorganizar os meios de difusão cultural.

Exigimos maior critério na organização dos programas e a substituição de uma grande parte de irradiações de gravações por recitais de música sinfônica e de câmara, a fim de que o músico profissional não continue prejudicado.

Vivendo no primado do social, devemos socializar em primeiro lugar as manifestações mais elevadas do espírito humano e fazer com que estas deixem de ser apanágio de uma certa classe para pertencer (para tornarem-se bem comum) a toda a coletividade.

O povo educado por convenções doutrinárias e acadêmicas, prejudiciais à evolução cultural, não conseguirá compreender as manifestações do espírito humano.

Afastando-se o publico da criação contemporânea, esta tornou-se privativa de um certo grupo de pessoas privilegiadas.

Por isso, exigimos a substituição de convenções, sancionadas pela lei do mínimo esforço, por leis baseadas em fundamentos científicos-físico-acústicos- a fim de que a força criadora se possa desenvolver livre e seguramente, independentemente de preconceitos estéticos.

Consideramos essencial a substituição do individualismo e do exclusivismo pelo coletivismo em música, preconizamos para o ensino musical as formas coletivas do ensino: canto orfeônico e conjunto instrumental.

Preconizamos a realização de cursos coletivos e de congressos de classe.

Lutaremos pela destruição do 'l'art pour l'art', a serviço de um virtuosismo exagerado, sinal de decadência artística, substituindo-o pelo lema 'a arte pelo útil' e pelo músico que sirva a obra.

Combateremos o amadorismo na profissão, o espírito de improvisação e a tendência para o "fácil triunfo" tão comuns em nosso meio, colocando em seu lugar, trabalho, estudo, pesquisa, crítica e livre discussão, colaboração e cooperação.

Combateremos a crítica superficial e reacionária por falta de conhecimentos e a crítica transbordante de "superlativos", e exigiremos uma crítica franca, construtiva e livre, fundamental para a evolução cultural de um povo.

Combateremos a confusão de valores estabelecida pela ignorância e pelo partidarismo.

Preconizamos um novo estilo em música, anti-formalista, claro e vigoroso, criando uma polifonia num sentido absoluto, baseada na compensação entre grandes tensões harmônicas e melódicas que garantam o equilíbrio da construção musical, como os pilares garantem a estabilidade das construções de aço e cimento, estilo esse que constituirá a concretização de uma idéia científica.

Preconizamos um estilo elementar e primitivista, porque somos 'necessariamente' primitivos, filhos de uma nacionalidade que se afirma e de um tempo que está principiando.

Preconizamos a criação de formas novas que correspondam à exigência do coletivismo, como o oratório, com a participação ativa da massa, do público espectador, a renovação do teatro musical pela tragédia coral , e o bailado de conteúdo social [54], despertando o sentido de coesão na massa e

---

54. É flagrante, em particular nestes dois últimos parágrafos, a influência do pensamento de Mário de Andrade sobre as idéias de Koellreutter.

aproveitando os motivos que são fornecidos pelo progresso técnico-industrial de nossa época.

Preconizamos a liberdade da forma musical, trazendo em conseqüência a anarquia formal; pois anarquia é o absoluto da forma, porque é o absoluto da ordem e da organização, considerando que, num Estado chegado à anarquia, não há mais governo, não por motivos exógenos, mas porque não há mais necessidade de governo, pois que o povo está de tal maneira educado e organizado que não precisa mais de uma forma governamental. E assim a anarquia é a organização na sua forma mais perfeita.

Da música brasileira

Considerando premente a necessidade de emancipação da música brasileira contemporânea, a sua libertação de influências que limitam sua expressividade por cânones pré-estabelecidos, que não se adaptam ao caráter do povo brasileiro, novo e em formação, torna-se imprescindível uma educação baseada em elementos vernáculos e a criação de formas novas também no terreno da música nacional, que exprimam o sentimento do povo, porém formas puras, absolutas, universalmente inteligíveis.

Queremos criação em lugar de adaptação e combateremos o abuso do material folclórico como base da composição musical vestido com as intenções expressivas do verismo italiano, com as fórmulas do colorismo russo-francês e com o "blusf" orquestral do néo-romantismo alemão. [55]

---

55. Observações de natureza próxima já haviam sido estabelecidas no boletim *Música Viva*, n.7/8, 1941, p.1. Reitero aqui a sugestão de leitura de *O Banquete*, de Mário de Andrade, onde numa farta e poética discussão, são apresentadas essa e outras problemáticas correlatas, notadamente através das falas dos personagens Janjão e Siomara Ponga, dignos porta-vozes da situação respectiva do compositor e do virtuose da época.

Combateremos o individualismo da classe musical no Brasil, que deve ser substituído por um espírito de cooperação.

Preconizamos uma aplicação mais completa da música mecânica -rádio, film sonoro, disco- na criação musical brasileira.

Devemo-nos reunir, colaborar, devemos trabalhar e construir erigindo o banal de uma nova época, época de solidariedade e compreensão em que "A finalidade do mundo é o desenvolvimento do espírito, e a primeira condição para o seu desenvolvimento é a liberdade".

Grupo "Música Viva"

Música Viva

Anexo 8

"Carta de C.Santoro a H.J.Koellreutter" [56]

Fazenda Rio do Braço, 28 de Janeiro de 1947

Sr. H.J.Koellreutter

Caro amigo:

Não respondí sua carta porque pensava encontra-lo no Rio quando la estive por ocasião das eleições. Mas tal não foi a minha sorte. Você havia embarcado no dia em que cheguei.

Espero que vocês estejam passando boas ferias.

No Rio estive com Krueger e Guerra Peixe, tendo recebido do Guerra 11 revistas "Musica Viva". Tive uma otima noticia em saber que o Krueger está no Partido e que Guerra iria votar na nossa chapa integral. É de fato um grande processo desse pessoal. Krueger principalmente falou-me de seu trabalho no Partido colando cartazes etc. Ouví em casa do Guerra o seu Trio para cordas, gravado aliás não muito bem principalmente pelo Cameriní.

---

56. Correspondência de Cláudio Santoro para H.J.Koellreutter, de Lavrinhas/SP, 28/1/1947, datilografada em 3 páginas, em papel formato A4, com impressão no canto superior esquerdo: "GRUPO 'MUSICA VIVA' / Rua Ministro Viveiros de Castro, 119 / Apt.901-Copacabana-Rio de Janeiro-Brasil". Leva ao final a assinatura de Santoro. A ortografia original e a formatação geral foram mantidas, as rasuras desconsideradas.

Gostei do 2° movimento. Acho o melhor construido e tambem mais intimista e expressivo. Os dois outros se parecem muito na construção um pouco cortada e as vezes um pouco carregada aliás muito do Guerra, esta maneira de escrever em grandes acordes, fortemente carregados. No geral o Trio é bom e das cousas que conheço do Guerra é das melhores. Naturalmente, sente-se muito a luta interior pela libertação de sua linguagem para se firmar o mais pessoal possivel. É a eterna luta... Esta apreciação não quero dizer que seja bôa é apenas a impressão que tive ouvindo mais de uma vez, bem como, vendo a partitura.

Quanto a revista fiquei um pouco decepcionado... Não fique zangado comigo. Mas como sabe sou sempre franco e digo o que penso principalmente á você que sabe ver em minhas palavras não uma critica personalista (sem a pretenção do mestre) mas uma impressão puramente baseada em principios e sem pretenções. O Artigo do Lange bom, o seu faço restrições que somente pessoalmente quero pedir explicações a você antes de dar opinião definitiva. Aliás quanto a parte que me toca é bastante condescendente e leva a conclusões que não mereço tanto. Enfim conversaremos no Rio a respeito. Quanto ao Manifesto estou em alguns pontos de vista em pleno desacordo. Como sabe ignorava este porque não compareci na sua discussão embora dissesse a você que assinava de qualquer maneira. Mas discutirei tambem com você pessoalmente. Existem contradições no Manifesto que trarão muito aborrecimento á nós. Outras cousas não estão claras embora compreenda e esteja de acordo, como por exemplo, o final da primeira frase — "produto da vida social" não diz bem o nosso pensamento. Pode ser interpretado de outra maneira. Não acha? — Não concordo com a segunda frase e não tem explicação muito clara a sua significação quando aparece. Porque "super-estrutura de um regime cuja estrutura"? Você quer chegar a conclusão que a arte musical é uma cousa material porque é super estrutura de um regime qualquer...Ou porque é super estrutura dos sentimentos da coletividade, é por força uma manisfestação material? Naturalmente que toda manifestação artistica tem que ser atravez de alguma cousa material pois do contrario não existiria para nós homens... Logo possuir uma estrutura ou super estrutura está claro no sentido formal;

Música Viva

mas não em relação a estrutura de um regime, isto é sugeita ás modificações dessa mesma estrutura digamos politica?....Não concordo. Tenho no momento um conceito de forma que explicarei mais adiante á você que entrarei em discussão por carta e o quero o mais urgente que for possivel. Quanto ás transformações na linguagem no sentido de evolução estou de pleno acordo mas, não com sentido formal. Continuando temos — "A arte musical é o reflexo do essencial na realidade". Creio em grande parte ter explicado o meu ponto de vista no periodo anterior, ela só poderá ser arte atravez de uma realidade material, está claro e subtentido. Ou estarei talvez interpretando mal? Não acredito no topico seguinte, a arte evolui não em função da produção material, que evolui, mas em função da propria necessidade que o individuo ou a coletividade sente em se expressar por novos meios em função da propria creação e da lei de evolução natural, mas não em função da produção material. Ela não está sujeita unicamente a produção material, embora possa sofrer uma influencia na transformação <u>do meio</u> pelo qual ele pode se expressar, no caso presente novos instrumentos eletricos etc. Quanto ao seguinte periodo está claro. Mas creio que não muito claro em relação ao que se precede. Quanto ao periodo que diz "o artista é produto do meio" etc., você sabe que não ponho isto como condição "sine qua non" acho que é "isto" mais "aquilo", por esta razão prefiro dar a musica a seguinte definição "Musica — como todas as artes — é a manifestação de idéas e sentimentos atravez da sencibilidade de um individuo, sofrendo como é natural a influencia das suas relações com o meio ambiente ou social".

Quero dizer em que muito estou de acordo com a sua definição fazendo apenas pequenas restrições do meu ponto de vista. No periodo que você fala : — "compreendo que a tecnica da musica e da construção musical <u>depende</u> da técnica" etc. Não, <u>depende</u> de técnica da produção material. Acho que depende <u>tambem</u> , mas, não tão somente. No restante estou de pleno acordo, neste periodo. Quanto ao resto discutiremos noutra carta ou pessoalmente, pois esta ja se está tornando comprida demais, e ainda quero expôr á você meus conceitos de forma. Tenho pensado muito no sentido de forma mas tambem sobre o mesmo aspecto dos princípios tecnicos da composição que você aplica para seus alunos. Quer dizer assim como a tecnica tem um sentido lato para a aplicação ou melhor para o desenvolvimento da personalidade creio que assim tambem deve ser o conceito de forma. Ora, assim pensando devemos tambem estabelecer certos principios (não dogmas nem formulas) que tendo um sentido lato favoreçam a livre expansão formal na obra de arte, mas que ao mesmo tempo sejam baseados em leis que nos fornece a propria natureza, que não deixa de ser uma grande esteta e uma grande creadora de obras de arte. Observando a natureza você pode constatar que o panorama ou o quadro que ela nos apresenta em conjunto tem sempre umas certas caracteristicas ou melhor em sua "super-estrutura" você observa certos principios que dão ao todo um <u>equilíbrio</u> imutavel. Ela se transforma, porem creando outros <u>contrastes</u> que no todo formam a obra. Quero dizer que em se tratando de estrutura nós temos portanto como principio formal a lei do contraste. Ora, ja na forma Sonata observamos que este contraste embora não sendo fundamental da forma aparece e lhe dá o equilibrio total. Porque não dar a "Forma" no sentido lato o principio de contraste ou contrastes, sobre um plano principal? É isto que em grande parte temos feito ou procurado fazer, mas não dando muitas vezes como plano geral a importancia que talvez se deva dar. Creio que este principio que tem um sentido muito lato, pode ser desenvolvido e pode ser aplicado de um modo geral, estando o artista livre para conceber a sua forma, sempre dentro deste principio fundamental que, abrangendo a estrutura ou "super-estrutura" da obra, possa trazer um equilibrio e uma unidade em seu todo. Pode ser que esteja pensando cousas que você ja conheça, mas para mim são luzes novas, pelo menos em importancia para o todo da obra. Tentava isto mas não com um conceito formado sobre sua verdadeira aplicação. Não sei tambem se estou errado, por isso mesmo falo a você livremente para saber o que pensa a respeito. Aliás pode ser que esteja pensando cousa velha, mas não deixa de ter um certo interesse. A serie dos doze sons tem em si tambem este principio com seus inversos que não deixam de ser contrastes melodicos e harmonicos? Você observa nos pintores contemporaneos este mesmo principio de grandes contrastes dentro de um determinado plano principal.

Música Viva

Tenho o Picasso ao meu lado e noto em linhas gerais esta verdade. Muita gente se assusta não tanto pelo contraste mas pelo tema que muitas vezes rude, lhes fere suas "sucetibilidades".... Ora muitas vezes observo nestes quadros que se se tirar justamente o grande contraste que aparece na obra esta perde o equilibrio. Então, está claro que o que lhe dá esse equilibrio é justamente essa – digamos assim – dissonancia...

Extranhei muito não estar o artigo do Darmangeat, tanto assim que não poderei mandar um exemplar para ele, porque nem siquer no anuncio dos proximos artigos você menciona o dele. Não fica bem, depois de ter-lhe dito que sairia no primeiro numero, enviar a revista, quando nem siquer se faz menção sobre o assunto. Porque? Você não pretende publica-lo? Creio que deve haver esquecimento.

Quanto ao dinheiro diga-me quanto precisa e quando vae precisar para enviar. Recebeu o meu telegrama? E tambem foi entregue um para o Alimonda em seu apartamento?

Caro amigo não fique aborrecido pelas minhas opiniões. Você sabe muito bem compreender estas cousas. Ninguem melhor do que você gosta de discutir problemas, pois é da discussão que nasce a luz.

Tenho composto muito, mas não tanto como no ano passado. Estou quase terminando um Quarteto para cordas e espero logo mostrar a você. É muito linear e mais simples que o primeiro. Creio que consigo um melhor desenvolvimento do que tambem no anterior. O contraponto creio que você vae gostar mais e quanto a forma é mais bem acabado do que a "Musica 1946" para cordas. Creio tambem haver muito mais unidade do que nas minhas obras anteriores. Escrevi tambem quatro novas canções continuando a serie da "Menina Exausta". Fiz tambem um novo Preludio para Piano. Tenho alem disso trabalhado na Ode á Stalingrado. Por sinal que consegui resolver alguns dos problemas para o canto coral, mas esta obra caminha muito devagar.

Caro amigo ja tomei bastante do seu tempo, e não quero mais incomoda-lo. Só quero dar-lhe os parabens pelo belo discurso que pronunciou no encerramento de seu curso de composição e que me enviou. Foi uma pena não assistir aos concertos realizados.

Quanto a politica estamos de parabens pelas vitorias alcançadas pelo meu glorioso partido no Distrito Federal e em São Paulo. Estamos de fato progredindo.

Estive no Rio e participei como fiscal do partido nas eleições e fiquei muito satisfeito com o cargo. Contar-te-ei algumas passagens quando estiver aí no Rio.

O meu assunto com a França parece que vae caminhando bem, pois o Charles Munch escreveu a carta que esperava diretamente para o Embaixador Francês e alem disso estive agora no Rio com madame Mineur entregando-lhe uma carta otima que Lange escreveu para ela recomendando-me.

Quanto as obras para enviar a Itália e a Suíça, bem como para a Editora, gostaria de saber quantas obras devo enviar para a Editora e tambem a sua opinião a respeito sobre quais as mais convenientes?

Sem mais lembranças a todos vocês e receba um forte abraço, do amigo sincero,

Claudio Santoro

Você entregou o "Prelúdio" que enviei para a Eunice Catunda? Que tal achou? [57]

---

57. Esta última frase está manuscrita.

Música Viva

Anexo 9

Apelo
votado por unanimidade pelo IIº
CONGRESSO DE COMPOSITORES E CRÍTICOS
MUSICAIS EM PRAGA [58]

O 2º Congresso Internacional de Compositores e Críticos Musicais organizado pelo Sindicato dos Compositores Tchecos de 20 a 29 de Maio de 1948 em Praga, adotou por unanimidade a seguinte

RESOLUÇÃO

1 – O Congresso agradece ao Sindicato dos Compositores Tchecos ter organizado o 2º Congresso Internacional de Compositores e Críticos Musicais, pois êle abriu o caminho para realização de uma estreita colaboração entre os músicos progressistas de todos os países.

---

58. Texto que se segue às considerações iniciais do "Apelo", publicado no boletim *Música Viva* nº16, de Agosto 1948, p.1. A escrita original foi mantida, corrigindo-se apenas erros evidentes.

2 – O Congresso convida os delegados para trabalhar ativamente em seus países respectivos na realização das diretrizes fixadas em seu Apelo. Os compositores e musicólogos dos países que não estavam presentes ao Congresso – isto é suas organizações ou grupos – serão informados pelo sindicato dos Compositores Tchecos a respeito das deliberações do Congresso e solicitados a trabalhar no sentido dêste Apelo.

3 – O Sindicato dos Compositores Tchecos publicará um resumo dos discursos e resultados das discussões dêste Congresso nas quatros seguintes linguas: tcheco, russo, inglês e francês.

4 – Conforme o Apelo do Congresso e a resolução tomada por unanimidade pela Assembléia Plenária de 29 de Maio de 1948, às 15 horas, o Comitê do Congresso ficou encarregado de preparar a futura Federação Internacional de Compositores e Musicólogos Progressistas.

Cada membro desta Comissão tem o dever de informar os grupos ou sindicatos de compositores e musicólogos progressistas do seu país, dos termos dêste Apelo e da resolução do Congresso. Lá onde tais grupos não existam, fica o membro interessado da comissão preparatória encarregado de o fundar.

Cada organização ou grupo de compositores e musicólogos progressistas de cada país deve designar seu representante para a Comissão Preparatória da Federação Internacional de Compositores e Musicólogos Progressistas e comunicá-lo ao Sindicato de Compositores Tchecos:

Eisenhowerova 20, Praga XIX – Bubenec, antes de 31 de Julho de 1948.

Deve, igualmente nesta data, informar o Sindicato do Estado dos trabalhos preparatórios.

O Sindicato de Compositores Tchecos convoca a Comissão de preparação para uma sessão em Praga em 29, 30 e 31 de outubro de 1948.

Música Viva

5 — A tarefa da Federação Internacional de Compositores e Musicólogos Progressistas consistirá em:

a) realizar praticamente as idéias contidas no Apelo do Congresso;

b) convocar cada ano um Congresso internacional de compositores e musicólogos progressistas;

c) editar os trabalhos e ensaios musicológicos, preconizados o emprêgo de métodos progressistas para resolver os problemas da composição musical;

d) editar os trabalhos de composições vocais e instrumentais e de cantos de massa de compositores de todos os países, inspirados nas novas tarefas sociais da música;

e) organizar concursos internacionais de óperas, cantos de massas etc. que correspondam às idéias enunciadas no Apelo do Congresso.

Pela Comissão de iniciativa do II° Congresso Internacional de Compositores e Críticos Musicais:

A.Estrella / Brasil, V.Stojamov / Bulgária, St.Lucky, Fr.A.Kypta, Dr.Jar. Tomásek, Dr.A.Sychra / CSR, Roland de Candé / França, Alan Bush, B. Stevens / Grã-Bretanha, M.Flothuis, Dr.Rebling / Países Baixos, O.Danon, N.Devcic / Yugoslavia, Dr.Sophie Lissa / Polonia, Hans Eisler / Áustria, Dr.A.Mendelssohn / Rumania, T.Chrennikov, B.Jarostowskij, J.Chaporine / URSS, Georges Bernard / Suíça, Dr.D.Bartha / Hungria.

Anexo 10

Problema da Música Contemporânea Brasileira em face das Resoluções e Apêlo do Congresso de Compositores de Praga [59]

Claudio Santoro

RESUMO DAS CONFERÊNCIAS E DISCUSSÕES

Traçarei um resumo das intervenções mais importantes realizadas durante o "2º CONGRESSO INTERNACIONAL DE COMPOSITORES E CRÍTICOS DE MÚSICA", realizado em Praga durante o "Festival", em Maio, destacando o que foi discutido de positivo e concreto para chegar ao "Apêlo e Resoluções" em questão. O "Apêlo" e as "Resoluções" foram votadas por unanimidade na Assembléia Geral.

O primeiro discurso importante foi de Alan Bush que expôs o tema da Decadência da música contemporânea, tema esse predominante nas principais conferências. Bush fez uma análise marxista da evolução do conteúdo musical,

---

59. *Fundamentos*, n°3, v.2, Ago./1948, p.233-240. A ortografia foi atualizada mas a forma de escrita, nomes próprios e apresentação geral do texto foram mantidos conforme a publicação original.

Música Viva

comparando-a ao desenvolvimento da sociedade. Expôs algumas considerações científicas sobre a reação produzida por determinadas obras que ora têm seu lado negativo, ora positivo. Apoiado pelo exemplo que uma obra de conteúdo pessimista, abate o ânimo, ao passo que outra de conteúdo otimista, impulsiona o indivíduo provocando desejo de ação, ao contrário do primeiro caso que provoca um relaxamento muscular e leva ao pessimismo. Diversos estudiosos participam desse ponto de vista aplicado às artes, que tem contribuído para o desenvolvimento das novas idéias estéticas materialistas. Esta conferência foi um dos pontos altos do congresso. Não estou porém de acordo com as proposições que ele formulou como conclusão à sua exposição de motivos. Propõe ele a criação de uma obra de arte sem preconceito de unidade temática e sim a pluralidade de temas e tons ligados entre si por certos pontos de contato técnicos. A isto, objetei que havia um grande perigo para a unidade formal da obra em si, ao que ele confessou que suas experiências estavam muito no começo. Enfim o lado positivo de sua análise foi apontar a importância do impasse em que se encontra "toda arte burguesa", impasse que não é nada mais que o reflexo da decadência em que se acha esta classe ainda dominante.

Alois Aba, comunista convicto, mesmo filosoficamente contrário ao materialismo, pois é místico e antroposófico (de Steiner), tem um ponto de vista confuso. Procura a solução do problema dentro da sua escola em quarto de tom. Sua posição foi atacada por Eisler, provando este, que mesmo teoristas físicos de convicção religiosa, como Einsten, condenam o antroposofismo com teorias da física moderna que estão muito perto do materialismo.

A conferência de Eisler, dodecafonista e ex-aluno de Schomberg, condenou a influência estética schomberguiana e o neo-catolicismo de Strawinski. Em linhas gerais falou com entusiasmo de algumas obras de Schomberg, mas deu a entender que sua estética e sua técnica foram boas somente para ele. Fixou também o quanto tem de negativo para nós o caracter de "Medo" na obra deste mestre genial tem negativo. Pois seu estilo expressa muito bem esse cunho psicológico de terror, histeria, pânico,

264

desespero, etc. E esse estado é negativo e condenável, numa sociedade nova e cheia de esperança no futuro e no bem estar da humanidade. Mendelsohn, compositor Rumeno, expôs o lado positivo da obra de Schomberg: ajudar e demonstrar a desintegração da sociedade burguesa. Eisler falando de Strawinski, fez lembrar-me a opinião que têm sobre este grande mestre os jovens atonalistas franceses: desaprovação completa de suas tendências neoclássicas, assim como Schaporim (compositor soviético) que condena a fase do após "Oedipus Rex". Eisler caracterizou o neoclássico e o neocatolicismo de Strawinski, "como uma espécie de pessoa que não fala nem muito alto nem muito baixo e que procura imitar o ator que representa o papel de grande banqueiro"... "Estas duas escolas buscam relações sólidas de maneira vã; o que representa a técnica dos 12 sons em Schomberg, é a imitação dos estilos em Strawinski. A metafísica e ao misticismo dos números, responde o formalismo e o neocatolicismo de Strawinski. Eisler acha que estas duas escolas são no fundo idênticas, variando apenas em nuances. Terminado, citou Hegel numa de suas conferências sobre estética".

Enfim estes dois compositores e suas influências nas gerações posteriores, não solucionaram o problema musical, pelo simples fato de estarem desligados daquilo que é a razão da evolução da arte, isto é, a evolução social. Distanciados desta verdade, não puderam compreender o fenômeno e todas as contradições existentes, pois vivem num mundo à parte, fechados num laboratório, impossibilitados de ver fora de si mesmos. Suas escolas não puderam ser desenvolvidas e sim imitadas pois estavam longe de um conteúdo realmente novo. Este informe colaborou para o "Apelo" final, pois mostrou a verdadeira fraqueza da música contemporânea: a sua falta de conteúdo; demostrou mais uma vez que o problema não é um problema técnico e sim um problema de conteúdo, e fez ver o que de estéril contem todas as discussões técnicas quando na realidade é um problema de conteúdo. Portanto, grande é a importância desse "Apelo", lançado pelos compositores progressistas reunidos em Praga, aos seus colegas do mundo inteiro, onde fazem autocrítica, e pedem um trabalho que venha de encontro aos anseios da sociedade nova, aos anseios da classe laboriosa, e que seja a expressão

Música Viva

da verdade cultural popular, arte para todos, arte com raízes no povo e nas tradições nacionais.

FORMALISMO

Procurarei esclarecer o problema sobre o Formalismo que foi debatido no 2° Congresso Internacional de Praga. As informações nos foram fornecidas por dois compositores e um musicólogo da delegação soviética no Congresso: Krenikov, Shaporin e Tarastov.

"Formalista" é toda arte abstrata e desligada da realidade social, desprovida de uma base sólida de cultura popular. Estas conclusões não foram uma imposição governamental e muito menos partidária, como a máquina de propaganda difundiu. O que se conhece no mundo ocidental é apenas o final de uma grande batalha que culminou numa assembléia em que todo povo da U.R.S.S. tomou parte ativa com tanto ardor e interesse, como o faz nas discussões dos planos qüinqüenais. O motivo, foi a ópera Moradeli, que recebera uma crítica muito severa. Esta não foi a razão, foi apenas uma das causas que deram início à luta já preparada há muito tempo. Abriu-se a discussão com a crítica do público, que aos poucos ganhou os conservatórios e sociedades musicais. Realizaram então uma grande assembléia, na qual tomaram parte todos os compositores da União Soviética. Depois de discutirem durante várias semanas, chegaram a diversas conclusões, que em muitos pontos se assemelham as que foram também assentadas pelo Congresso de Praga. Estas conclusões foram levadas ao Bureau cultural do Comitê Central do partido, pelos compositores e, finalmente, transmitidos ao povo por Zdanov.

Foi analisado todo um passado de experiência em que as contribuições, as mais diversas, vieram desde um Prokofiev a um Krenikov, para citar somente duas gerações. Hoje, o problema apresenta-se de um modo claro. Todas as demissões de Shostakovich, Prokofiev e Katchaturian são falsas, pois continuam em seus postos de ensino e atualmente acham-se na Casa dos Compositores somente compondo. Cada um deles prepara uma obra nova, da qual espera-se a realização de algo novo como conteúdo, algo realmente revolucionário, que há muito vêm procurando honestamente realizar: o conteúdo do "realismo socialista", que já foi atingido nas obras de alguns escritores soviéticos. O conceito dos compositores soviéticos é o seguinte: tomar como ponto de partida uma época que constituiu um período áureo na manifestação artística de uma classe, para daí tirar conclusões com o aproveitamento da cultura popular, desenvolvendo-a com um sentido revolucionário e partindo por um novo caminho.

Não se soluciona o problema desenvolvendo uma arte que constitui o reflexo de uma sociedade decadente, porque não se pode dar um sentido de construção a essa arte e sim aumentar-lhe a decadência desenvolvendo-a. Não existe manifestação artística desligada da sociedade, pois o artista sempre serve a classe dominante e é por esta razão que a arte nos países capitalistas é decadente. O problema sobre formalismo ainda continua em discussão na U.R.S.S. todo o povo o discute nas fábricas, nas fazendas coletivas, nas escolas. É a primeira vez na história que se nota um fenômeno como este, de um povo maduro culturalmente tomar parte ativa nas discussões e interessar-se por problemas estéticos. Desta maneira a propaganda feita contra a U.R.S.S. fica desmascarada, pois o artista de modo algum está "subjugado" pelo governo, nem pelo partido bolchevista que nada têm a ver com a classificação das obras formalistas feitas pelo povo e sentidas como tais por ele.

Prosseguindo no informe sobre formalismo, ouvimos um dos mais importantes musicólogos da União Soviética, Tarastov que falou sobre a crise da música contemporânea. Acham os compositores soviéticos que esta foi motivada por ter sido desenvolvido somente um dos elementos da música, elemento formal, provocando isto uma hipertrofia. O desenvolvimento deve ser homogêneo e por isto voltaram-se às tradições do século 19, preferindo partir de um período mais puro e sólido que foi o da classe burguesa em ascensão, do que desenvolver um elemento decadente ou a expressão dessa classe em decomposição. Assim procuram resolver o problema da expressão e da forma em conjunto. De fato, antes do advento

Música Viva

do socialismo, o artista dava a impressão de estar na frente e de impulsionar o desenvolvimento da sociedade, porque o povo não estando no poder, ele representava de fato a vanguarda. Mas hoje nos países socialistas, o povo estando no poder, a classe revolucionária está na frente; o artista que marcha ao lado do proletariado, deve estar na linha do progresso e não ao lado das tendências da última fase da burguesia.

Acham eles que a crise da música contemporânea é terrível e devemos voltar à música para o povo, mas não de modo subjetivo, afim de que ela cause boas idéias, incentive as boas ações e seja algo ligado à sociedade. O "Belo" no sentido humanista deverá expressar este novo ideal. Para nós a obra de Schomberg e algumas de Strawinski carecem de "beleza", por não terem contato com a massa, servindo unicamente um pequeno círculo privilegiado. Formalista é assim toda criação segundo o princípio de "arte pela arte" sem olhar a necessidade de achar uma relação entre esta arte e a sociedade em que vive o criador. É comum entre artistas que criam para si próprios declarações como esta "eu sinto assim", não se importando que sua arte seja ou não compreendida. A expressão "minha arte será compreendida no futuro" é uma espécie de consolo com que o artista procura justificar-se. Deste modo fica bem claro que existe duas atitudes: o que escreve sem pensar em ser compreendido e o que procura ser útil com a sua mensagem, buscando uma relação com o povo. Um dos autores lembrados como exemplo foi Béla Bartók: a delegação húngara citou o fato de ter sido contada, há um ano a "Cantata Profana" de Bartók por operários e com grande sucesso. Este grande mestre, de fato constitui sua obra, procurando quase sempre ligá-la com a tradição popular.[60]

* * *

Nós os compositores progressistas, que acreditamos na força nova que é o proletariado, não devemos desperdiçar energias quase inúteis, para fazermos indiretamente o jogo da classe dominante, ajudando a afirmar-se o

---

60. Entra desde aqui o texto do artigo seguinte "Problemas da música contemporânea", parte faltante deste.

conceito de "arte pela arte", participando do movimento abstracionista, colaborando enfim no ponto de vista de que o artista está desligado da sociedade, que ela reflete o seu interior, ficando desprovida de senso e realidade a participação que ele deve ter na luta ao lado do povo e na defesa da real cultura.

Homem e artista é uma coisa só, são um todo que deve ser homogêneo e conseqüente. Os abstracionistas, os expressionistas etc., freqüentemente, como homens, têm idéias mais positivas do que suas obras, cometendo assim um grave erro desligando as duas coisas: sua arte e sua atividade em face do problema social. E é justamente o que deseja a burguesia, ver o artista isolado na sua torre de marfim, desligando sua arte da realidade, desligando-se da vida, porque ela bem compreende a importância da obra de arte em função da luta pelo progresso e pela humanidade. Não é por acaso que são comparados artistas como Sartre e seu existencialismo, pessimista e negativo. Felizmente não é apoiado pelo que há de melhor na intelectualidade francesa, principalmente entre a juventude que está voltada para a causa do progresso e das tradições de luta do seu povo. Não é por acaso que o problema ideológico é deixado de lado. Permanecem em discussões, o mais das vezes, estéreis, dando tal importância a parte técnica de uma obra, a ponto de fazer comparações matemáticas gerando uma série de construtivismo discutidos e explicados com requintes de engenhosidade. O problema fundamental que é o problema estético e ideológico, é quase relegado ao esquecimento. Por exemplo o manifesto Futurista de Marinetti e outros... Esta maneira de encarar a arte, levou aos maiores exageros, e gerou uma série de caminhos super-individualistas e egocêntricos, nos quais a arte não passa de um jogo onde o importante é fazer diferente dos outros, não importando que só o autor o compreenda, ou que até ele não o compreenda...

É tempo já de por o pé em terra e acabar com a concepção de indivíduo criada pela sociedade burguesa, com a concepção absurda do ideal de arte pela arte, da preocupação de fazer escolas de toda sorte de ismos. Nada mais desejam os inimigos da cultura e da arte a serviço do povo que afastamento e isolamento do artista.

Música Viva

O conteúdo mórbido e pessimista da maioria das obras atonais, é negativo, porque leva o ouvinte a estados de contemplação e abatimento moral, tirando-lhe as forças e otimismo para lutar. Este problema que me preocupa depois de 1945, foi objeto de longas discussões com Koellreutter, sem chegarmos a um completo esclarecimento da matéria. Hoje, o esclarecimento está feito, sobre a função que deve ter a obra de arte, e é preciso agora trabalhar nesse sentido, procurando a realidade positiva que deve ter a criação artística. Esta realidade deve ser procurada e fundamentada, por cada povo, por cada nacionalidade, para que esta linguagem, além do conteúdo positivo, reflita também o aspecto característico do povo, baseando-se na canção e ritmo popular. Esta escolha deve ser cuidadosa e não arbitrária como já o foi muitas vezes nos nossos compositores folcloristas, porque a manifestação da massa, nem sempre teve um caráter positivo, por exemplo os cantos dos pretos escravos resignados como sua sorte e inferioridade tem um caráter negativo e apresentam-se para nós somente como um valor histórico social, para o estudo étnico, mas tem um lado perigoso para aproveitamento n'um sentido construtivo. Por isso, aconselho o estudo aprofundado do folclore comparativamente à evolução social, às diversas etapas de luta, para aproveitarmos não só o seu lado positivo, mas também a experiência do seu desenvolvimento histórico. A classe nova não quer <u>destruir</u> ela quer <u>construir</u>.[61] Ajudar a desintegração desta classe velha e decadente, deve ser ao lado positivo desta arte, mas ela corre o grande perigo de que já falei acima e, torno a repetir: fazer o jogo indiretamente desta mesma classe ainda dominante. As resoluções do 2º Congresso Internacional de Compositores e Críticos de Música realizado em Praga, apresentam um caminho a seguir, uma bússola que nos indica se estamos marchando para a frente.

Sejamos conseqüentes com nossas idéias na nossa arte, e não tenhamos receio de proclamar que não é do alto da torre de marfim que falamos ao

---

61. No texto original estas palavras sublinhadas encontram-se grafadas em negrito.

povo, é participando de suas lutas que poderemos refletir, em nossa arte, um conteúdo verdadeiramente democrático social, progressista, na defesa dos justos ideais de desenvolvimento social, em prol da humanidade, da paz e da verdadeira nacionalidade.

Não tenhamos receio de causar a impressão de estarmos dando um passo atrás (como disse a Dra.Lissa, musicóloga polonesa), porque se de fato temos um novo caminho a construir, devemos olhar a realidade e não partir de um sistema decadente, mas de uma etapa que constitui um período de ascensão desta classe hoje superada. O impasse a que chegou a arte abstrata, desligada completamente da realidade, não pode continuar, para aqueles cujo desejo é participar, com sua mensagem, na luta pelo progresso e pelo desenvolvimento da cultura para todos. O absurdo das tendências super individualistas, a preocupação de ser original é estéril e incongruente. Não se constrói pensando em si, mas se constrói pensando realizar algo de concreto para uma finalidade social mais ampla. A história nos mostra fatos semelhantes, por exemplo na época de Bach, representante mais importante do barroco, surgiram novas tendências que pareciam retrocesso, pois não usavam a complexidade polifônica de Bach; na realidade, porém, iniciaram um novo caminho, o sinfonismo com a orquestra de Manheinn, e não preciso lembrar o magnífico resultado que se chegou até os nossos dias.

Assim, se queremos construir algo de novo, notemos exemplos ainda recentes na nossa música de um Glauco Velasques, estudioso pesquisador que queria desenvolver a música baseando seu trabalho no folclore; de um Vila-Lobos e de um Camargo Guarnieri, que realizam em algumas de suas obras algo que ficará, porque elas representam um aspecto positivo, isto é, a influência da canção e do popular, tão ricos em nossa terra. As nossas culturas regionais quase inexploradas, estão esperando que se dê um passo definitivo lançando bases ideológicas, diferenciando dos nacionalistas pelo conteúdo que devemos introduzir e pela conseqüente nova forma a que devemos chegar. A razão pela qual estes compositores não conseguiram realizar uma obra cem por cento para o povo, e de seu valor espiritual, dando a impressão mais de um exotismo, que nasceu da imitação dos

Música Viva

movimentos nacionalistas aparecidos na Europa. A mentalidade burguesa que se aproveita do elemento nacional, em seu próprio benefício, não contribui para o engrandecimento da cultura popular, procurando o equilíbrio entre a chamada música popular e erudita. Tais movimentos pouco adiantaram, no nosso sentido ideológico, e há muito a fazer porque estando desligados dos movimentos de massa, dos movimentos progressistas desligados da evolução social, não produzindo, portanto, maior número de obras de caráter positivo; acertando porém, as vezes, pelo fato de utilizarem um elemento que por ser tão forte e poderoso, se sobrepunha às intenções e conseguia afirmar-se por si só: o elemento da canção popular, o canto expontâneo do povo. Lembro aqui alguns exemplos: o caminho traçado por Vila com alguns "Choros", o de Flauta e Clarineta, e alguns para orquestra; de Camargo lembro os "Ponteios", algumas obras para o canto, sua "Toada" para Orquestra de cordas. Creio que representam caminhos a refletir. (Não é a intenção deste artigo analisar a obra dos compositores brasileiros e a omissão de algumas obras e autores, não quer dizer que os considera num plano inferior em relação ao desenvolvimento da nossa música). Cito dois exemplos para mostrar alguns caminhos. O nosso vasto Brasil é ainda quase inexplorado no seu manancial de cultura popular: o norte, o nordeste, e o sul com seus inúmeros ritmos e canções.

É verdade que a "chance" de Vila-Lobos e de sua geração foi grande porque encontraram esse manancial ainda virgem, o que não mais acontece agora, pois o "Jazz", apoiado pelo capitalismo monopolista norte-americano, invadiu a nação e corrompeu quase completamente a manifestação espontânea e pura da nossa música. Não resta dúvida de que a culpa cabe também, em grande parte, aos instrumentadores que, para "viver", arranjavam-se facilmente aplicando fórmulas harmônicas e instrumentais a maneira americana. É fácil, e soa bem sobretudo ao diretor da companhia de gravações ou ao diretor artístico da Rádio, que fazem parte de empresas monopolizadas e pertencendo direta ou indiretamente ao capitalismo norte-americano. Digo direta, quando sua montagem é financiada diretamente, e indireta, quando o anúncio de seus produtos são pagos em gordas quantias que sustentam as estações de rádio e as mantêm sob o jugo de seus interesses e preferências...

A tragédia é que, sendo o rádio um instrumento importante de propaganda, transmite pelo interior do país, toda esta arte estandardizada e comercial, influenciando os nossos cantores, deformando toda aquela pureza e frescura ingênua nos improvisos dos conjuntos regionais. Tive esta prova quando assisti, há uns 3 anos atrás, a uma audição na Escola Nacional de Música com gravações colhidas no interior de Minas pelo serviço de Folclore. A música era uma canção colhida na rua, de autêntico conjunto regional: uma voz, um violão e uma clarineta. Quando a clarineta começou a fazer o seu improviso a maneira regional, qual não foi a minha surpresa ao notar a semelhança com o que se chama de "Hot" no "Jazz". Isto mostra que mesmo para defesa do nosso patrimônio musical, a solução do problema da nossa independência econômica é o único meio de sair desta escravidão a que estamos sujeitos, impostos pelo mais audaz e cínico imperialismo que conhece a nossa história. Apelo daqui ao nosso povo, para que reaja na defesa da nossa cultura popular, para que ela não seja despedaçada pelo novo inimigo da humanidade: o fascismo disfarçado, o imperialismo americano.

* * *

Só será universal a arte que estiver ligada à tradição e ao povo, porque os povos compreendem-se melhor quando ligados pelas suas manifestações expontâneas e livres, traduzidas na sua simplicidade numa manifestação de arte, que une ao mesmo sentimento de coletivismo e alevantamento, pelo progresso, pela paz e bem estar de seu semelhante.

Música Viva

Problemas da música contemporânea [62]

Recebemos do compositor Claudio Santoro uma carta, da qual destacamos o seguinte trecho:

"Tendo chegado de Paris e desejando agradecer a publicação de meu artigo "Problemas da música contemporânea", venho solicitar uma pequena informação: Lendo o artigo verifiquei ter ele sido cortado, desejando saber o motivo, pois considero importante para o seguimento do mesmo esta parte omitida... Para isto envio uma cópia dos referidos capítulos não incluídos afim de que seja dado uma retificação. A parte faltante entra na página 237 após o período que termina com as palavras '...a tradição popular'."

De fato *FUNDAMENTOS* que teve a satisfação de publicar em seu número 3, Vol.II, o artigo acima referido reconhece ter havido uma omissão de que aliás não lhe cabe a culpa. Não houve corte da redação. O que sucedeu foi o seguinte: os originais que chegaram à redação tinham uma página a menos, precisamente a página a que se refere o compositor Claudio Santoro.

Como o seu artigo era de grande atualidade e como a página faltante não quebrava a unidade do trabalho, nem a seqüência do mesmo, e como não houvesse tempo material para reclamá-la, por se encontrar o articulista na Europa, naquela ocasião, a redação de *FUNDAMENTOS* não quis retardar a publicação do artigo em apreço. Para benefício de nossos leitores publicamos a seguir a página

---

62. Texto originalmente publicado em: *Fundamentos*, n°9/10, v.III, Mar.-Abr./1949, p.187-88. Foram conservados a ortografia e o tamanho diferenciado dos tipos no artigo.

em questão que nos foi enviada pelo compositor Claudio Santoro, com a carta acima referida.

A redação aproveita este ensejo para agradecer ao compositor Claudio Santoro a retificação de seu artigo e o enriquecimento que esse adendo dá à sua excelente colaboração.[63]

"Shaporin lembrou que a resolução tomada, depois de ter sido livremente discutida por compositores e musicólogos da URSS não constitui uma imposição para o mundo, pois é uma questão interna da União Soviética. Quando perguntaram-lhe se a música ocidental era conhecida na URSS, respondeu que nos conservatórios ela é muito mais tocada do que a russa. Esteve de acordo que uma música não compreendida na primeira execução pode vir a sê-lo depois de repetida várias vezes. Quanto à questão do "Realismo Socialista" acha a delegação soviética, que ela pode ser facilitada no seu desenvolvimento pela nova "Sociedade Internacional dos Compositores Progressistas", com as devidas trocas de experiências e documentações que a mesma poderá proporcionar.

Para terminar e ficar bem claro, lembro mais uma vez, o que desejam os soviéticos é voltar a tradição da música russa que esteve ligada à música popular; assim como nós no Brasil devemos seguir o exemplo dos nossos compositores tais como Vila-Lobos ou Camargo Guarnieri. Para alguns, o que parecerá voltar atraz, será de fato ir para a frente, pois nada se constrói sem tradição. E arte desligada do real, portanto de seu conteúdo humano, das tradições de seu povo, não é arte, é mero divertimento pessoal sem lugar na ordem das coisas na comunidade social. Outras conferências reforçaram as idéias que geraram o "Apelo" final, destacando-se: Dra.Sofia Lissa (Polônia), Mendelson (Rumania), Dr.Danon (Belgrado), Dr.Sykra (Praga). Todas essas conferências com base filosófica marxista e portanto de

---

63. Todo o texto até aqui encontra-se em tipo menor do que este que se segue.

acordo em dois pontos fundamentais: 1º) O problema da música contemporânea está no seu conteúdo; 2º) Que a arte de "rótulo avançada", arte abstrata, "arte pela arte" é decadente. Procurarei esclarecer: se a sociedade socialista constitui um progresso sobre a capitalista, se a classe proletária é a classe revolucionária, é necessário que a arte reflita os anseios da nova classe para que seja uma arte progressista. A arte feita nos países capitalistas, reflete a classe dominante, portanto é decadente. Não basta pensarmos que fazendo uma arte desconcertante para o público burguês estamos indo contra os anseios desta classe. É um esforço anárquico e desligado do real, porque fechados num laboratório artístico, desligado do povo e de suas lutas; esta arte refletirá, não uma verdadeira arte revolucionária, servindo a classe proletária, mas um esforço isolado na decomposição da classe dominante e somente isto."

Anexo 11

"Carta de H.J.Koellreutter a C.Santoro" [64]

Rio de Janeiro, 20 de junho de 1948

Meu caro Claudio,

Agradeço-lhe seus cartões de Praga e sua interessantíssima missiva de 6 d.c. Escrevo-lhe hoje apenas para responder às perguntas mais urgentes; pois, você compreenderá que agora, um mês antes de minha partida, o tempo é mais do que escasso.

Naturalmente levaria com prazer seus filhinhos. Acontece, entretanto, que até hoje não sei, se Geni poderá ir; pois ela terá de submeter-se a uma operação em princípios em julho. A operação não é perigosa, mas enjoada e desagradavel. Trata-se de um desarranjo que o parto do Piúca deixou. Tudo, então, depende dessa intervenção cirúrgica. Irei domigo próximo a São Paulo. Logo quando eu estiver de volta, Geni irá para o hospital.

Caso Geni puder, iremos de terceira classe. Reservamos no navio "Francesco Morosini" que partirá no dia 31 de julho. O navio, porém, não fará escala em Marselha ou Cannes; mas sim, irá diretamente para Gênova. Você não acha, que na terceira classe a responsabilidade para nós seria muito grande?

---

64. Correspondência de Koellreutter para Cláudio Santoro, datada de 20/6/1948, datilografada em 2 páginas, papel de cópia, formato A4, sem assinatura (cópia de arquivo). A ortografia e a formatação geral foram mantidas.

Pois, esse navio é novo — fazendo no dia 31 sua viagem inaugural — e não possue cabinas de terceira classe. Bem, Claudio, vocês que acabam de viajar para a Europa devem saber isso melhor do que nós e resolver.

O que você escreve sobre o Congresso de Praga é interessantíssimo. Só gostaria informações mais detalhadas, também para a publicação na "Folha do Povo" — na qual já escrevi a respeito — e em "Leitura". A propósito: recebeu o número da "Leitura" com meu artigo intitulado "Arte dirigida" ?

Estou curiossimo para receber seu artigo. Concordo com tudo que escreve em sua carta. Discordo, entretanto, do "passo atraz". Este não é necessário. O problema social da música pode e deve ser resolvido sem o "passo atraz". E já avançamos muito nesse caminho. Estou convencido que os talentos e os "gênios" encontrarão a solução pela clarificação do material novo — criado pela última fase da música burguesa — pelo "descongestionamento" de processos e por uma organização formal mais simples e mais inteligivel.

Quanto, em nosso proprio grupo, já trabalhamos nesse sentido! O "descongestionamento" de processos — em nosso caso da técnica dos 12 sons — é um fato. Pensei nisso ainda há pouco, quando o Guerra recebeu a maravilhosa gravação de seu "Divertimento" para cordas feita pela B.B.C. de Londres. É possível; não; é certo que não alcançamos o fim. Mas o caminho é certo. Um dia, os compositores ou um determinado "gênio" conseguirá o que nós desejamos.

Não há necessidade de retrocesso. Há necessidade de coragem de ir em frente a atacar os problemas que se apresentam a nós. Eis a minha opinião. Não a fuga é o caminho, mas a luta.

Mas, diga-me, Claudio, quais são os elementos na música que você considera "burgueses"? Em que consiste, segundo sua opinião o "realismo socialista" em música? Precisamos primeiro definir bem os conceitos afim de que possamos discutir. O que é "real", o que é "irreal" na arte musical? Você diz: "... começamos por um novo caminho". Em que consiste esse caminho? Tecnicamente falando, é claro.

Seja franco, Claudio e diga-me: não acha que Shostakovitch, Prokofieff, Khatchaturian são tão "burgueses" em sua música como Hindemith, por exemplo? Eles não se distiguem daquela música que representou o pensamento "burguês". Onde está a música que possa representar a sociedade nova, realmente e inteiramente nova, sem preconceitos e verdadeiramente livre? Essa música não existe. Não existe ainda. Mas haverá de existir saindo da luta e do trabalho como a própria organisação social. Sinfonia, Sonata, Desenvolvimento, Variação e Cadência, certamente, não poderão ser os característicos da música da nova sociedade.

Esse ponto é para ser esclarecido. Concordo com tudo, mas discordo do "passo atraz". Creio firmemente no talento que encontrará a solução sem precisar retroceder. Aliás, sempre foi assim. A história o demonstra.

Bem, Claudio, a carta já ficou grande demais. Aguardo anciosamente seu artigo e notícias suas. Quais são seus planos para o futuro? Pretendo voltar da Europa com uma companhia marítima francesa. Assim espero vê-lo em Paris, em novembro próximo. Tenho convites para Roma, S. Remo, Viena, Zuerich e Alemanha; mas não sei ainda como arrumar tudo isso. Fui convidado para a realização de um curso especial de composição em Roma que durará 4 semanas e o qual gostaria muito de realizar; mas provavelmente, só em Veneza poderei dizer como tudo isso passará. O convite para a Biennale veio muito à última hora e muito inesperadamente. Não foi possível preparar nada e organizar mais ou menos a viagem.

Peço-lhe transmitir lembranças à Carlota, também da parte de Geni, e envio-lhe um forte abraço,

do amigo sincero

H. J. Koellreutter

O Lange não escreve para ninguem. Deve estar nas garras de Wall-Street!

Música Viva

Anexo 12

"*Carta Aberta* de 1941"

Não é possível saber se a publicação dessa *Carta Aberta,* escrita por Guarnieri, resultou de um ato espontâneo, de um pedido do editor ou de outra razão. Interessante notar como o estilo expressivo de Mário de Andrade habita a fala de Guarnieri. O tom coloquial deste documento não possui nenhuma semelhança com a retórica, nem com a natureza de argumentação da outra *Carta Aberta* que escreverá em 1950. Ao contrário, há aparente respeito e compreensão pelos caminhos e posturas individuais adotados por profissionais de um mesmo metiê. Porém há também muita ambiguidade na posição de seu autor. Se por um lado expressa admitir o atonalismo, assim como a validade de todos os meios para se atingir um fim artístico, e declara ter apreciado a atonal "Música de Câmera" de Koellreutter, ao mesmo tempo fixa posição contrária transparente quando diz esperar que Koellreutter possa superar essa fase, como o fez seu professor, Paul Hindemith. No entanto, não existe ainda sentimento de real ameaça frente à divergência de trajetórias de ação numa história que se desenrolará até 1950, apesar da visão profética que anuncia e da qual ele próprio será o porta-voz.[65]

---

65. Cf.: *"Quanta gente ao ler a sua "Música de Câmera" vai odiá-lo. Você será recriminado e alcunhado de corruptor do gosto musical!"* Mas também: *"Não há de ser nada!"*

Carlos Kater

Carta Aberta [66]

S.Paulo, 28 de Agosto de 1941

Meu caro Koellreutter,

Assim que terminei a leitura de sua "Música de Câmera" (*)[67], para canto, viola, corno inglês, clarineta baixo, e tambor militar, senti necessidade de lhe escrever para contar o quanto ela me interessou e também conversar um pouco com você. Si eu conhecesse mais a sua obra, gostaria de fazer um estudo sobre você como compositor, mas limitar-me-ei, desta vez, a comentar sua peça acima mencionada e expor o meu ponto de vista sobre a teoria atonal. Vamos à sua peça. Acho que a escolha da poesia foi muito acertada e você a musicou bem. A imprecisão do assunto poético se uniu perfeitamente ao seu atonalismo. Nessa peça, tudo é indefinido. A linha musical do primeiro verso é feliz, ondula e se inflexiona de acordo com a palavra, como as que se seguem. Sua felicidade é completada com a escolha do conjunto instrumental. A variedade de timbre, o seu emprego, tudo isso, cria uma atmosfera muito particular. Até o tambor militar, sempre empregado como reforço, ou então, marcador do ritmo, na sua peça atinge uma expressão, ou melhor, é expressivo. O seu rulo manso dá-me a sensação "uma andorinha cruza no ar...". Somente o corno inglês acho-o numa tessitura um pouco aguda, por causa da dinâmica (pp) e (ppp) indicada na composição. Com dezessete compassos você me interessa muito mais que milhões de compassos doutros compositores... Quanta gente ao ler a sua "Música de Câmera" vai odiá-lo. Você será recriminado e alcunhado de

---

66. GUARNIERI, M.Camargo. Carta Aberta. *Resenha Musical*, IV/37, São Paulo, Set./1941, p.29.

67. (*) Suplemento do n°37 da revista *Resenha Musical*.

Música Viva

corruptor do gosto musical! Não há de ser nada! Agora uma confissão: Cada vez que leio ou ouço uma peça atonal, surge-me um problema, o do belo. Nunca pude, ainda, apesar da minha franca simpatia pelo atonalismo, sem, entretanto, praticá-lo sistematicamente, encontrar beleza nas obras escritas atonalmente. Tenho a sensação que essas obras não chegam a ser belas, acho-as profundamente intelectuais. Tenho a impressão que o compositor, assim que traçou o seu plano formal começa a escrever pensando exclusivamente na relação intima dos doze sons e nas tendências atrativas entre eles. A meu ver, a condução das linhas possui um sentido mais visual que, propriamente, auditivo. Talvez seja esse o motivo porque a música atonal não me proporciona prazer estético, portanto, não me emociona, não me comove. Acho, não obstante, muito interessante as obras atonais e uma delas é a sua "Música de Câmera". Mas será que a finalidade do artista é produzir obras interessantes? Poderão me responder que eu, pessoalmente, não sinto a emoção que nelas se contém, sou, nesse caso, o único culpado. Pode ser! Admito o atonalismo, o politonalismo, a tonalidade de fugitiva de Machabey, enfim, tudo. Dizendo isso não estou afirmando a tonalidade fugitiva [68] dessas manifestações, está claro. Todos os meios são lícitos quando visam um fim puramente artístico, sincero. Por isso, admiro você. A sua "Música de Câmera", sobretudo o seu "Improviso e Estudo" para flauta solo me agradam muito. Quero antever em você a mesma transição porque passou Hindemit (*sic*) que a princípio escreveu tanta música complicada, obscura, e hoje, está tão claro, simples, perto de Bach...

Você é um artista nato. Creio em você. Se isso não fosse verdade, jamais teria escrito essas linhas.

Bom, paro aqui. Receba um abraço do seu amigo,

(a.) Camargo Guarnieri

---

68. Há aqui um "de".

Carlos Kater

Anexo 13

Programas radiofônicos *Música Viva*

Todas as informações relativas às emissões radiofônicas veiculadas aqui apoiam-se em documentação específica, constituída por 90 roteiros de programa, referentes ao período 1946-50. Este material foi localizado, reunido e classificado entre 1989 e 91, e, ao que consta, jamais consultado anteriormente por nenhum outro musicólogo.

Não se pode assegurar que todos eles tenham sido de fato transmitidos. No entanto, eles indubitavelmente ilustram, senão atestam, a natureza do trabalho idealizado e realizado pelo movimento.

Apresentamos abaixo uma relação dos roteiros de programas radiofônicos recuperados, com base na pesquisa em diversos acervos, em particular no de Gení Marcondes.[69]

<u>1946</u> :   (39 roteiros de programas)

12/01 — Programa de Estúdio (Est.)[70]: Dedicado a A.Lissowsky e Ana Maria Porto

---

69. A quase totalidade dos documentos elencados aqui encontra-se seja em papel poroso tipo rascunho - na maioria dos casos - seja em papel de seda (cópia), em formato 22x33cm .Quase sempre datilografados, algumas vezes com anotações manuscritas acrescidas e mais raramente totalmente manuscritos.

70. Programa realizado em estúdio, com músicos ao vivo.

Música Viva

19/01 — Programa de Gravação (Grv.)[71] : Dedicado a Igor Stravinsky

26/01 — Est. : Dedicado a Célia Zadumbide, Edino Krieger, Minita Mantero e Cláudio Santoro

09/02 — Est. ? : Dedicado a Paul Hindemith

16/02 — Grv. : Dedicado a D.Shostakovitch e S.Prokofieff

23/02 — Grv.: Honegger e Stravinsky

02/03 — Grv.: Dedicado a F.Curt Lange (obras de Santoro e Villa-Lobos)

09/03 — Grv.: Dedicado a E.Bloch, H.J.Koellreutter e S.Prokofieff

16/03 — Est.: Dedicado a W.Riegger, Marion e Ruth Crawford, Guerra Peixe e S.Prokofieff

23/03 — Grv.: A.Schoenberg

30/03 — Est.: Dedicado a B.Martinú e Paul Hindemith (2 cópias)

06/04 — Grv.: P.Hindemith e S.Barber

13/04 — Est.: C.Santoro, G.Cassadó, C.Guarnieri e H.J.Koellreutter (2 cópias)

20/04 — Grv.: D.Milhaud

27/04 — Grv.: Palestra de Roberto Lyra Filho sobre "Bach - Stravinsky"

04/05 — Est.: Dedicado a Santoro, Carlos Chaves, Guarnieri e Guerra Peixe

11/05 — Grv.: B.Martinú e I.Stravinsky

18/05 — Est.: Dedicado aos jovens compositores da União Soviética e da Polônia

25/05 — Est.: "Evolução do Lied francês" (Fauré, Debussy, Ravel e Milhaud)

01/06 — Grv.: A.Copland e P.Hindemith

08/06 — Est.: Dedicado a B.Bartók, J.C.Paz, Minita F.Mantero e P.Hindemith

15/06 — Grv.: Dedicado a I.Stravinsky (2 cópias)

---

71. Programa realizado com músicas já gravadas em disco.

22/06 — Grv.: Dedicado a Luiz Cosme

29/06 — Est.: Dedicado a Max Brand, Cornélio Hauer e H.J.Koellreutter

06/07 — Grv.: Dedicado a Ernst Krenek e Samuel Barber

13/07 — Est. e Grv.: Dedicado a Minita Fried Mantero

27/07 ? — Est.: W.Riegger, R.Crawford e S.Prokofieff

10/08 — Est.: Dedicado a Jacques Ibert, Arthur Pereira e Albert Roussel

24/08 — Est.: Dedicado a T.Albinoni e J.A.Hasse — série: *Música Antiga*

31/08 — Grv.: Dedicado a I.Stravinsky e A.Honegger

07/09 — Grv.: Dedicado a Cláudio Santoro

21/09 — Est.: Dedicado a P.Hindemith, A.Schoenberg e Jean Françaix

05/10 — Est.: Dedicado a Henry Purcell — série: *Música Antiga* (prosseguimento)

09/11 — Est.: Dedicado a H.Villa-Lobos e Camargo Guarnieri

16/11 — Est.: Dedicado a I.Stravinsky e H:Alimonda

30/11 — Est. ?: Dedicado a Manuel de Falla

07/12 — Est.: Dedicado a Esteban Eitler

14/12 — Est.: Dedicado a P.Hindemith, H.J.Koellreutter e H.Villa-Lobos

21/12 — Grv.: Dedicado a A.Schoenberg

<u>1947</u> :   (20 roteiros)

04/01 — Grv.: Dedicado a I.Stravinsky

11/01 — Est.: Dedicado a Carlos Chaves (2 cópias)

11/01 Anexo — Est.: Dedicado a Santoro, Guerra Peixe e H.Alimonda

25/01 — Est.: Dedicado a Pe.Manuel Rodrigues Coelho — série: *Música Antiga*

15/02 — Grv. ?:   ?

Música Viva

22/02 — Est.: H.Villa-Lobos – *Série Contemporânea* (SC)

08/03 — Grv.: Dedicado a Virgil Thomson

15/03 — Est.: Dedicado a Juan Carlos Paz

29/03 — Est.: Dedicado a C.Guerra Peixe – SC

05/04 ? — Grv.: "Antologia de Todos os Estilos Musicais" (4ª audição: Gótico)

12/04 — Est.: Dedicado a Arthur Honegger e Radamés Gnattali – SC

26/04 — Est.: Dedicado a Miriam Sandbank – SC

03/05 — Est.: Karel Hába, Roy Harris e Alexandre Jemnitz – SC

17/05 — Est.: Dedicado a Alban Berg, Juan Carlos Paz e Eunice Katunda – SC

31/05 — Est.: Dedicado ao grupo "Agrupación Nueva Música" (Paz, Devoto, Eitler)

26/07 — Grv.: Dedicado ao Nacionalismo na Música Brasileira (Palestra de Vasco Mariz)

02/08 — Est.: H.Weiss e A.Copland – *Antologia das Tendências da Música Contemporânea* (ATMC)

(09/08 — *Antologia dos Estilos Musicais* (AEM), 2ª audição: Romantismo)

16/08 — Grv. - (AEM): Impressionismo (Ravel e Debussy)

30/08 — Est. - ATMC: Guerra Peixe, Santoro, Katunda, Krieger e Koellreutter

29/11 — Est. ?: Dedicado a Guerra Peixe

<u>1948</u> :   (4 roteiros)

03/04 — Grv. - *Antologia das Tendências da Música Contemporânea*: W.Turner Walton

17/04 — Grv. - ATMC: Marc Blitzstein

30/05 — Est. - ATMC: R.Strauss, M.Reger, A.Roussel, T.Huber-Anderach e M.Ravel

26/06 — Est. e Grv. - ATMC: E.Krieger e R.Schnorrenberg

1949 : (22 roteiros)

26/03 — Est.? - *Obras Primas de nossa Época* (OPNE): S.Prokofieff

09/04 — Grv. - OPNE (5ª audição da série): Alban Berg

04/06 — Est.: Dedicado ao Pós-Impressionismo francês (Sionam, Honegger, Ibert, Milhaud)

18/06 — Est.: Dedicado a Schueler, Perceval, Eitler (*A.Nueva Música*) e J.Ficher (*Renovación*)

02/07 — Grv. - OPNE (12ª audição): Igor Stravinsky

09/07 — Grv. e Est. - *Antologia das Tendências da Música Contemporânea*: Camargo Guarnieri e Arthur Bosmans

30/07 — Grv. - OPNE: Bohuslav Martinú

13/08 — Grv. - OPNE (final da série): Alban Berg

20/08 — Grv. - *A música contemporânea ao alcance de todos* (MCAT) (1ª audição) : Schoenberg

03/09 — Grv. - MCAT: Igor Stravinsky

10/09 — Grv. - MCAT (4ª): A.Schoenberg

17/09 — Grv. - MCAT (5ª): R.Wagner e C.Debussy

24/09 — Grv. - MCAT (6ª): Richard Strauss

01/10 — Grv. - MCAT (7ª): Maurice Ravel

08/10 — Est.: Dedicado às novas obras para piano (Berg, C.Togni, Guerra Peixe, Katunda, etc.)

15/10 — Grv. - MCAT (8ª): Igor Stravinsky

22/10 — Grv. - MCAT (9ª): Arnold Schoenberg

26/11 — Grv. - MCAT (11ª): Politonalismo (Milhaud)

28/11 — Est. e Grv. - *Música de nosso Tempo* (MNT) (Início da série)

03/12 ? — Grv. - MCAT (12ª): Sistema Microtonal (A.Hába, J.Peska, K.Reiner)

Música Viva

09 ou 10/12 — Grv. - MCAT (13ª): Neo-Modalismo (Stravinsky)

12/12 ou 17/12 — Grv. - MNT ?: Serge Prokofieff

1950 :   (5 roteiros)

07/01 — Grv. - *A música contemporânea ao alcance de todos* (14ª): Evolução rítmica na música contemporânea (Stravinsky)

16/01 — Grv.? - *Música de nosso Tempo* : E.Toch

10/06 — Grv.: Dedicado a Ernst Bloch

20/07 — Grv. - MNT: Alban Berg

21/10 — Est.: Dedicado à nova geração de compositores norte-americanos (H.Stevens, P.Pisk, R.Goldman)

Compositores e obras interpretadas com base nos roteiros radiofônicos recuperados [72]

Albinoni, Tomaso
> *Sonata para violino e baixo contínuo* – Santino Parpinelli e Heitor Alimonda

Alexandrow, A. (compositor soviético)
> *Estudo nº 2* (piano) – Felicia Blumental

Alimonda, Heitor
> *Improvisações Tristes* (piano) – Heitor Alimonda
>
> *Sonatina 1945* (piano) – Heitor Alimonda
>
> *Três Improvisos* (piano) – Heitor Alimonda (estréia: 11/01/1947; audições posteriores)

Bach, J. S.
> Trecho da *Paixão segundo São Matheus*

Barber, Samuel
> *Ensaio para Orquestra* (ou *Ensaio Sinfônico*)

Bartók, Béla
> *Canção Popular* (piano) – Ana Maria Porto
>
> *Danças Rumenas* (violino e piano) – Ulrich Dannemann e Gení Marcondes

---

72. A presente relação de autores, obras apresentadas e seus intérpretes está baseada apenas nas informações existentes nos roteiros completos. Não foram levadas em consideração menções a apresentações passadas, nem anúncios de apresentações futuras.

Bauer, Marion

Duo para oboé e clarinete — João Breitinger e Jaioleno dos Santos

Berg, Alban

Sonata Opus 1 (piano) — Eunice Katunda (estréia brasileira: 17/05/1947; várias audições posteriores)

Fragmentos da ópera *Wozzek* — Carlota Boerner e Orquestra Sinfônica de Los Angeles, sob a regência de Werner Janssen

Concerto para Violino e Orquestra — Louis Krasner e Orquestra de Cleveland, sob a regência de Arturo Rodzinski (3 vezes)

Blitzstein, Marc

The Airborne (Sinfonia) — Orq.Sinfônica de New York, reg.de Leonard Bernstein (grav.) (1ª audição brasileira ?: 17/04/1948)

Bloch, Ernest

Suite para Viola e Piano — William Primrose e Fritz Kitzinger

Sonata para Viola e Piano — William Primrose e Fritz Kitzinger

Bosmans, Arthur

Sonatina Lusitana (piano) — Otto Jordan

Suite das Cores (piano) — Otto Jordan

Brand, Max

Peça para Flauta e Piano (dodecafônica) — H.J.Koellreutter e Gení Marcondes (1ª audição: 29/06/1946; com audições posteriores)

Cassadó, Gaspar

Suite para Violoncelo solo — Aldo Parisot

Chaves, Carlos

Sonatina 1924 (piano) — Gení Marcondes

Prelúdios (piano) — Heitor Alimonda (1ª audição: 11/01/1947)

Coelho, Pe.Manuel Rodrigues

Dois Tentos (instrumento de tecla) — Eunice Katunda (estréia, brasileira apenas ? : 25/01/1947)

Três Tentos (instrumento de tecla) — Eunice Katunda (idem acima)

Copland, Aaron

Música para Teatro — regência de Howard Hanson (gravação)

Sonata (piano) — Helen L.Weiss

Cosme, Luiz

"Quarteto de Cordas" (1933) — Quarteto Mariuccia Jacovino (22/06/1946: programa dedicado a L.Cosme)

Crawford, Ruth

Suite (flauta) — H.J.Koellreutter (2 vezes)

Debussy, Claude

L'Après midi d'un faune

Fragmentos de *O Mártir de São Sebastião*

Green (canto e piano) — Laís Walace e Zelinda Martins

Colloque Sentimental (canto e piano) — Lais Walace e Zelinda Martins

Fantoche (canto e piano) — Lais Walace e Zelinda Martins

Devoto, Daniel

Diferencias del Primer Tono — Esteban Eitler

Deshevov, Vladimir

The Rails (piano) — Felicia Blumental

Des Près, Josquin

Et incarnatus est

Eitler, Esteban

Epígrafes (canto vocalizado e piano) — Guizela Blank e Gení Marcondes

Añoranzas (piano) — Gení Marcondes

Sonata 1944 (flauta e piano) — H.J.Koellreutter e Gení Marcondes

Sonata 1942 (flauta e piano) — Esteban Eitler e Otto Jordan

Falla, Manuel de

[Ver: 30/11/1946]

Fauré, Gabriel

Spleen (canto e piano) — Lais Walace e Zelinda Martins

Notre Amour (canto e piano) — Lais Walace e Zelinda Martins

Le Parfum Imperessable (canto e piano) — Lais Walace e Zelinda Martins

Fleur Jetel (canto e piano) — Lais Walace e Zelinda Martins

Ficher, Jacobe

Dança Argentina em Estilo de Vidalita (flauta e piano) — Esteban Eitler e Otto Jordan

Dança Argentina em Estilo de Zampa (flauta e piano) — Esteban Eitler e Otto Jordan

Françaix, Jean

Scherzo 1932 (piano) — Heitor Alimonda

Gnattali, Radamés

Flor da Noite (violino e piano) — Leônidas Autuori e Heitor Alimonda

Goldman, Richard F.

Dois monocromas (flauta) — Esteban Eitler

Icy Pastorale (flauta e piano) — Esteban Eitler e Gení Marcondes

Aperitivo (flauta e piano) — Esteban Eitler e Gení Marcondes

Guarnieri, M.Camargo

Sonatina para Piano — Eunice Katunda

Abertura Concertante

Encantamento (violino e piano) — Santino Parpinelli e Gení Marcondes (2 vezes)

Hába, Alois

Sonata para dois Violinos

Fantasia para Violino Solo, Opus 9 — Josef Peska

Suite Opus 11b, para pianos de quarto de tom — Karel Reiner

Hába, Karel

Sonata Opus 13 (flauta e piano) — Esteban Eitler e Dario Sorin

Harris, Roy

Little Suite (piano) — Dario Sorin

Hasse, João Adolfo

Sonata em Sol Maior (violino e baixo contínuo) — Santino Parpinelli e Heitor Alimonda

Hauer, Cornélio

Sonatina 1946 (piano) — Gení Marcondes (1ª audição: 29/06/1946; com audições posteriores)

Hindemith, Paul

Prelúdio e Fuga — Heitor Alimonda

Die Junge Magd, Op.23 (canto e piano) — Magdalena Nicol e Eunice Katunda

Ludus Tonalis (piano) — Eunice Katunda (1ª audição brasileira 09/02/1946; audições posteriores)

Sonata 1939 (violino e piano) — Ulrich Dannemann e Gení Marcondes

Sinfonia em Mi bemol Maior

Metamorphose — regência de George Szell (1ª audição sulamericana: 02/06/1946)

Honneger, Arthur

Pacífico 231

Primeira Sonata (violino e piano) — Leônidas Autuori e Heitor Alimonda

A Dança da Cabra (flauta) — Esteban Eitler

Rei David

Huber-Anderach, Theodor

A Flauta Misteriosa (canto, flauta e piano) — Hilde Sinnek, H.J.Koellreutter e Gení Marcondes (1ª audição: 30/05/1948)

Ibert, Jacques

Jogos (Sonatina para flauta e piano) — Koellreutter e Gení Marcondes

Jemnitz, Alexandre

Sonata para Flauta e Piano, Op.28 — Esteban Eitler e Dario Sorin

Kabalewski, Dimitri

Sonatina nº1, Opus 13 (piano) — Felicia Blumental

Katunda, Eunice

Sonatina 1946 (piano) — Eunice Katunda

Cantos à Morte (piano) — Eunice Katunda

Kassern, Tadeu Z.

Sonatina para Piano — Felicia Blumental

Koellreutter, Hans-Joachim

Música 1941 (piano) — Eunice Katunda

Sonata 1939 (flauta e piano) — H.J.Koellreutter e Gení Marcondes (1ª audição: 29/06/1946; audições posteriores)

Cinco Noturnos (canto e piano) — Magdalena Nicol e Heitor Alimonda

Peça e Variações 1947 (piano) — Eunice Katunda

Duo 1943 (violoncelo e piano) — Aldo Parisot e Gení Marcondes (1ª audição, 13/04/1946)

(Apresentação de uma ou mais peças em 30/08/1947, sem possibilidade de identificação.)

Korngold
Hornpipe (piano) — Ana Maria Porto

Krenek, Ernst
Variações (orquestra)

Krieger, Edino
Dois Epigramas (1947) (piano) — Eunice Katunda (1ª audição: 30/08/1947)

Peça para piano — Gení Marcondes (2 vezes)

Sonatina (flauta e piano) — H.J.Koellreutter e Gení Marcondes

Miniaturas (flauta e piano) — H.J.Koellreutter e Heitor Alimonda (26/06/1948: programa dedicado a Krieger e Schnorrenberg)

Labunski, Felix R.
Quatro Bagatelas (piano) — Felicia Blumental

Lapshinsky, G. (compositor soviético)
Dois Prelúdios (piano) — Felicia Blumental

Lissowsky, Alexandre
Ismalia (canção) — Inah Lindenberg e Ana Maria Porto

Eloquência (canção) — Inah Lindenberg e Ana Maria Porto

Cantilena (canção) — Inah Lindenberg e Ana Maria Porto

Madrigal (canção) — Inah Lindenberg e Ana Maria Porto

Mantero, Minita Fried
Peça e Variações 1945 (piano) (dodecafônica) — Gení Marcondes (3 vezes)

Oito Corais (oboé, clarineta e fagote) — João Breitinger, Jaioleno dos Santos e Rocha Lages

Martinú, Bohuslav

Sonata para Violino e Piano (1928) — Ulrich Dannemann e Gení Marcondes

Segunda Sinfonia

Primeira Sinfonia (1ª audição sulamericana: 11/05/1946)

Milhaud, Darius

Sonatina (flauta e piano) — Esteban Eitler e Otto Jordan

Suite Francesa

Mazurka (piano) — Ana Maria Porto

Suite Provençale

Chant Asiatique (canto e piano) — Lais Walace e Zelinda Martins

Chant de Nourisse (canto e piano) — Lais Walace e Zelinda Martins

Paz, Juan Carlos

Sonatina Opus 25 (piano) — Gení Marcondes (1ª audição: 08/06/1946; com audições posteriores)

Segunda Composição em 12 Sons (flauta e piano) — H.J.Koellreutter e Gení Marcondes (outra audição com E.Eitler e D.Sorin)

Dez Peças sobre uma Série de 12 Sons (piano) — Eunice Katunda

Peixe, César Guerra

Dez Bagatelas (piano) — Heitor Alimonda (1ª audição: 11/01/1947, com audições posteriores)

Duo para Flauta e Violino — H.J.Koellreutter e Henrique Niehremberg

Trio de Cordas — A.Zladepolsky (violino), H.Niehremberg (viola) e Mario Camerini (cello)

Peça para dois minutos (piano) — Eunice Katunda

Sonatina (1944) (flauta e clarineta) — H.J.Koellreutter e Jaioleno dos Santos

Música 1945 (piano) – Eunice Katunda (1ª audição: 30/08/1947)

Dueto 1946 (violino e viola) – Santino Parpinelli e Ulrich Dannemann (1ª audição: 04/05/1946)

[Programa de 29/11/1947 inteiramente dedicado a ele, porém sem possibilidade de identificação das obras executadas]

Perceval, Júlio

Canto de Alegria (flauta e piano) – Esteban Eitler e Otto Jordan

Pereira, Arthur

Peças monotonais sobre temas brasileiros (piano) – Gení Marcondes

Pisk, Paul A.

Introdução e Rondó (flauta e piano) – Esteban Eitler e Gení Marcondes

Porto, Ana Maria

Três poemas de Leonidas Porto (canto e piano) – Inah Lindenberg e Ana Maria Porto

Coral e Dansa (piano) – Ana Maria Porto

Prelúdio (flauta e piano) – H.J.Koellreutter e Ana Maria Porto

Prokofiev, Serge

Quarteto de Cordas – Stuyvesant String Quartet

Três Peças, Opus 59 (piano) – Gení Marcondes (2 vezes)

Sonata Opus 94 (violino e piano) – José Szigeti e Leonid Hambrc

Lieutenant Kije, Suite Opus 60

Sinfonia Clássica

Purcell, Henry

Sonata a três, em Sol Menor (flauta, violino e contínuo) – H.J.Koellreutter, E.Krieger e E.Katunda

Sonata a três, em Si^b Maior (flauta, violino e contínuo) – H.J.Koellreutter, E.Krieger e E.Katunda

Música Viva

[Programa dedicado ao compositor, em 05/10/1946]

Ravel, Maurice

Ma mère l'oie

Quarteto de Cordas, em Fá Maior

Nicolette (canto e piano) — Lais Walace e Zelinda Martins

Mahandove (canto e piano) — Lais Walace e Zelinda Martins

A Flauta Encantada (canto, flauta, piano) — Hilde Sinnek, Koellreutter e Gení Marcondes

Reger, Max

Cantiga de Ninar (canto, flauta e piano) — Hilde Sinnek, Koellreutter e Gení Marcondes

Riegger, Wallingford

Cânone (flauta e clarinete) — H.J.Koellreutter e Jaioleno dos Santos (2 vezes)

Roussel, Albert

Tocadores de flauta, Op.27 — H.J.Koellreutter e Gení Marcondes

Dois Poemas de Ronsard (canto e flauta) — Hilde Sinnek e H.J.Koellreutter (1ª audição brasileira: 30/05/1948)

Sandbank, Miriam

Sonatina (piano) — Miriam Sandbank

Música 1947 (violino e piano) — Jean Sandbank e Miriam Sandbank

Santoro, Cláudio

Impressões de uma usina de aço

Quarteto de Cordas 1942

Seis Peças para Piano — Heitor Alimonda

Introdução e Allegro (flauta e piano) — H.J.Koellreutter e Gení Marcondes

Sonatina a Três (flauta, viola e cello) —

Sonata 1940 (violino e piano) — Santino Parpinelli e Gení Marcondes (1ª audição: 13/04/1946; audições posteriores)

[Apresentação de uma ou mais peças em 30/08/1947, sem possibilidade de identificação]

Schnorrenberg, Roberto

Música de Câmera (violoncelo, flauta, clarineta e violino) — Nydia..., H.J.Koellreutter, Jaioleno dos Santos e Santino Parpinelli (1ª audição: 26/06/1948; programa dedicado a R.Schnorrenberg e E.Krieger)

Schoenberg, Arnold

Seis Peças para Piano, Opus 19 — Heitor Alimonda; 2ªaudição, com Jesus Maria Sanromá

Pierrot Lunaire (2 vezes)

Concerto para Piano e Orquestra, Op.42 (estréia sulamericana: 23/03/1946, reapresentações posteriores)

Noite Transfigurada, Opus 4

Canção sobre Stefan George, Opus 15

Fragmento de *Quarteto em Fá# Menor*, Opus 2

Opus 11 (piano)

(Fragmentos da *Suite Histórica* (?), cf. 20/08/1949)

Schueler, Eric

Canción Pastoril (flauta e piano) — Esteban Eitler e Otto Jordan

Scott, Cyril

Uma balada à luz de uma vela (piano) — Ana Maria Porto

Sekles

Pequeno Shimmy (piano) — Ana Maria Porto

Shostakovitch, Dimitri

Concerto para Piano, Pistão e Cordas (1933)

Música Viva

Seis Prelúdios (piano) — Felicia Blumental

Três Danças Fantásticas (piano) — Felicia Blumental

Sionam, Robert

Três Peças (flauta) — Esteban Eitler

Stevens, Halsey

Sonatina para Flauta e Piano — Esteban Eitler e Gení Marcondes

Strauss, Richard

Sinfonia Doméstica

Manhã (canto, flauta e piano) — Hilde Sinnek, H.J.Koellreutter e Gení Marcondes

Stravinsky, Igor

Apolo Musagete — Orquestra de Cordas de Boyd Neil (4 vezes)

Concerto para piano e instrumentos de sopro

Sonata para Piano — Heitor Alimonda

Consagração da Primavera (2 vezes)

O Canto do Rouxinol

Pantomina e Apoteose

História do Soldado

Petrouchka (Suite) e outras obras (programa a ele dedicado, cf. 19/01/1946)

Sinfonia dos Psalmos (2 vezes; numa, ilustrando palestra de Roberto Lyra Filho: 27/04/1946)

Toch, Ernesto

Dansa de Ruth (piano) — Ana Maria Porto

Togni, Camillo

Três Prelúdios (piano) — Eunice Katunda

Thomson, Virgil

Sinfonia sobre a melodia de um hino

Villa-Lobos, Heitor

Ciclo Brasileiro (piano) — Eunice Katunda (2 vezes)

Duas Canções (canto e piano) — Magdalena Nicol e Eunice Katunda

Choro Bis — Oscar Borgeth e Iberê Gomes Grosso

Wagner, Richard

Parsifal, prelúdio do 3° Ato

Walton, William Turner

Festim de Baltazar (oratório para barítono solo, coral misto e orquestra) (1ª audição brasileira?: 03/04/1948)

Weiss, Helen L.

Quatro Esquisses (piano) — Helen L. Weiss (1ª audição brasileira?: 02/08/1947)

Prelúdio e Allegro (piano) — Helen L. Weiss (idem)

Zadumbide, Célia

Música para Flauta e Piano (1945) — H.J. Koellreutter e Gení Marcondes (1ª audição brasileira?: 26/01/1946)

Anexo 14

Roteiros do programa radiofônico *Música Viva*

ROTEIRO DO PROGRAMA "MÚSICA VIVA" [73]

Sábado, 12 de Janeiro de 1946
PRA 2

TÉCNICA — CORTINA

LOCUTOR: — PRA 2, Rádio do Ministério de Educação e Saúde, transmitirá a seguir, seu programa "Música Viva".

TÉCNICA — CORTINA

LOCUTOR: — O grupo "Música Viva" promove, em nosso meio artístico, maior compreensão da música contemporânea e desperta, entre os proprios profissionais, inte-

---

73. Este e os demais roteiros do programa radiofônico *Música Viva* apresentados a seguir são cópias carbono sobre papel, formato ofício, datilografados. Foi mantida a forma original, corrigindo-se apenas os erros evidentes e as rasuras.

resse pelos problemas de expressão e interpretação da linguagem musical do nosso tempo. É o objetivo do grupo "Música Viva" a divulgação de toda a criação musical contemporânea de todas as tendências que podem ser consideradas expressão viva de nossa época. O grupo "Música Viva" participa ativamente da evolução do espírito e combate o desinteresse pela criação contemporânea que reina entre nós, não só por parte do público, como também por parte dos profissionais. "Música Viva" dedica a sua irradiação de hoje a dois compositores da mais nova geração de músicos brasileiros, Alexandre Lissowsky e Ana Maria Porto.

ALEXANDRE LISSOWSKY nasceu no Rio de Janeiro, a 11 de Julho de 1925. Iniciou seus estudos de composição em 1943 com H.J.Koellreutter e dedica-se ainda ao estudo de geografia e história na Faculdade Nacional de Filosofia. Lissowsky escreveu uma Sinfonia para orquestra de cordas, várias canções sobre palavras de poetas brasileiros, diversas obras para piano, uma Suite para pistão e uma Sonata para violino e piano. Trabalha, atualmente, numa obra dramática que chama "Fragmentos Líricos", baseada na novela de Andreiew "Os 7 enforcados".

As melodias das canções que hoje serão apresentadas, demonstram elementos que caracterizam o folclore brasileiro. Nestes casos, em que o artista se identifica com o arqueólogo a dificuldade consiste na conservação de elemento autoctone, até onde isso é possivel, acentuando seus característicos com leves toques que em nenhum momento, empanam a pureza arcaica do material básico.

Ouviremos agora quatro canções de Alexandre Lissowsky sobre textos de autores brasileiros, na interpretação da

Música Viva

cantora Inah Lindenberg, acompanhada ao piano por Ana Maria Porto.

A primeira canção que ouviremos, será "ISMALIA" com versos de Alphonsus de Guimarães.

ESTÚDIO: — 2 minutos

LOCUTOR: — ELOQUENCIA. Versos de Ronald de Carvalho

ESTÚDIO: — 1 minuto

LOCUTOR: — Ouviremos a seguir a canção "CANTILENA" de Alexandre Lissowsky sobre um poema de Manuel Bandeira. Cantará Inah Lindenberg. Ao piano: Ana Maria Porto.

ESTÚDIO: — 2 minutos

LOCUTOR: — "MADRIGAL" sobre versos de Manuel Bandeira

ESTÚDIO: — 2 minutos.

LOCUTOR: — Acabaram de ouvir quatro canções do jovem compositor brasileiro Alexandre Lissowsky sobre textos de poetas brasileiros. Transmitiremos a seguir seis peças para piano de compositores modernos na interpretação da pianista Ana Maria Porto. Ouviremos, primeiro, "Canção popular" do grande compositor hungaro BÉLA BARTÓK.

ESTÚDIO: — 1 minuto

LOCUTOR: — "Hornpipe" de KORNGOLD

ESTÚDIO:	— 2 minutos.
LOCUTOR:	— Ouviremos a seguir, na interpretação de Ana Maria Porto "Uma balada à luz de uma vela" do compositor inglês CYRIL SCOTT.
ESTÚDIO:	— 2 minutos
LOCUTOR:	— "Mazurca" de DARIUS MILHAUD.
ESTÚDIO:	— 1 minuto.
LOCUTOR:	— "Dansa de Ruth" de ERNESTO TOCH.
ESTÚDIO:	— 1 minuto.
LOCUTOR:	— Interpretando uma série de peças modernas para piano, Ana Maria Porto executará "Pequeno Shimmy" de SEKLES.
ESTÚDIO:	— 1 minuto.
LOCUTOR:	— Acabaram de ouvir peças para piano dos compositores contemporâneos Béla Bartók, Korngold, Scott, Toch, Milhaud e Sekles. — Transmite a PRA 2 — Rádio do Ministério de Educação e Saúde o seu programa "Música Viva". A Segunda parte deste programa será dedicada à jovem compositora brasileira ANA MARIA PORTO. ANA MARIA PORTO nasceu no Rio de Janeiro. Cursou a Escola Nacional de Música, onde estudou com os professores Francisco Mignone, José Siqueira, Paulo Silva e Lorenzo Fernândez. Estudou piano com o

Música Viva

professor Custodio Fernandes Gois e Maria Amélia de Rezende Martins, e composição com o professor Octaviano e com H.J.Koellreutter.

A sua produção tem sido das mais fecundas destacando-se um Quarteto de cordas, Variações para 2 pianos, uma Sonata para piano e uma Suite para oboe e piano.

Ouviremos primeiro "Tres Poemas de Leonidas Porto" para canto e piano. As melodias dessas canções procedem do folklore espanhol e constituem trabalhos semelhante aos realizados por Pedrell e por Vincent d'Indy nas canções populares de seus respectivos paises. Cantará Inah Lindenberg acompanhada ao piano pela autora Ana Maria Porto.

ESTÚDIO: — 4 minutos

LOCUTOR: — Acabaram de ouvir "Tres poemas de Leonidas Porto" para canto e piano de Ana Maria Porto. Seguirá "Coral e Dansa" para piano. Também esta obra é baseada em material do folklore brasileiro, e demonstra uma harmonisação diatônica elaborada sabiamente. O Coral é caracterizado por uma sonoridade grandiosa de harmonias ásperas e concisas, contrastando com o ritmo persistente da Dansa. A jovem compositora brasileira Ana Maria Porto interpretará agora "Coral e Dansa" da sua autoria.

ESTÚDIO: — 5 minutos.

LOCUTOR: — Acabamos de ouvir "Coral e Dansa" de Ana Maria Porto. Apresentamos, em seguir, PRELÚDIO para flauta e piano, composto em 1946. Enquanto que as obras de Ana Maria Porto que acabaram de ouvir, demonstraram forte influência do elemento folclorico, o Prelúdio para flauta e piano pertence à "música pura", perfeita disciplina de estilo. Entende-se por "música pura" o culto da matéria musical pura, cultivada e desenvolvida conforme seus meios elementares que são: som, timbre, ritmo e volume. A tentativa de abstração consiste em ater-se a esses fatores "em si", sem introduzir outros meios de expressão objetiva, desenvolvimento dramático, evocação poetica, intenção pictorica, luta de temas com carater simbolico etc. Eis a atitude estética à qual obedece a mais recente composição de Ana Maria Porto.

ESTÚDIO: — 3 minutos.

LOCUTOR: — Acabaram de ouvir, na interpretação da autora, piano e de H. J. Koellreutter, flauta, PRELÚDIO para flauta e piano de Ana Maria Porto.
Termina aquí mais um programa "Música Viva". "Música Viva" pretende criar um ambiente próprio para a obra nova, para a formação de uma mentalidade nova e destruir preconceitos e valores doutrinarios, acadêmicos e superficiais; pois, pela arte é que se reconhece o grau de cultura de um país. "Música Viva" é um movimento que luta pelas idéias de um mundo novo, acreditando na força criadora e na arte do futuro.
"Música Viva" estará novamente no ar no próximo sábado com o programa de gravações dedicado ao grande compositor IGOR STRAWINSKY.

Música Viva

Roteiro do Programa "Música Viva"

Sábado, 26 de Janeiro de 1946

TÉCNICA: — Cortina

LOCUTOR: — PRA 2, Rádio do Ministério de Educação e Saude, transmitirá, a seguir, seu programa "Música Viva".

TÉCNICA: — Cortina

LOCUTOR: — "Música Viva", grupo de vanguarda. Movimento musical que combate pelo advento de uma nova era, em que não haja lugar para preconceitos e receitas aca-dêmico-doutrinárias.
"Música Viva" acredita que "a finalidade do mundo é o desenvolvimento do espírito, cuja condição primordial é a liberdade".
E, porque assím acredita, "Música Viva" trabalha e luta.

"Música Viva" dedica a sua irradiação de hoje a quatro compositores sulamericanos da nova geração: Célia Zadumbide, compositora equatoriana e Edino Krieger, Minita Fried Mantero e Claudio Santoro, compositores brasileiros. Colaborarão como intérpretes a pianista Gení Marcondes e o flautista H.J.Koellreutter.

Apresentaremos, inicialmente, "PEÇA E VARIAÇÕES 1945" de MINITA FRIED MANTERO para piano.

308

Carlos Kater

O estilo de Minita Fried Mantero, compositora paulista, é essencialmente introspectivo entrando, com decisão, nas grandes correntes culturais da época, que não são característicos especiais de nenhum país ou raça, sinão patrimonio universal. As "Variações 1945" já demonstram um estilo próprio. Não existe mais o antigo conceito tonal. Um modo, criação propria, garante a unidade da estrutura. A evolução do "expressivo" dissolveu a melodia em fragmentos; fragmentos, porém, que mantém as relações formais. Nas obras de Minita Fried Mantero, na Suite para flauta, no Duo para violino e viola, no Trio de sopros e nas obras para piano, os elementos sonoros alcançam a depuração e a sutileza máxima dentro do Expressionismo. "Peça e Variações 1945", que em seguida daremos a conhecer, escrita na técnica dos 12 sons, é um modelo da estética da autora, concebida dentro do rigorismo mais severo, de uma total ausência de concessões, suspensa na atmosfera rarefeita dos valores puros: na categoria total das coisas abstratas.

Ouviremos, então, "Peça e Variações 1945" de Minita Fried Mantero, na interpretação da pianista Gení Marcondes.

ESTÚDIO: — 6 minutos

LOCUTOR: — Acabamos de ouvir, na execução de Gení Marcondes, "Peça e Variações 1945" de Minita Fried Mantero. Apresentaremos, em seguida, a jovem compositora equatoriana CÉLIA ZADUMBIDE. Célia Zadumbide, que fez os seus estudos de contraponto e composição com Francisco Mignone e H.J.Koellreutter, criou um estilo áspero e voluntarioso, não retrocedendo às vezes ante combinações violentas e agressivas de sons.

Música Viva

Célia Zadumbide imprime sua forte personalidade à sua música, caracterizada pela concentração do pensamento e o poder intelectual, cedendo às vezes ao encanto sensível da linea e da côr harmônica. Mas, a música da jovem compositora equatoriana deixa de ser pictorica, literaria, descritiva, efeitista ou sentimental e torna a ser, simples e objetivamente, música, isto é: estrutura sonora, arte dos sons organizados.

Ouviremos, então, "Música para flauta e piano", da autoria de Célia Zadumbide, obra composta em 1945.

Colaborarão na interpretação Gení Marcondes, piano, e H.J.Koellreutter, flauta.

ESTÚDIO: — 15 minutos-

LOCUTOR: — PRA 2, Rádio do Ministério de Educação e Saúde, transmitindo o programa "Música Viva". Acabaram de ouvir "Música para flauta e piano" de Célia Zadumbide.

Apresentaremos, a seguir, "Peça para piano" do compositor catarinense EDINO KRIEGER. Edino Krieger, natural de Brusque em Santa Catarina, fez os seus estudos de música no Conservatório Brasileiro de Música nesta Capital e estudou contraponto e composição com H.J.Koellreutter.

Seguindo nas suas primeiras composições — na Sonata para violino, nas Invenções para piano — um ideal clássico, orientado pelas obras de Bach e Max Reger, Edino Krieger tem procurado o seu proprio estilo inclinando-se até uma espécie de expressionismo formal, o que tem demonstrado, principalmente, no seu Trio para sopros, na Serenata para oboe e piano e na peça para piano.

Uma grande parte da nova geração de compositores brasileiros tem superado o culto unilateral e exterior dos diversos "folklore" brasileiros entrando, corajosamente, nas grandes correntes culturais da época.

Peça para piano encerra problemas de expressão, subjugando a eles todos os elementos sonoros. A série de 12 sons, procedimento que permite a mais ampla liberdade dentro de um rigor máximo, forma a base da composição, na qual a expressão, concentrada, ocupa um mínimo de espaço de tempo, eludindo os desenvolvimentos e os amplos planos sonoros.

Ouviremos, então, na interpretação de Gení Marcondes "PEÇA PARA PIANO" de EDINO KRIEGER.

ESTÚDIO: — 3 minutos

LOCUTOR: — Acabaram de ouvir "Peça para piano" de Edino Krieger. Gení Marcondes e H.J.Koellreutter executarão, em seguida, "Introdução e Allegro" para flauta e piano de Claudio Santoro.

Claudio Santoro, compositor brasileiro, tornou-se por temperamento e convicções estéticas um enérgico defensor das orientações universalistas da escola contemporânea mais avançada. Em virtude da orientação marcadamente nacionalista dos principais compositores brasileiros, Claudio Santoro é um solitário cuja música é pouco conhecida no Brasil, tendo sido executada mais no estrangeiro, como em Montevideo, Buenos Aires, Londres e Washington. Orientado na técnica dos 12 sons, desenvolveu por si mesmo essa tendência adaptando-a aos seus sentimentos estéticos. Evita todas as influências do folklore e qualquer exterioridade adherindo

Música Viva

ao atonalismo e visando unicamente a sua propria expressão sem os característicos especiais de pais e raça, em linguagem simples e introspectiva.

Apresentamos, então, em seguida, INTRODUÇÃO E ALLEGRO para flauta e piano de CLAUDIO SANTORO.

ESTÚDIO: — 5 minutos

LOCUTOR: — Acabaram de ouvir "Introdução e Allegro" para flauta e piano de Claudio Santoro, na interpretação de Gení Marcondes e H.J.Koellreutter.

Termina aquí mais um programa "Música Viva".

Divulgando por meio de concertos, irradiações, conferências e publicações, a criação musical contemporânea de <u>todas</u> as tendências e correntes estéticas, mostra que em nossa época existe música, expressão de nosso tempo e de um novo estado de inteligência.

A revolução espiritual, que o mundo atualmente atravessa, não deixa de influenciar a produção artística contemporânea. Essa transformação radical, que se faz notar também nos meios sonoros, é a causa da incompreensão momentânea em frente à música nova.

Idéias, porem, são, mais fortes do que preconceitos!

Por isso, "Música Viva" lutará pelas idéias de um mundo novo, crendo na força criadora do espírito humano e na arte do futuro.

"Música Viva" estará novamente no ar, no proximo sábado com um programa de estudio apresentando a pianista paulista EUNICE CATUNDA que executará todo o ciclo de cirandas de Villa-Lobos e "Música 1941" de H.J.Koellreutter.

Carlos Kater

ANEXO AO ROTEIRO "MÚSICA VIVA"

Sábado, 11 de janeiro de 1947

A)

LOCUTOR: — "MÚSICA VIVA" dedica a sua transmissão de hoje aos mais novos compositores brasileiros: CLAUDIO SANTORO, GUERRA PEIXE E HEITOR ALIMONDA.

TÉCNICA: — Cortina sobe, desce e permanece em B.G.

LOCUTOR: — A arte dos mais jovens compositores brasileiros rompe energicamente com a tradição concebendo uma arte mais universalista, sem a preocupação de regionalismo expresso por característicos especiais de país e raça, integrando-se nas correntes mais avançadas da música contemporânea. Sua obra, alheia a preconceitos e doutrinas, não pretende ser outra coisa sinão a expressão real e sincera de nossa época.[74]

Estes jovens, talvez se encontrem na madrugada de um novo estilo. Exprimem-se diretamente, sem se envergonhar de serem simples. Tristes ou alegres, consonantes ou dissonantes, fazem da música o objeto

---

74. Comparar a semelhança existente entre este trecho e o referente ao estilo de MINITA F. MANTERO, C. SANTORO entre tantos mais.

Música Viva

principal de suas preocupações. Chamam as suas obras simplesmente "Música", "Peça" e exteriorizam já assím sua atitude espiritual. Não tem a obsessão do belo, e, principalmente, "essa intenção estúpida, pueril mesmo e desmoralizadora de criar obra-de-arte perfeitíssima e eterna", para falar como Mario de Andrade. Pretendem ser unicamente sinceros, verdadeiros.

TÉCNICA: — Cortina sobe, desce e permanece em B.G.

LOCUTOR: — Apesar da diversidade das tendências pessoais, CLAUDIO SANTORO e GUERRA PEIXE parecem participar, ambos da criação de uma nova linguagem sonora, trazendo algo de realmente novo e decisivo para a música brasileira. CLAUDIO SANTORO é uma das mais notaveis individualidades da música brasileira. Moço ainda, é de uma extraordinária vitalidade interior e exterior, uma sensibilidade e inteligência abertas a todos os campos e modalidades da arte musical. Força, exuberança, domínio completo de sí, nivelança dos gêneros, desdém dos preconceitos, derrocada das torres de marfim. Para SANTORO não há dogmas, não existem códigos que legislem sobre o que o artista deve ou não fazer, pode ou não abordar. SANTORO compõe abundantemente. Desde as suas primeiras obras — a sinfonia para duas orquestras de cordas, o poema sinfônico intitulado "Impressões de uma Usina de Aço", sua música de câmera — traz para a música brasileira algo de revolucionário. Na obra de CLAUDIO SANTORO, a música brasileira entre em crise. Arte de "parti-pris"; intencionalmente agressiva, cortante, metálica, de ritmos incisivos, implacavel, fatal.

Essa arte revela, para além da intenção combativa, uma vontade de simplificação, uma nitidez de linhas, uma severa organização formal, uma força de construção que constitui o verdadeiro volta-face tanto aos exageros nacionalistas que inundavam o país em consequência das obras mal compreendidas de um VILLA-LOBOS, como ao invertebramento do seu ambiente impressionista, e estabelecem as premissas de uma nova concepção na música brasileira: a música agora não é só para sentir, é também para compreender.

Ouviremos, a seguir, na interpretação do pianista HEITOR ALIMONDA: SEIS PEÇAS PARA PIANO de CLAUDIO SANTORO.

ESTÚDIO: — 6 minutos

LOCUTOR: — Acabamos de ouvir, na interpretação de HEITOR ALIMONDA, SEIS PEÇAS PARA PIANO de CLAUDIO SANTORO.

TÉCNICA: — Cortina sobe, desce e permanece em B.G.

LOCUTOR: — A música de HEITOR ALIMONDA sempre deixa sentir a presença da individualidade do artista. Sua fatura é discreta tendo muito de peculiar à personalidade do autor. Os IMPROVISOS de HEITOR ALIMONDA são caracterizados por uma sensibilidade extrema, cheia de poesia, impregnados de intenso brasileirismo, radicado no mais íntimo da alma e surgido de tal maneira trabalhado pelo compositor, que apenas se pode pressentí-lo.

Ouviremos, então, em primeira audição, TRES IMPROVISOS para piano de HEITOR ALIMONDA, na interpretação do autor.

Música Viva

ESTÚDIO:	— 4 minutos

TÉCNICA:

LOCUTOR: — Acabamos de ouvir TRES IMPROVISOS para piano de HEITOR ALIMONDA.

TÉCNICA: — Cortina sobe, desce e permanece em B.G.

TÉCNICA: — Cortina sobe, desce e permanece em B.G.

LOCUTOR: — Acabamos de responder as cartas dos ouvintes WALTER LEHRE e FRANCISCO SÁ FERREIRA. Prosseguindo em nossa transmissão de hoje, ouviremos, a seguir, DEZ BAGATELAS para piano de GUERRA PEIXE.

TÉCNICA: — Cortina sobe, desce e permanece em B.G.

LOCUTOR: — GUERRA PEIXE é totalmente diferente de CLAUDIO SANTORO. É um compositor de um humor muitas vezes satírico e de um realismo quasi dramático. Um real talento. GUERRA PEIXE possue um grande e seguro domínio da matéria sonora e um autentico conhecimento dos recursos mais subtis e brilhantes da palheta orquestral. Sua linguagem musical baseada num cromatismo diatônico, atonal e livre de preconceitos, é de uma brevidade de proporções e de uma economia de meios que — característico de uma das tendências estéticas de nosso tempo — parece determinada por uma certa pressa, um certo desejo de condensar. O que ressalta nas DEZ BAGATELAS é o estilo novo, realmente novo, realizado pela primeira vez na SINFONIA para pequena orquestra sinfônica. Estilo fortemente pessoal apesar da çontribuição que a música popular deu à sua formação.

As DEZ BAGATELAS são um exemplo de que o atonalismo não é incompatível com a expressão de sentimentos, com a paixão, com a graça, com o lirismo, e que o aspecto por assim dizer esotérico e "cerebral" que essa linguagem musical frequentemente apresenta em SCHOENBERG, em contraste com a "humanização" nela operada pelos jovens atonalistas brasileiros, CLAUDIO SANTORO e GUERRA PEIXE, está estribada no fundo, apenas na diferença das suas respectivas naturezas psicologicas e artisticas.

Ouviremos, a seguir, em primeira audição DEZ BAGATELAS para piano de GUERRA PEIXE, na interpretação de HEITOR ALIMONDA.

ESTÚDIO: — 8 minutos

LOCUTOR: — Acabamos de ouvir, na interpretação de HEITOR ALIMONDA, DEZ BAGATELAS de GUERRA PEIXE.

TÉCNICA: — Cortina sobe, desce e permanece em B.G.

Música Viva

ANTOLOGIA DE MÚSICA CONTEMPORÂNEA:

Roteiro standar nº 1
Prefixo: Schoenberg, Concerto

SUPLEMENTO DO ROTEIRO "MÚSICA VIVA"

Programa de estúdio:

1º CLAUDIO SANTORO   Seis Peças para piano

2º HEITOR ALIMONDA   Tres Improvisos

— Questionário —

3º GUERRA PEIXE   Dez Bagatelas

Intérprete: Heitor Alimonda, piano

18 minutos de música

Carlos Kater

Programa: "MÚSICA VIVA"   Data: 26-6-948.

Caraterístico: Cortina   Horário: 22,30 hs.

= =

TÉCNICA: — CORTINA

LOCUTOR A: — CORTINA

TÉCNICA: — CORTINA

LOCUTOR A: — "MUSICA VIVA", grupo de vanguarda, apresenta numa grande antologia de todas as tendências da música contemporânea, as obras dos maiores compositores de todos os paises.

LOCUTOR B: — "MÚSICA VIVA", movimento de estímulo e cooperação, apresenta as obras dos mais jovens compositores do Brasil, servindo assim ao progresso e à cultura brasileira.

TÉCNICA: — CORTINA

LOCUTOR A: — Em sua transmissão de hoje, o grupo "MUSICA VIVA" apresentará obras de EDINO KRIEGER.

TÉCNICA: — CORTINA

Música Viva

LOCUTOR B: — EDINO KRIGER, jovem compositor brasileiro de apenas 20 anos de idade, é natural da cidade de Brusque, no Estado de Santa Catarina, onde iniciou seus estudos musicais com seu pai. Em 1943, veio ao Rio de Janeiro, onde se matriculou no Conservatório Brasileiro de Música. EDINO KRIEGER é o membro mais novo do grupo "MÚSICA VIVA" e já apresenta um consideravel número de trabalhos para orquestra, música de câmera, piano e canto.

EDINO KRIEGER conquistou o primeiro lugar no Concurso de Compositores Latinoamericanos do "Berkshire Music center" com sua "Peça Lenta" para flauta, violino, viola e violoncelo e seu "Movimento Misto" para orquestra. EDINO KRIEGER, o vencedor brasileiro, seguiu ontem, junto com os representantes argentinos e uruguayos para os Estados Unidos, onde participará do curso de verão que se realizará durante os famosos "Berkshire-Festivais". Lá estes jovens artistas terão oportunidade de aperfeiçoar-se e de assistir a recitais, conferências e nove concertos sinfônicos da célebre Orquestra Sinfônica de Boston, sob a direção de Koussevitzky, Leonard Bernstein, Robert Shaw e Eleazar de Carvalho. Além da viagem de ida e volta, os vencedores terão publicado um de seus trabalhos para piano escrito durante o curso de verão em Tanglewood.

A linguagem musical de EDINO KRIEGER, avançada e pessoal, caracteriza-se por fortes traços românticos e um ritmo irregular e acentuadamente sincopado. O fundo expressivo de sua arte, entretanto, demonstra uma fantasia larga e abundante, resultado de um inquietante complexo dramático e de clima estranho e sugestivo.

LOCUTOR A: — Ouviremos, a seguir, "MINIATURAS" para flauta e piano de EDINO KRIEGER. Serão intérpretes: H.J.Koellreutter, flauta e Heitor Alimonda, piano.

TÉCNICA: — ESTÚDIO: EDINO KRIEGER, MINIATURAS

LOCUTOR A: — Acabamos de ouvir "MINIATURAS" para flauta e piano de EDINO KRIEGER. Ouviremos, a seguir, ... do mesmo autor. Ao piano: Gení Marcondes.

TÉCNICA: — GRAVAÇÃO: EDINO KRIEGER, PEÇA

LOCUTOR A: — Acabamos de ouvir, na interpretação de Gení Marcondes, ... de EDINO KRIEGER.

Passaremos a transmitir o "NOTICIARIO MUSICA VIVA".

— Entre os discos de maior sucesso gravados nos Estados Unidos no ano passado, acha-se a "Bacchiana Brasileira n°.5" de VILLA LOBOS, na execução do soprano Bidú Sayão.

— A "Columbia University" realizou seu Quarto Festival de Música Contemporânea onde foi executada, em primeira audição mundial, a ópera "Evangelina" de compositor norte-americano OTTO LUENING. Também foram estreadas obras de ROY HARRIS, PORTER, WALLINGFORD RIEGGER e FOSS.

— O maestro EFREM KURTZ será o regente oficial da "Houston Symphony Orchester" para a temporada deste ano.

— A atuação de BRUNO WALTER em Viena culminou na interpretação da Segunda Sinfonia de Mahler que teve êxito triunfal.

Música Viva

— A "Juilliard School of Music" em Nova York apresentou o oratório cênico "Edipo Rei" de STRAWINSKY e "Angélica" de JACQUES IBERT.

— Venceu o grande "Concurso Rachmaninoff" o jovem pianista SEYMOUR LIPKIN, de apenas 20 anos de idade.

— Está sendo filmado em Hollywood um filme denominado "Agora e Sempre" utilizando gravações originais pelo célebre tenor e baseado na vida de ENRICO CARUSO.

— Entre as atividades musicais efetuadas no Palacio de Belas Artes em Bruxelas, incluiu-se a execução completa do "Cravo bem temperado" de J. S. Bach, pela cravista suiça ISABELLE NEF.

— O musicólogo brasileiro VASCO MARIS acaba de publicar um livro intitulado "Figuras da música brasileira contemporânea".

— Foi fundada no Congresso Internacional de Compositores em Praga a "Sociedade Internacional de Compositores e Críticos Progressistas".

— SERGE KOUSSEVITZKY deixará a Orquestra Sinfônica de Boston em fins deste ano, depois de 25 anos de atividades à frente dessa entidade sinfônica. O regente francês CHARLES MUENCH será seu sucessor.

LOCUTOR A: — Acabaram de ouvir o "NOTICIÁRIO MUSICA VIVA". Ouviremos, a seguir, "MÚSICA DE CÂMERA" de ROBERTO SCHNORRENBERG.

LOCUTOR B: — ROBERTO SCHNORRENBERG nasceu em 1929 em São Paulo. Discipulo de Zaccharias Autuori e de H.J.Koellreutter, dedica-se principalmente à composição musical. Entre suas obras destacam-se os "Epigramas" para vários instrumentos, um Quinteto para flauta e quarteto de cordas, a Sonata para piano, a Suite para violino e orquestra e uma Sinfonia em dois movimentos.

ROBERTO SCHNORRENBERG foi classificado em segundo lugar no Concurso de Compositores Latinoamericanos do "Berkshire Music Center" tendo apresentado um Quarteto Misto e uma "Intrata" para orquestra sinfônica.

A linguagem musical de ROBERTO SCHNOR-RENBERG demonstra fortes tendências néo-classicistas e uma estrutura harmônica cujos acordes são ligados entre sí por relações tonais. O contraponto assim como a formação melódica de suas composições é de uma extraordinária liberdade de expressão.

LOCUTOR A: — Ouviremos, a seguir, em primeira audição, "MUSICA DE CÂMERA" para flauta, clarinete, violino e violoncelo de ROBERTO SCHNORRENBERG. Serão intérpretes: Nydia................, violoncelo, H.J.Koellreutter, flauta, Jaioleno dos Santos, clarinete e Santino Parpinelli, violino.

TÉCNICA: — GRAVAÇÃO: SCHNORRENBERG, MUSICA DE CAMERA

LOCUTOR A: — Acabamos de ouvir "MUSICA DE CAMERA" para flauta, clarinete, violino e violoncelo de ROBERTO SCHNORRENBERG. Prosseguindo em nossa transmissão dedicada aos vencedores do Concurso de Compositores Latino-Americanos do "Berkshire Music Center", ouviremos a SONATINA para flauta e piano de EDINO KRIEGER. Serão intérpretes: H.J.Koellreutter, flauta e Gení Marcondes, piano.

Na SONATINA para flauta e piano, EDINO KRIEGER adheriu a um Expressionismo atonal e emi-

Música Viva

nentemente subjetivo. Sua linguagem musical é áspera e profunda, vagando numa atmosfera de uma densidade nova e rigorosa. Observa-se uma valorização extrema de todos os detalhes, de todo acento ou simples nota de uma harmonia essencialmente atonal visando a dilatação da expressão musical. Concentração e deslocação da melodia; abandono consequente dos conceitos tradicionais de tonalidade, forma, harmonia, desenvolvimento e sonoridade.

Ouviremos, então, na interpretação de H.J. Koellreutter e Gení Marcondes, a SONATINA para flauta e piano de EDINO KRIEGER.

TÉCNICA: — ESTÚDIO: EDINO KRIEGER, SONATINA

LOCUTOR A: — Acabamos de ouvir, na interpretação de H.J. Koellreutter e Gení Marcondes, a SONATINA para flauta e piano de EDINO KRIEGER.

TÉCNICA: — CORTINA

LOCUTOR B: — Uma cultura é incompleta, viciada, unilateral: se só olha para o passado e recusa o presente; se recusa aquilo que o presente tem de vivo, de criador, de fecundo; se não acompanha o presente em seu caminho de descoberta e de conquista para o futuro.

LOCUTOR A: — "MUSICA VIVA" — movimento que significa: cumprimento de um ideal artístico, serviço a uma causa comum e convicção estética — acompanha o presente nesse caminho, lutando pelas idéias de um mundo novo, crendo na força criadora do espírito humano e na arte do futuro.

TÉCNICA: — CORTINA

LOCUTOR B: — Termina aquí mais um programa "MUSICA VIVA".

LOCUTOR A: — "MUSICA VIVA" voltará ao ar no sábado próximo, às 22,30 hs. com um programa de gravações apresentando o "CONCERTO GROSSO" para cordas de GUERRA PEIXE e a SINFONIA para orquestra de cordas de WILLIAM SCHUMANN.

TÉCNICA: — CORTINA

FIM

Música Viva

CORRESPONDÊNCIA

PROGRAMA: "MUSICA VIVA"   DATA: 13-8-949.
CARACTERISTICA: CORTINA   HORA: 22,30 hs.

TECNICA: - CORTINA

LOCUTOR: - No ar: "MUSICA VIVA".

TECNICA: - CORTINA

LOCUTOR: - "MUSICA VIVA" grupo de vanguarda, apresenta numa grande
              antologia de todas as tendências da música contemporânea, as
              obras dos maiores compositores de todos os paises.
              - "MUSICA VIVA", movimento de estímulo e cooperação, apresenta
              as obras dos mais jovens compositores do Brasil, servindo
              assim ao progresso e à cultura brasileira.

TECNICA: - CORTINA

LOCUTOR: - Terminando seu ciclo de transmissões, intitulado:
                "OBRAS PRIMAS DE NOSSA ÉPOCA"
              "MUSICA VIVA" apresentará hoje o Concerto para violino
              e orquestra de
                        ALBAN BERG.

              Intérpretes serão o violinista *Louis Krasner*
              e a orquestra *de Cleveland*
              sob a direção de Arturo Rodzikski.

TECNICA: - GRAVAÇÃO: ALBAN BERG, CONCERTO   PRIMEIRO TEMPO

Roteiro do programa radiofônico *Música Viva*, de 13/8/1949 (primeira página)

Carlos Kater

Loc.B – (Paulo)
Ouvinte (Gení)
Loc.A – (Assaf) [75]

Programa: "MÚSICA VIVA"   Data: 13-8-949.

Característica: CORTINA   HORÁRIO: 22,30hs.

═ ═

TÉCNICA: — CORTINA

LOCUTOR :   — No ar: "MUSICA VIVA".

TÉCNICA: — CORTINA

LOCUTOR :   — "MUSICA VIVA" grupo de vanguarda, apresenta
                numa grande antologia de todas as tendências da música
                contemporânea, as obras dos maiores compositores de
                todos os países.
                — "MUSICA VIVA", movimento de estímulo e
                cooperação, apresenta as obras dos mais jovens com-

---

75. As informações em itálico estão manuscritas. Este roteiro encontra-se em 7 folhas de papel de seda
datilografadas, contendo do lado esquerdo a impressão em vermelho "CORRESPONDÊNCIA EXPEDIDA".
A reprodução feita aqui respeita a ortografia e a formatação geral do documento original, não sendo
indicadas apenas as palavras rasuradas.

Música Viva

positores do Brasil, servindo assim ao progresso e à cultura brasileira.

TÉCNICA:　　— CORTINA

LOCUTOR :　　— Terminando seu ciclo de transmissões, intitulado: "OBRAS PRIMAS DE NOSSA ÉPOCA" "MUSICA VIVA" apresentará hoje o Concerto para violino e orquestra de ALBAN BERG.

Intérpretes serão o violinista *Louis Krazner** [76] e a orquestra *de Cleveland** sob a direção de Arturo Rodzinski.

TÉCNICA:　　— Gravação: ALBAN BERG, CONCERTO PRIMEIRO TEMPO

ESTÚDIO:　　— Telefone. Toca duas vezes.

LOCUTOR:　　— *Alô,** Pronto.

OUVINTE:　　— Quem fala ?

LOCUTOR:　　— PRA-2, Emissora do Ministério da Educação e Saúde.

OUVINTE:　　— Aqui fala uma ouvinte do programa "MUSICA VIVA".

----

76. Todas as palavras em itálico seguidas de asterisco estão manuscritas no texto.

LOCUTOR: — Ah, muito prazer.

OUVINTE: — Hoje, finalmente, depois de ter ouvido o programa "MÚSICA VIVA" durante anos, resolvi telefonar para o snr. Estou simplesmente desesperada. Não compreendo nada dessa música e até nem sei, se se pode chamar essa aglomeração de notas, dissonâncias e cacofonias de toda espécie, de música. Fico irritada e até neurastênica. E é por isso que hoje tomei coragem e lhe telefonei.
Resolvi agora estudar o que se passa com essa música, pois acho que não é possível a gente não compreender a linguagem de seu próprio tempo. Não acha o snr.?

LOCUTOR: — Acho. Sim. E felicito a sna. pela iniciativa que tomou telefonado para cá. A música como tudo neste mundo evolue, e não adianta fechar os olhos em face de um fenômeno que é a consequência de uma lei natural, a não ser em próprio prejuízo.

OUVINTE: — Sem dúvida. É assim que eu penso. E é esta a razão *porque** continúo firmemente *a** ouvir o programa "MÚSICA VIVA" sempre na esperança de, um dia, compreender essas músicas estranhas...

LOCUTOR: — ... o que seria o caminho para aprender a gostar delas.

OUVINTE: — Pois é. Mas veja o snr: é que acho a maioria dessas composições feias, profundamente feias — o snr. me desculpe a franqueza — e não posso deixar de pensar que a música de hoje vai por um mau caminho. Compare o snr. aquela música que acabamos de ouvir...

Música Viva

LOCUTOR: — ... o Concerto para o violino e orquestra de ALBAN BERG...

OUVINTE: — ... com a música simples e eufônica de um Bach, Haydn, Mozart ou Beethoven.

LOCUTOR: — Pois não. Mas nessa comparação, justamente, reside a conclusão errônea e, se me permite dizer, um erro de raciocínio fundamental.

OUVINTE: — Será que o snr. pode explicar-*se** melhor?

LOCUTOR: — Como não. Veja a sna.: *porque** se reconhece que a música de um Bach, Haydn, Mozart etc. é bela e a música de hoje sôa de uma maneira inteiramente diferente, tira-se a conclusão lógica de que a música de hoje não é bela. Eis um trecho de uma Sonata para piano de Mozart e um outro de uma música de Schoenberg:

— exemplo n° 1 ao piano —

O.: — Isso mesmo. O snr. vê: enquanto que a música de Mozart sôa agradavelmente, harmônica, dando prazer à gente, a música de Schoenberg não satisfaz, irrita e até aborrece com sua falta de melodia e suas constantes dissonâncias.

L.: — É porque o ouvido está submetido à lei do mínimo esforço e habituado com o ideal sonoro dos tempos passados. Somente um esforço maior do ouvido — que naturalmente é *o esforço** do ouvinte — descobrindo as belezas e o interesse propriamente dito que pode proporcionar a música de nossa época poderá resolver essa questão. Assim sem dúvida, o ouvido se habituará e se sentirá igualmente satisfeito. E, em consequência, o ouvinte começará a interessar-se pelas novas criações sonoras.

O.:   — Bem, é possível que o snr. tenha razão.

L.:   — Igor Strawinsky, o grande compositor russo, conta uma interessante história: no tempo de seus estudos com Rimsky-Korsakow, "L'après-midi d'un faune" de Debussy era uma das músicas mais discutidas da época. Depois de uma audição dessa obra em Petersburgo, o jovem Strawinsky perguntou ao mestre o que se devia pensar de uma música tão caótica. E Rimsky-Korsakov respondeu: Creio que *seria** melhor não ouvir uma música como essa; pois o ouvido se habituará e finalmente começará a gostar.

O.:   — Interessante.

L.:   — E não acha a sna. que a música é uma espécie de linguagem, uma linguagem sonora?

O.:   — Sem dúvida.

L.:   — E à sonoridade de uma linguagem nova o ouvido deve habituar-*se**. Mesmo conhecendo o idioma de uma língua estrangeira, a sna. não compreenderá antes que o ouvido se tenha habituado ao som de linguagem.

O.:   —Sim. O snr. tem razão. Neste caso devia-se, então, primeiro educar o ouvido?

L.:
— Isso mesmo. Fazer o ouvinte compreender em que elementos consiste a beleza da nova linguagem musical e como êle deve ouvir e assimilá-la. E em toda essa questão esquece-se também que se há de contar com a relatividade da idéia de beleza e com a variabilidade dos elementos que a compõem. Esquece-se também de que Bach, Haydn, Mozart e Beethoven eram tão modernos para o seu tempo como o são Strawinsky, Hindemith, Bartok, Schoenberg e Villa-Lobos para nós.

O.:
— Quer dizer, o snr. acha então, que não é arbitrariamente, mas por necessidade, que os jovens músicos fazem uma música diferente?

L.:
— Mas naturalmente. É por necessidade que os jovens fazem uma música diferente. Essa necessidade provém do fato de serem os homens diferentes dos seus antepassados; outra amálgama de sensações germina e vive neles, e a força criadora da vida age precisamente sobre essa mentalidade diferente.

O.:
— Muito bem. Compreendo. Mas, o snr. não acha que a música de hoje é caótica, um produto sem lógica, sem princípios e sem regras?

L.:
— Não acho. Não. É fácil tachar logo uma nova ordem de princípios de caótica, quando não se a compreende. Veja uma vez até que ponto a música de hoje é uma continuação ou uma consequência lógica da música de ontem e quais os aspectos em que ela se apresenta verdadeiramente como revolucionária.

O.: — Bem, talvez tenha razão. Mas o snr. não pode negar que a música de hoje profana arbitrariamente as regras da música clássica?

L.: — Bem, *era** só êsse argumento *o** que eu ainda esperava. Mas, a sna. me desculpe. Creio mesmo que deve seriamente estudar a história da música e da estética das artes. Como se, precisamente, toda a música do Romantismo não viesse já, desde Beethoven, dando nova significação a essas sacrossantas "regras". Como se um Chopin, um Wagner ou um Mussorgsky tivessem recuado um momento só que fosse em infringir as regras clássicas, criando, *ao** mesmo passo, outras, quando se tratava de dar expressão verdadeira ao que o seu instinto musical lhes ditava, ao que a sua verdade interior lhes gritava ser a Verdade mesma.

O.: — O snr. *parece que vai** convencer mesmo...

L.: — Não, minha sna., não é esse o fim de minha argumentação. Quero apenas que a sna. *veja** a realidade. Quero apenas abrir-lhe o caminho para a compreensão da música de nossa época. Nem os próprios clássicos têm sido uns respeitadores tão obedientes das assim-chamadas regras.

O.: — Como não?

L.: — A sna. certamente não desconhece a famosa regra da proibição das quintas paralelas?

O.: — Sim. Naturalmente.

Música Viva

L.:   — Então, escute aqui esses dois compassos da Sonata Apassionata de Beethoven que bem demonstram
que o mestre não se prendeu a uma academismo de
regras e fórmulas.

— exemplo n° 2 ao piano —

L.:   — *Alô, alô, a sna. ouviu?* *

O.:   — *Ouvi sim,* * é verdade.

L.:   — Nem quero falar de Debussy em cuja a música
esse paralelismo ficou até um característico de seu
estilo. Escute esse trecho da ópera "Pelléas et
Mélisande".

— exemplo n° 3 ao piano —

L.:   — *Alô, alô - está claro o exemplo?* *

O.:   — *Claro está.* * Mas, para que servem então todas
aquelas regras que se aprende no Conservatório?

L.:   — Servem para alcançar, dentro de determinados princípios, determinados fins. Se os princípios mudam, se o
fim que se pretende é outro, as regras deixam, praticamente, de ter razão de existir e passam a ser matéria
morta dos Tratados.

O.:   — Então, também Bach, Mozart, Beethoven etc. vio-
laram tais regras?

Carlos Kater

L.: — Naturalmente. Mas criaram outras. Aquelas de que tinham necessidade para realizar seu pensamento. Beethoven *disse** uma vez: Não há regra que não possa ser infringida por amor do belo.

O.: — Compreendo.

L.: — Desde a primeira representação de "Pelléas et Mélisande" de Debussy, em 1902, até sua interdição, pelo Terceiro Reich, da execução da Sinfonia "Matias, o pintor" de Hindemith, em 1934, passando pelo escândalo da "Consagração da Primavera", de Strawinsky, em 1913, e pelo das "Cinco peças para orquestra" de Schoenberg, em 1923, a história da música contemporânea tem sido uma série de lutas e de reações violentas, *em virtude** da cegueira de uns, *da** obstinação de outros e *da** incompreensão de muitos, contra esse legítimo direito que todo o verdadeiro artista tem que se permitir ir contra as regras, contra a ordem tradicional, justamente por amor do mais belo. É aliás, a luta de todos os tempos: é a luta de um Rameau, a de um Beethoven, a de um Wagner, a de um Mussorgsky, a de todos os gênios que ousaram descobrir novos horizontes, desbravar novas terras, comunicar aos homens algo de novo e de fecundo.

O.: — Compreendo e agradeço ao snr. sua gentileza e paciência que teve comigo.

L.: — De nada, minha sna. Ao contrário. Sou eu quem deve agradecer à sna. Porque a sna. me sugeriu uma ótima idéia. No sábado próximo iniciaremos uma nova

Música Viva

série de transmissões cujo fim será mostrar um caminho para a compreensão da nova música, da música que é a verdadeira expressão de nossa época. O fim dessas transmissões será mostrar ao ouvinte como deve ouvir e assimilar as novas composições e também como será capaz de julgar e de distinguir uma bôa obra de uma *obra** má da música contemporânea.

O.: — Isso mesmo. Esse ponto me parece muito importante. Seria importante mostrar ao ouvinte como pode julgar o valor de uma obra da nova música.

L.: — Sem dúvida. É isso que faremos. E convidaremos o prof. H.J.Koelreutter, o organizador do programa "MUSICA VIVA" para *que** êle nos fale sobre o nascimento de uma nova música através da crise da música post-romântica, sobre os elementos de renovação, sobre atonalidade, politonalidade, dodecafonismo, microcromatismo, neo-modalismo, ritmo, jazz e outras tendências que surgem na linguagem musical de hoje, sobre os característicos dos estilos, sobre o conteudo da música contemporânea e sua função social. E por meio de gravações e exemplos de piano e de música de câmera, o ouvinte aprenderá ouvir e finalmente, compreender. Concursos darão ocasião para verificar o que se tem aprendido.

O.: — Uma excelente idéia.

L.: — Espero que sim. E desde já convidamos os ouvintes a colaborarem ativamente enviando suas perguntas e opiniões para Programa "MUSICA VIVA", Praça da República 141-A, afim de que as respondamos e debatamos. A sna. entretanto será convidada para participar das transmissões aqui no estúdio representando nos debates os ouvintes.

O.:   — Muito obrigada. É com muito prazer que aceitarei.

L.:   — Esperamos com as nossas explicações habilitar os ouvintes de bôa vontade a melhor compreender o fenômeno da música contemporânea. E a sna. verá que a música de hoje não é essencialmente diferente da de ôntem. No fundo, a distinção entre "música moderna" e "música antiga" é mesmo arbitrária e especiosa. A substância da música é sempre a mesma: o que varia são os modos por que ela se manifesta. Para compreender a música de hoje basta compreender as condições novas em que ela se desenvolve, os novos modos por que ela revela a sua substância de sempre. É isso que pretendemos com o ciclo de transmissões intitulado *"A música contemporânea ao alcance de todos"* * que começará no sábado próximo, dia 20 de agosto, as 22,30 hs. E agora ouviremos a segunda parte do CONCERTO PARA VIOLINO E ORQUESTRA de ALBAN BERG.

TECNICA: — GRAVAÇÃO

LOCUTOR: — Acabamos de ouvir o CONCERTO PARA VIOLINO E ORQUESTRA de ALBAN BERG, na interpretação do violinista *Louis Krazner** e da orquestra *de Cleveland* * sob a direção de Arturo Rodzinski.

TECNICA: — CORTINA

Música Viva

LOCUTOR: — Uma cultura é incompleta, viciada, unilateral se só olha para o passado e recusa o presente, se recusa aquilo que o presente tem de vivo, de criador, de fecundo; se não acompanha o presente no seu caminho de descoberta e de conquista para o futuro. "MUSICA VIVA" — movimento que significa: cumprimento de um ideal artístico, serviço a uma causa comum, atitude *afirmativa** e convicção estética — acompanha o presente neste caminho, lutando pelas idéias de um mundo novo, crendo na força criadora do espírito humano e na arte do futuro.

TECNICA: — CORTINA

LOCUTOR: — Termina aquí mais um programa "MUSICA VIVA". "MUSICA VIVA" voltará ao ar no próximo sábado, as 22 horas e 30 minutos, inaugurando uma nova série de transmissões, intitulada *"A música contemporânea ao alcance de todos"* *.

TECNICA: — CORTINA

= =

FIM

PROGRAMA: "MUSICA VIVA" [77]   DATA: 21-10-950.

CARACTERISTICA: CORTINA   HORÁRIO: 22,30hs.

= =

TÉCNICA:	— CORTINA
LOCUTOR:	— No ar: "MÚSICA VIVA"
TÉCNICA:	— CORTINA
LOCUTOR:	— "MÚSICA VIVA", grupo de vanguarda, apresenta numa grande antologia de todas as tendências da música contemporânea, as obras dos maiores compositores de todos os paises. "MÚSICA VIVA", movimento de estímulo e de cooperação, apresenta as obras dos mais jovens compositores do Brasil, servindo assim ao progresso e à cultura brasileira.
TÉCNICA:	— CORTINA

---

77. Transcrição do roteiro datilografado, em 3 folhas, formato ofício, em papel de cópia, com a inscrição, em vermelho no canto superior esquerdo, "CORRESPONDÊNCIA EXPEDIDA". A ortografia e a diagramação do texto original foram mantidas.

Música Viva

LOCUTOR: — "MÚSICA VIVA", numa transmissão extraordinária, apresentará hoje o flautista argentino ESTEBAN EITLER, membro do grupo "Nueva Musica", Buenos Aires, que interpretará obras de HALSEY STEVENS, PAUL A.PISK e RICHARD FRANCO GOLDMAN.

TÉCNICA: — CORTINA

LOCUTOR: — HALSEY STEVENS pertence à nova geração de compositores norteamericanos. É professor da Universidade da Califórnia seguindo, em sua produção artística, o caminho indicado por PAUL HINDEMITH. As suas obras, de tendência francamente néo-classicista, se caracterizam pela simplicidade e clareza da estrutura polifônica.

Ouviremos, a seguir, "SONATINA" para flauta e piano de HALSEY STEVENS, em primeira audição no Brasil. Serão intérpretes: ESTEBAN EITLER, Buenos Aires, flauta e GENI MARCONDES, piano.

TÉCNICA: — ESTÚDIO

LOCUTOR: — Acabamos de ouvir, na interpretação de ESTEBAN EITLER e GENI MARCONDES, "SONATINA" para flauta e piano de HALSEY STEVENS. Ouviremos, a seguir, "INTRODUÇÃO E RONDÓ", de PAUL A.PISK.

PAUL A.PISK nasceu em Viena e estudou com Franz Schreker e ARNOLD SCHOENBERG. Hoje cidadão dos Estados Unidos leciona na Universidade de Redlands na Califórnia do Sul. Sua música baseada num cromatismo diatônico demonstra tendências construtivistas e classicistas.

Ouviremos, a seguir, em primeira audição no Brasil, "INTRODUÇÃO E RONDÓ", para flauta e piano de PAUL AMADEUS PISK.

Serão intérpretes o flautista argentino ESTEBAN EITLER e a pianista GENI MARCONDES.

TÉCNICA: — ESTÚDIO

LOCUTOR: — Acabamos de ouvir na interpretação de ESTEBAN EITLER e GENI MARCONDES, "INTRODUÇÃO E RONDÓ", para flauta e piano de PAUL AMADEUS PISK. A seguir, ESTEBAN EITLER executará "DOIS MONOCROMAS" para flauta só de RICHARD FRANCO GOLDMAN.

Como HALSEY STEVENS, também RICHARD FRANCO GOLDMAN pertence à mais nova geração de compositores norte-americanos. É secretário da "Liga de Compositores" dos Estados Unidos e exerce, em Nova York, a profissão de diretor de orquestra e de banda. Como compositor representa a corrente néo-classicista escrevendo num estilo leve e acessível.

Ouviremos, a seguir, na interpretação de ESTEBAN EITLER, "DOIS MONOCROMAS" de RICHARD FRANCO GOLDMAN.

TÉCNICA: — ESTÚDIO

LOCUTOR: — Acabamos de ouvir, na interpretação de ESTEBAN EITLER, "DOIS MONOCROMAS" de RICHARD FRANCO GOLDMAN. GENI MARCONDES e

Música Viva

ESTEBAN EITLER executarão, a seguir, duas peças do mesmo autor, intituladas "ICY PASTORALE" e "APERITIVO".

TÉCNICA: — ESTÚDIO

LOCUTOR: — Finalizando a nossa transmissão de hoje, o flautista argentino ESTEBAN EITLER e a pianista GENI MARCONDES apresentaram, em primeira audição no Brasil, obras do compositor norte-americano RICHARD FRANCO GOLDMAN.

TÉCNICA: — CORTINA

LOCUTOR: — Uma cultura é incompleta, viciada, unilateral, se só olha para o passado e recusa o presente, se recusa aquilo que o presente tem de vivo, de criador, de fecundo; se não acompanha o presente no seu caminho de descoberta e de conquista para o futuro.

TÉCNICA: — CORTINA

LOCUTOR: — Termina aquí mais um programa "MÚSICA VIVA". "MÚSICA VIVA" voltará ao ar no sábado próximo, às 22 horas e 30 minutos com a décima segunda audição da série "MÚSICA MODERNA AO ALCANCE DE TODOS".

TÉCNICA: — CORTINA

= =

FIM

Carlos Kater

Anexo 15

"O Setor de Música da Universidade da Bahia" [78]

O Setor de Música da Universidade da Bahia visa a criação de um instituto modelo, consagrado ao ensino da arte musical, e dotar o Norte brasileiro com um centro de estudos musicais, capaz de preencher a lacuna até hoje existente.

O S.M.U.B.[79] consiste num conjunto de cursos livres de todas as matérias musicais e correlatas. Sua finalidade é proporcionar ao estudante de música um ensino musical completo, de alto nível, baseado num programa eficiente e atualizado, assim como oferecer aos músicos *já* formados oportunidade de estudos complementares ou de extensão.

O Setor de Música da Universidade da Bahia será gradativamente organizado, de acordo com *a conveniência e* o desenvolvimento dos

---

78. Texto em papel ofício datilografado, 4p., sem título, provavelmente de 1954. Possui várias correções manuscritas à lápis, aparentemente do próprio Koellreutter. Foram mantidas, no geral, a forma e a ortografia do texto original.

79. Setor de Música da Universidade da Bahia. Todas as palavras em itálico presentes nessa transcrição correspondem às modificações manuscritas do original.

343

Música Viva

primeiros cursos, sendo que a fase preliminar, a ser iniciada a 15 de setembro de 1954, visa proporcionar aos alunos que participaram dos primeiros Seminários Internacionais de Música - Bahia, o prosseguimento de seus estudos.

DA ORGANIZAÇÃO DOS CURSOS:

O ensino musical no Setor de Música da Universidade da Bahia, subdivide-se em:

A) Seção Instrumental (instrumentos de teclado, de cordas, de sopro e percussão)
B) Seção de Canto
C) Seção Teórica:
    a) matérias técnicas: composição, harmonia e contraponto, fuga, teoria
    b) matérias musicológicas: história, estética, sociologia da música, folclore, crítica musical
D) Seção de Regência (regência coral e sinfônica)
E) Seção Radioelétrica (aproveitando a magnífica aparelhagem radioelétrica da Universidade, recomenda-se a organização dos primeiros cursos especializados no Brasil, destinados a preparar técnicos e especialistas para rádio, gravação, cinema e música eletrônica)
F) Seção de Dança (rítmica, ginástica, dança, *coreografia*)

Deverão ser criadas ademais seções de Música Sacra, *de* Música Popular e Jazz e uma Seção Dramática Musical.

DO CERTIFICADO:

O certificado *do Setor MUB* pode ser adquirido pela freqüência mínima de quatro semestres e a freqüência regular de um curso principal, e de todas as matérias obrigatórias. O estudo de uma só matéria principal, sem freqüência das matérias obrigatórias, dá direito a um atestado de freqüência. *Inicialmente* podem ser adquiridos os seguintes certificados:

a) certificado de matérias instrumentais ou canto

b) certificado de composição musical

c) certificado de regência, coral e sinfônica

d) certificado de dança *(para professores de dança)*

Obs.: O certificado só será concedido após os exames finais, provando que o aluno esta *realmente* apto a exercer a profissão artística dentro da sua especialização.

Das condições de admissão:

a) Serão aceitos exclusivamente estudantes que tenham passado por um exame de admissão, no qual serão levados em conta talento e conhecimentos musicais, instrução e cultura geral, capacidade de audição, exigindo-se, ademais, um exame médico que ateste as possibilidades físicas e mentais.

b) Todos os alunos serão admitidos somente em caráter provisório durante o período de dois semestres, período durante o qual devem demonstrar aproveitamento suficiente.

Das matérias obrigatórias:

Os estudos no Setor de Música da Universidade da Bahia — *com exceção da seção de dança* — compreendem uma matéria principal e as seguintes matérias obrigatórias:

A) Matérias práticas: improvisação e canto coral.

Música Viva

B) Matérias teóricas: teoria, solfejo, história, ditado musical, harmonia e contraponto, história das formas, análise, estética, sociologia da música, história dos instrumentos, acústica, folclore, fuga.

C) Matérias pedagógicas: pedagogia, interpretação, metodologia, prática de ensino.

Acrescenta-se, obrigatoriamente as seguintes matérias especializadas para a :

A) Seção Instrumental: a) matéria principal, piano: *leitura à* primeira vista e acompanhamento.

b) matéria principal, instrumento de cordas, de sopro ou percussão: piano, prática de orquestra, música de câmara, *leitura à* primeira vista.

B) Seção de Canto: piano, dicção, línguas, conjunto de câmara.

C) Seção Teórica: a) matéria principal, composição: piano, dois instrumentos suplementares (cordas e sopro), instrumentação e orquestração e estudo de partituras.

D) Seção de Regência: piano, dois instrumentos suplementares (sopro e cordas), *leitura à* primeira vista, *estudo* de partitura, instrumentação e orquestração, técnica vocal.

E) Seção de Dança: Rítmica, Solfejo, Teoria Musical, Improvisação, Composição, Antropologia, Coreografia, Pedagogia, Teoria das Artes, Estética.

Departamento de difusão cultural:

Um departamento de difusão cultural, *o qual terá a seu dispor* a Orquestra Universitária, assim como os conjuntos corais do Setor Universitário de

Música, proporcionará aos estudantes o conhecimento das obras representativas da literatura musical de todos os tempos.

DIREITOS E OBRIGAÇÕES DOS CORPOS DOCENTES E DICENTES:

Duração das aulas:

a) As aulas são de 50 minutos de duração sendo que devem ser freqüentadas e dadas com absoluta pontualidade

b) Os professores não são obrigados a recuperar aulas perdidas por culpabilidade do aluno

c) Aos professores é assegurada absoluta liberdade na organização do programa de ensino

d) Professores contratados pela Universidade, não poderão dar aulas particulares na cidade de Salvador, assim como os alunos não poderão freqüentar aulas particulares de matérias, incluídas no Setor Universitário de Música, sem a permissão especial do diretor.

e) Os professores contratados têm a obrigação de formar professores *para o Setor Universitário de Música,* e preparar os naipes de sua especialização da Orquestra Universitária

f) A diretoria poderá conceder aos professores contratados licenças especiais para a realização de tournées artísticas, quando estas não vierem em desabono dos estudantes.

g) Audições e concertos a serem realizados pelo Departamento de Difusão Cultural darão oportunidade aos alunos de tomarem contato com o público.

h) Os estudantes do Setor Universitário só poderão apresentar-se em público, fora do ambiente da Universidade, com a devida licença do diretor.

Música Viva

DISPENSA DE MATÉRIAS OBRIGATÓRIAS:

O estudante que provar conhecimentos suficientes em determinada matéria obrigatória, poderá ser dispensado da mesma por determinação da direção artística, sendo que continua obrigado a participar dos exames finais.

CLASSES COLETIVAS E INDIVIDUAIS:

A) Todas as matérias principais, com excepção de regência, *serão* dadas em classes individuais (uma aula semanal). Uma taxa suplementar *poderá dar* direito a duas ou mais lições semanais da matéria principal.

B) Os cursos de teoria, história, estética, análise, sociologia da música *serão* dados em classes coletivas.

C) Em classes de seis alunos serão dadas as matérias: solfejo *e* ditado musical.

D) Em classes de três alunos serão dadas as matérias: harmonia e contraponto, fuga, improvisação, leitura à primeira vista, estudo de partitura, instrumentação e orquestração.
Uma taxa suplementar *poderá dar* direito a aulas individuais *ou aulas* em classes menores.

ESCOLHA DO PROFESSOR:

O aluno tem direito de escolher o professor da matéria principal.

EXAMES E PROVAS PARCIAIS:

As provas parciais, que se realizarem no fim de cada semestre, têm como fin*alidade* exclusiva *a de* constatar o grau de aproveitamento do aluno.

Cursos extraordinários:

Cursos extraordinários a cargo de docentes-hóspedes, especialmente convidados, proporcionarão aos estudantes o contato com grandes pedagogos de renome internacional.

Seminários internacionais de Música Bahia:

Os Seminários Internacionais de Música – Bahia proporcionarão aos estudantes de outros estados e do estrangeiro contato com o centro de estudos musicais da Universidade da Bahia e realizar-se-ão anualmente de 24 de junho a 31 de julho, na cidade de Salvador.

• • •

Observação:

Durante um período de transição, que *se* iniciará a partir de *Quinze* de Setembro *de 1954,* funcionarão os seguintes cursos, ministrados por professores contratados: piano, violino, música de câmara, composição, regência, teoria, harmonia e contraponto, solfejo, história, estética e dança e, ministrados por professores convidados, *cursos preparatórios de piano.*

Todos os alunos terão de freqüentar obrigatoriamente: teoria, solfejo, harmonia e contraponto, história, estética e análise.

A Orquestra Universitária disporá inicialmente de 25 figuras e terá a seu cargo um concerto mensal.[80]

---

80. Koellreutter realiza dos dias 16 a18 de junho de 1953 três palestras no Salão Nobre da Reitoria da Universidade da Bahia. Dos dias 24 de junho a 31 de julho ocorre de fato o "Seminário Internacional de Música", primeiro de uma série que gerará muitos produtos e conseqüências. Para mais informações, ver: Cronologia (Anexo 1), "1954/62", bem como textos relacionados, publicados em: *Cadernos de Estudo: Educação Musical*, n°6, 1997.

Anexo 16

"Manifesto Música Nova" (1963)

Lançado praticamente 17 anos depois do último Manifesto *Música Viva*, reafirma-se neste documento alguns dos princípios do movimento, com ênfase na criação moderna, compromisso com a contemporaneidade, música como arte coletiva e refutação do "mito da personalidade", importância da educação musical, da contribuição de outras áreas do saber, dos meios de informação, da comunicação, internacionalização da cultura e uma nova postura e tomada de posição frente à realidade.

Estimulados pelos poetas concretos paulistas — Augusto de Campos, Décio Pignatari, Haroldo de Campos, em especial — e seu Plano Piloto para a Poesia Concreta, bem como pelos eventos da vanguarda musical européia, seus signatários resolvem lançar um manifesto. Vale mencionar que Gilberto Mendes e Willy Correia de Oliveira desde 1962 começam a freqüentar os cursos de férias de Darmstadt, na Alemanha, onde estudam com Henry Pousseur, Pierre Boulez e K.Stockhausen.[81]

Como declarou mais tarde o compositor santista, tinha-se em vista "....atualizar a música brasileira frente ao avanço tecnológico muito grande que levou a música dos Estados Unidos e da Europa a um novo estágio. A gente estava aqui às voltas com suítes nordestinas, da escola de Camargo Guarnieri".[82]

---

81. Gilberto Mendes foi aluno de composição de C.Santoro em 1954.

82. Cf. "Nós quisemos mudar tudo". *Folha de S.Paulo*. Ilustrada. 26 de Junho de 1988, p.49 (A).

música nova: [83]

compromisso total com o mundo contemporâneo:

desenvolvimento interno da linguagem musical (impressionismo, politonalismo, atonalismo, músicas experimentais, serialismo, processos fono-mecânicos, e eletro-acústicos em geral), com a contribuição de debussy, ravel, stravinsky, choenberg (sic), webern, varèse, messiaen, schaeffer, cage, boulez, stockhausen.

atual etapa das artes: concretismo: 1) como posição generalizada frente ao idealismo; 2) como processo criativo partindo de dados concretos; 3) como superação da antiga oposição matéria-forma; 4) como resultado de, pelo menos, 60 anos de trabalhos legados ao construtivismo (klee, kandinsky, mondrian, van doesburg, suprematismo e construtivismo, max bill, mallarmé, eisenstein, joyce, pound, cummings) — colateralmente, ubicação de elementos extra-morfológicos, sensíveis: concreção no informal.

reavaliação dos meios de informação: importância do cinema, do desenho industrial, das telecomunicações, da máquina como instrumento e como objeto: cibernética (estudo global do sistema por seu comportamento).

comunicação: mister da psico-fisiologia da percepção auxiliada pelas outras ciências, e mais recentemente, pela teoria da informação.

exata colocação do realismo: real = homem global; alienação está na contradição entre o estágio do homem total e seu próprio conhecimento do mundo. música não pode abandonar suas próprias conquistas para se colocar ao nível dessa alienação, que deve ser resolvida, mas é um problema psico-sócio-político-cultural.

geometria não-euclidiana, mecânica não-newtoniana, relatividade, teoria dos «quanta», probabilidade, (estocástica), lógica polivalente, cibernética: aspectos de uma nova realidade.

---

83. *Invenção*, revista de Arte de Vanguarda, Ano 2, SP: Junho de 1963, p.5-6. A formatação geral, bem como a ortografia original do texto foram mantidas.

Música Viva

levantamento do passado musical à base dos novos conhecimentos do homem (topologia, estatística, computadores e todas as ciências adequadas), e naquilo que esse passado possa ter apresentado de contribuição aos atuais problemas.

como conseqüência do novo conceito de execução-criação coletiva, resultado de uma programação (o projeto, ou plano escrito): transformação das relações na prática musical pela anulação dos resíduos românticos nas atribuições individuais nas formas exteriores da criação, que se cristalizaram numa visão idealista e superada do mundo e do homem (elementos extra-musicais: «sedução» dos regentes, solistas e compositores, suas carreiras e seus públicos — o mito da personalidade, enfim). redução a esquemas racionais — logo, técnicos — de toda comunicação entre músicos. música: arte coletiva por excelência, já na produção, já no consumo.[84]

educação musical: colocação do estudante no atual estágio da linguagem musical; liquidação dos processos prelecionais e levantamento dos métodos científicos da pedagogia e da didática. educação não como transmissão de conhecimentos mas como integração na pesquisa.

superação definitiva da freqüência (altura das notas) como único elemento importante do som. som: fenômeno auditivo complexo em que estão comprometidos a natureza e o homem. música nova: procura de uma linguagem direta, utilizando os vários aspectos da realidade (física, fisiológica, psicológica, social, política, cultural) em que a máquina está incluída. extensão ao mundo objetivo do processo criativo (indeterminação, inclusão de elementos «alea», acaso controlado). reformulação da questão estrutural: ao edifício lógico-dedutivo da organização tradicional (micro-estrutura: célula, motivos, frase, semi-período, período, tema; macro-estrutura: danças diversas, rondó, variações, invenção, suite, sonata, sinfonia, divertimento etc. ... os chamados «estilos» fugato, contrapontístico, harmônico, assim como os conceitos e as regras que envolvem: cadência, modulação, encadeamento,

---

84. Este e o parágrafo seguinte são, entre outros descendências diretas dos postulados da *Música Viva*.

elipses, acentuação, rima, métricas, simetrias diversas, fraseio, desenvolvimento, dinâmicas, durações, timbre etc.) deve-se substituir uma posição analógico-sintética refletindo a nova visão dialética do homem e do mundo: construção concebida dinamicamente integrando o processo criativo (vide conceito de isomorfismo, in «plano piloto para poesia concreta», grupo noigandres).

elaboração de uma «teoria dos afetos» (semântica musical) em face das novas condições do binômio criação-consumo (música no rádio, na televisão, no teatro literário, no cinema, no «jingle» de propaganda, no «stand» de feira, no estéreo doméstico, na vida cotidiana do homem), tendo em vista um equilíbrio informação semântica — informação estética. ação sobre o real como "bloco": por uma arte participante.

cultura brasileira: tradição de atualização internacionalista (p.ex., atual estado das artes plásticas, da arquitetura, da poesia), apesar do subdesenvolvimento econômico, estrutura agrária retrógrada e condição de subordinação semi-colonial. participar significa libertar a cultura dêsses entraves (infra-estruturais) e das super-estruturas ideológico-culturais que cristalizaram um passado cultural imediato alheio à realidade global (logo, provinciano) e insensível ao domínio da natureza atingido pelo homem.

maiacóvski: sem forma revolucionária não há arte revolucionária.
são paulo, março 1963

damiano cozzella
rogério duprat
régis duprat
sandido hohagen
júlio medaglia
gilberto mendes
willy correia de oliveira
alexandre pascoal

Música Viva

Anexo 17

Relação de Correspondências de H.J.Koellreutter

Em 1985 e 86, foi pesquisado, classificado e microfilmado um conjunto de correspondências do acervo pessoal de H.J.Koellreutter, listadas abaixo.

Cumpre notar, porém, que tanto a microfilmagem quanto sua relação aqui não são por si indicadores de relevância musicológica indiscutível. Existe forte irregularidade no que se refere à natureza e valor do conteúdo desses documentos, alguns representando simples contatos ou comunicações formais.

Total de Documentos: 135

Signatários	(n° de documentos)
Cláudio Santoro	(22)
Guerra Peixe	(05)
Gustav Krenek	(02)
Hans-Joachim Koellreutter	(50)
José Carlos Lima	(01)

Juan Carlos Paz.. (36)

M.Camargo Guarnieri .... (10)

O.Lorenzo Fernandez .... (01)

Paul Bechert .... (01)

Vasco Mariz .... (01)

Vários signatários .... (05)

Ilegível .... (01)

I. Signatário: H.J.Koellreutter

Destinatário: Academia Brasileira de Música [85]

- 25/11/1950. Rio de Janeiro. (01p.). Papel timbrado: *Correspondência Expedida.*

Destinatário: Dr.Andrade Muricy

- 05/02/1946. São Paulo. (03p.). Papel timbrado: *Edward T.Robertson & Son.*

Destinatário: "Aos Srs.Profs.da Orquestra Sinfônica Brasileira; Profs.da Escola Nacional de Música"

- 07/06/1944. Rio de Janeiro. (01p.).

Destinatário: Camargo Guarnieri

- 03/11/1940. Rio de Janeiro. (01p.) Sem assinatura.
- 20/01/1941. Rio de Janeiro. (01p.) Sem assinatura.
- 20/01/1941. Rio de Janeiro. (01p.) Sem assinatura. Conteúdo semelhante à carta acima, com redação levemente modificada.

---

85. Os destinatários estão apresentados por ordem alfabética do primeiro nome e as correspondências respectivas em ordem cronológica ascendente.

Música Viva

- 07/06/1941. Rio de Janeiro. (01f./02p.).
- 23/11/1950. Rio de Janeiro. (01p.). Papel timbrado: *Correspondência Expedida*. Existem 3 documentos correspondendo a 3 versões distintas de diagramação.

Destinatário: Cláudio Santoro

- 30/12/1946. Rio de Janeiro. (02f./04p.).
- 07/02/1947. Rio de Janeiro. (01f./02p.).
- 08/02/1947. Rio de Janeiro. (02f./03p.).
- 16/02/1947. Rio de Janeiro. (01f./02p.). Falta final.
- Carnaval/1947. Rio de Janeiro. (01f./02p.).
- 13/04/1948. Rio de Janeiro. (01f./02p.).
- 27/05/1948. Rio de Janeiro. (01p.).
- 20/06/1948. Rio de Janeiro. (01f./02p.).
- 22/06/1948. Rio de Janeiro. (01p.).
- 22/06/1948. Rio de Janeiro. (01p.). Outra versão da carta acima.
- 10/07/1948. Rio de Janeiro. (02f./03p.). Falta uma linha (frente e verso da primeira folha).
- 12/07/1948. Rio de Janeiro. (01f./02p.).
- 01/08/1948. Rio de Janeiro. (01p.). Papel Timbrado: *Ministério de Educação e Saúde*.
- 28/08/1948. Veneza. (01p.).

Destinatário: Dr.Costa Rego

- 08/05/1946. Rio de Janeiro. (01p.).
- 08/05/1946. Rio de Janeiro. (01p.). Provavelmente anexo a carta acima.
- 08/05/1946. Rio de Janeiro. (02p.). Provavelmente anexo a 1ª carta.

Destinatário: Madame D'Or

- 12/12/1943. Rio de Janeiro. (02p.).
- 19/12/1943. Rio de Janeiro. (01p.). "Charlatanismo" – uma carta aberta. Versão corrigida.

- 19/12/1943. Rio de Janeiro. (01p.) Versão definitiva (ver carta acima).
- 01/05/1946. Rio de Janeiro. (01p.). Nomeada Sra. D'Or.

Destinatário: Dr.Eurico Nogueira França

- 05/01/1945. Rio de Janeiro. (01f./02p.) Provavelmente engano na escrita do ano — 1946.
- 05/01/1946. Rio de Janeiro. (01p.).
- 20/04/1946. Taubaté. (01p.). Falta final.

Destinatário: Guerra Peixe

- 16/04/1951. São Paulo. (01f./02p.). Papel timbrado: *Correspondência Expedida*.
- 25/02/1952. São Paulo. (01p.).

Destinatário: Heitor H.Sorin

- 08/07/1947. Rio de Janeiro. (01f./02p.).

Destinatário: Mto.Heitor Villa-Lobos

- 17/05/1944. Rio de Janeiro. (01p.). Ver carta abaixo.
- 17/05/1944. Rio de Janeiro. (01p.). Com acréscimos à lápis que não constam na carta acima. Ambas com o mesmo conteúdo.

Destinatário: Dr.Itiberê da Cunha

- 13/12/1943. Rio de Janeiro. (01p.).

Destinatário: Dr.João Caldeira Filho

- 02/01/... s.l. (01p.). Provavelmente de 1951.

Destinatário: Mto.Oscar Lorenzo Fernandez

- 26/12/1944. Rio de Janeiro. (03p.).
- 21/01/1945. Rio de Janeiro. (02p.).
- 21/01/1945. Rio de Janeiro. (02p.). Outra diagramação.

Destinatário: Dr.Paulo Bittencourt

- 28/04/1946. Rio de Janeiro. (06p.). Contém na íntegra a carta a Eurico Nogueira França de 05/01/1946.
- 28/04/1946. Rio de Janeiro. (03p.). Somente paginas 2, 3 e 4. Outra diagramação (ver carta acima).
- 12/05/1946. Rio de Janeiro. (02p.).
- 12/05/1946. Rio de Janeiro. (01p.). Somente página 2.

II. Destinatário: <u>H.J.Koellreutter</u>

Signatário: Camargo Guarnieri

- 28/08/1940. São Paulo. (01p.).
- 04/10/1940. São Paulo. (01p.).
- 01/11/1940. Porto Alegre. (01p.).
- 08/12/1940. São Paulo. (01p.).
- 01/01/1941. São Paulo. (01p.).
- 24/01/1941. São Paulo. (01p.).
- 17/02/1941. São Paulo. (01p.).
- 26/05/1941. São Paulo. (01p.).
- 27/05/1941. São Paulo. (02p.).
- 19/06/1941. São Paulo. (02p.).

Signatário: Cláudio Santoro

- 21/12/1945. Fazenda Rio do Braço. (01p.). Papel timbrado: *Grupo "Musica Viva"*.
- 24/12/1945. Fazenda Rio do Braço. (01p.). Papel timbrado: *Grupo "Musica Viva"*.
- 05/01/1946. Fazenda Rio do Braço. (02p.). Papel timbrado: *Grupo "Musica Viva"*.
- 06/01/1946. Fazenda Rio do Braço. (01p.). Papel timbrado: *Grupo "Musica Viva"*.

- 12/01/1946. Fazenda Rio do Braço. (01p.). Papel timbrado: *Grupo "Musica Viva"*.
- 13/01/1946. Fazenda Rio do Braço. (01p.). Papel timbrado: *Grupo "Musica Viva"*.
- 20/01/1946. Fazenda Rio do Braço. (01f/02p.). Papel timbrado: *Grupo "Musica Viva"*.
- 01/02/1946. Fazenda Rio do Braço. (01p.). Papel timbrado: *Grupo "Musica Viva"*.
- 17/12/1946. Fazenda Rio do Braço. (01p.). Papel timbrado: *Grupo "Musica Viva"*.
- 28/01/1947. Fazenda Rio do Braço. (03p.). Papel timbrado: *Grupo "Musica Viva"*.
- 10/02/1947. Fazenda Rio do Braço. (02p.). Papel timbrado: *Grupo "Musica Viva"*.
- 14/02/1947. Fazenda Rio do Braço. (02p.). Papel timbrado: *Grupo "Musica Viva"*.
- 09/11/1947. Paris. (10p.).
- 18/12/1947. Paris. (11p.).
- 06/06/1948. Paris. (11f./21p.).
- 20/06/1948. Paris. (04f./05p.).
- 26/06/1948. Paris. (05f./10p.).
- 28/06/1948. Paris. (06f./12p.).
- ..../06/1948. Paris. (01p.). "Problema da Música Contemporânea Brasileira em face das Resoluções e apelo do Congresso de Compositores de Praga". Falta o final.
- 04/08/1948. Paris. (04p.).
- 04/09/1948. Paris. (02p.). Papel timbrado: *Congrès Mondial des Intellectuels Pour La Paix*.
- 10/01/1956. Fazenda Rio do Braço. (01p.). Papel timbrado: *Grupo "Musica Viva"*.

Signatário: Guerra Peixe

- 19/06/1950. Recife. (02p.).

- 02/08/1950. Recife. (01p.).
- 04/08/1950. Recife. (01p.).
- 02/04/1951. Recife. (01p.).
- 04/06/1951. Recife. (03p.).

Signatário: Gustav Krenek

- 24/04/1951. Freiburg. (01p.). Escrita em alemão.
- 05/05/1952. Freiburg. (01f./02p.). Papel timbrado: *Staatliche Hochschule fur Musik in Freiburg in Breisgav*. Escrita em alemão.

Signatário: José Carlos Lima

- 14/02/1951. Porto Alegre. (01p.). Anexo: recorte de jornal da "Resposta à Camargo Guarnieri".

Signatário: Juan Carlos Paz

- 12/11/1940. Buenos Aires. (01p.).
- 18/12/1940. Buenos Aires. (01p.).
- 16/02/1941. Buenos Aires. (01p.).
- 15/03/1941. Buenos Aires. (01f./02p.).
- 23/03/1941. Buenos Aires. (01p.). Papel timbrado: *Air France*.
- 03/04/1941. Buenos Aires. (01p.). Papel timbrado: *Air France*.
- 25/04/1941. Buenos Aires. (01p.). Papel timbrado: *Air France*.
- 10/05/1941. Buenos Aires. (02p.). Papel timbrado: *Air France*.
- 30/05/1941. Buenos Aires. (01p.).
- 20/08/1941. Buenos Aires. (01f./02p.).
- 26/10/1941. Buenos Aires. (01f/02p.).
- 13/02/1942. Buenos Aires. (01f/02p.).
- 14/03/1942. Buenos Aires. (01f/02p.).
- 27/04/1942. Buenos Aires. (01p.).
- 10/05/1942. Buenos Aires. (01p.).
- 03/06/1942. Buenos Aires. (01p.).
- 01/07/1942. Buenos Aires. (01p.).
- 08/02/1945. Buenos Aires. (01p.).

- 26/11/1945. Buenos Aires. (01p.).
- 05/12/1945. Buenos Aires. (01p.).
- 09/02/1946. Buenos Aires. (02p.).
- 25/05/1946. Buenos Aires. (02p.).
- 11/07/1946. Buenos Aires. (02p.).
- 27/09/1949. Buenos Aires. (03p.).
- 03/09/1950. Buenos Aires. (01p.).
- 15/10/1950. Buenos Aires. (01p.).
- 27/11/1950. Buenos Aires. (01p.).
- 13/02/1951. Buenos Aires. (02p.).
- 11/09/1951. Buenos Aires. (02p.).
- 24/10/1951. Buenos Aires. (03p.).
- 16/03/1952. Buenos Aires. (02p.).
- 17/07/1952. Buenos Aires. (02p.).
- 24/08/1952. Buenos Aires. (03p.).
- 06/10/1952. Buenos Aires. (02p.).
- 04/06/1953. Buenos Aires. (02p.).
- 28/06/..... Buenos Aires. (01p.).

Signatário: Oscar Lorenzo Fernandez

- 28/12/1944. Rio de Janeiro. (03p.). Papel timbrado: *Conservatório Brasileiro de Música*.

Signatário: Paul Bechert

- 03/07/1942. Rio de Janeiro. (01p.) Papel timbrado: *Hotel Glória*. Escrita em inglês.

Signatário: Vasco Mariz

- 14/04/1953. Rosário. (01p.).

Signatário: Ilegível

- 30/12/..... Paris (?). (01f./02p.). Em alemão

III. Diversos

Signatário: Cláudio Santoro

Destinatário: Comissão Prêmio Alexandre Levy

- 29/01/1946. Fazenda Rio do Braço. (01p.). Papel timbrado: *Grupo "Música Viva".*

Destinatário: "Grupo Música Viva"

- 20/06/1948. Paris. (08f./09p.).

Signatário: Guerra Peixe

Destinatário: Sr.Redator Musical

- 30/04/1946. Rio de Janeiro. (01p.). Abaixo assinado.

Signatário: Provavelmente H.J.Koellreutter ou de algum representante do grupo *Música Viva.*

Destinatário: talvez Andrade Muricy.

- (02p.). Somente páginas 6 e 7, falta início e fim.

Signatário: J.Otaviano

Destinatário: Mto.Oscar Lorenzo Fernandez

- (01p.). Sobre *Diretrizes*, provavelmente de 1944.

Bibliografia

AHARONIÁN, Coriún. *"Some relationships between revolutionary movements in Latin America and popular music creators"* e *"Marxism and music as seen from the far south"*. Textos apresentados em Oldenburg, 5-7/11/1999.

―――. "The false communist ban of 1948" (sl, sd.). (Artigo em fase final de preparação).

ALMEIDA, Renato. *História da Música Brasileira*. Rio de Janeiro: E.Briguiet & Comp. Edit., 1942.

ALVARENGA, Oneyda. *Mário de Andrade, um pouco*. Rio de Janeiro: José Olympio/São Paulo: Conselho Estadual de Cultura, 1974.

AMARAL, Aracy. *Arte para quê?* 2ªed.rev. São Paulo: Nobel, 1987.

―――. *Artes Plásticas na Semana de 22. Subsídios para uma história da renovação das artes no Brasil*. (Coleção Debates). 4ªed. São Paulo: Ed.Perspectiva, 1979.

ANDRADE, Mário de. *O Banquete*. São Paulo: Duas Cidades, 1977.

―――. Villa-Lobos. *Revista de Música do Brasil*, vol.23, n°89, Rio de Janeiro, Maio/1923, pp.50-53.

―――. *Música, doce música*. 2ªed. São Paulo: Livr.Martins Ed., 1963.

―――. *Ensaio sobre a Música Brasileira*. 2ªed. São Paulo: Livr.Martins Ed., 1962.

—— . *Aspectos da Música Brasileira*. São Paulo: Livr.Martins Ed., sd. (*Obras Completas*, v.XI).

ANDRADE, Oswald de. Manifesto da Poesia Pau-Brasil. *Correio da Manhã*, São Paulo, 18/3/1924, reproduzido em: *Vanguarda Européia e Modernismo Brasileiro* (Org.por Gilberto M.Teles), p.326-331.

—— . Manifesto Antropófago (1928). *Vanguarda Européia e Modernismo Brasileiro* (Org.por Gilberto M.Teles), p.353-360.

APPLEBY, David P. *The Music of Brazil*. EUA: University of Texas Press, 1983.

ARANHA, Graça. *A Estética da Vida* (1921). 2ªed. Rio de Janeiro: Instituto Nacional do Livro, 1968.

AZEVEDO, Luiz Heitor Corrêa de. *150 anos de Música no Brasil (1800-1950)*. Rio de Janeiro: Liv.José Olympio Ed., 1956.

—— . *Música e Músicos do Brasil*. Rio de Janeiro: Casa do Estudante do Brasil, 1950.

BARRAUD, Henry. *Para compreender as músicas de hoje*. (Trad. de J.J.de Moraes). São Paulo: Ed.Perspectiva, 1975.

BATISTA, M.R. et allii (Orgs.). *Brasil: 1º Tempo Modernista – 1917/29. Documentação*. São Paulo: IEB-Instituto de Estudos Brasileiros/USP, 1972.

BEHAGUE, Gérard. *Music in Latin America: an introduction*. EUA: The University of Texas at Austin, 1979.

BEVILACQUA, Octávio. Nossos Dodecafonistas. *O Globo* (2º Caderno), Rio de Janeiro, 21/8/1950.

BERNARDINI, Aurora F. *O futurismo italiano*. (Coleção *Debates*, n°167) São Paulo: Ed. Perspectiva, 1980.

Carlos Kater

BOSSEUR, Dominique e Jean-Yves. *Revolutions musicales.* Paris: Le Sycomore, 1979.

BRITO, Teca Alencar de. *Koellreutter Educador: o humano como objetivo da educação musical.* São Paulo: Ed. Fundação Peirópolis, 2001.

BRITO, Mário da Silva. (Org.). *História do Modernismo Brasileiro.* Rio de Janeiro: Civilização Brasileira, 1971.

CAMPOS, Augusto de. *Pagú, vida e obra.* São Paulo: Brasiliense, 1982.

——— . *Balanço da Bossa e outras bossas.* São Paulo: Ed. Perspectiva, 1978.

CANDIDO, Antônio. *Formação da Literatura Brasileira.* Belo Horizonte: Ed. Itatiaia/São Paulo: Ed.da Universidade de São Paulo, 1975, vol.2.

CONTIER, Arnaldo D. *Música e Ideologia no Brasil.* 2ªed. São Paulo: Novas Metas, 1985.

CHRYSOSTOMO, Antônio. O mestre dos mestres (entrevista concedida por Koellreutter). Revista *Veja*, São Paulo, 5/11/1975, p.3-6.

ELDERFIELD, John. *Kurt Schwitters.* London: Thames and Hudson, 1985.

FERRAZ, Silvio. *Música e Repetição: a diferença na composição contemporânea.* São Paulo: EDUC/FAPESP, 1998.

GRIFFITHS, Paul. *A Música Moderna. Uma história concisa e ilustrada de Debussy a Boulez.* (Trad. de Clóvis Marques). Rio de Janeiro: Jorge Zahar Ed., 1987.

GUERRA PEIXE, César. O Dodecafonismo no Brasil. *Diários Associados*, Rio de Janeiro, 9/9/1951.

HORTA, Luiz Paulo e Cleusa Maria. Koellreutter 70. O mestre segundo seus ex-alunos. *Jornal do Brasil* (Caderno B), Rio de Janeiro, 1/9/1985, p.6.

JAFFÉ, Alberto. H.J.Koellreutter. 60 anos de música para o mundo. *Intercâmbio-Economia e Cultura*, n°7/9, Ano XXXIII, 1975, p.71-72.

KATER, Carlos. Villa-Lobos e a Melodia das Montanhas. *Latin American Music Review*, vol.V, n°1. EUA: Univ.of Texas at Austin, 1984, p.102-105. Republicado, sob o mesmo título, em: *Folha de São Paulo* (Ilustrada), "Música". SP: 23/1/1983, p.50.

————— . *Eunice Katunda, musicista brasileira* (informações biográficas e catálogo de obras). São Paulo: Eds.CePPeM, 1987. 2ª ed. revista e ampliada. São Paulo: Annablume, 2001.

————— . Villa-Lobos de Rubinstein. *Latin American Music Review*, v.8, n°2, University of Texas at Austin, 1987, p.246-253.

————— . Aspectos da modernidade de Villa-Lobos. *Em Pauta*, v.I, n°2. Porto Alegre: Curso de Pós-Graduação/Mestrado em Música da UFRGS, Jun./1990, p.52-65.

————— . Eunice Katunda, contribuição à pesquisa de fontes primárias. *Opus*, v.III, n°3. Porto Alegre: *ANPPoM* – Associação Nacional de Pesquisa e Pós-Graduação em Música, Set./1991, p.64-68.

————— . Aspectos Educacionais do Movimento *Música Viva*. Revista da *ABEM* – Associação Brasileira de Educação Musical, n°1, Ano 1. Sl: *ABEM*, Mai./1992, p.22-34.

————— . O Programa Radiofônico *Música Viva*. *Cadernos de Estudo:Educação Musical*, n°4/5. São Paulo/Belo Horizonte: *Atravez* /EM UFMG – Escola de Música da Universidade Federal de Minas Gerais, 1994, p.60-85.

————— . *Música Viva* em transmissões radiofônicas pela PRA-2. *Anais do VII Encontro Nacional da ANPPoM* – Associação Nacional de Pesquisa e Pós-Graduação em Música. São Paulo: 1996 (ECA/ USP, 29/8-2/9/1994), p.56-57.

———. H.J.Koellreutter: música e educação em movimento. *Cadernos de Estudo:Educação Musical*, n°6. SP/BH: *Atravez*/EMUFMG/FEA, Fev./1997, p.6-25.

———. (Ed.) *Cadernos de Estudo:Educação Musical*, n°6. SP/BH: *Atravez*/EMUFMG/FEA, Fev/1997, 210p. (contendo, entre outros trabalhos, 17 dos textos de referência produzidos por H.J.Koellreutter, acompanhados de comentário de especialistas da área).

———. Villa-Lobos de Luiz Heitor. *Música Hoje, Revista de Pesquisa Musical*, n°3. Belo Horizonte: EMUFMG, 1997, p.37-50.

———. *Catálogo de Obras de H.J.Koellreutter*. (Texto, catálogo e comentários). Belo Horizonte: FEA-Fundação de Educação Artística/FAPEMIG-Fundação de Amparo à Pesquisa do Estado de Minas Gerais, 1997.

———. Música e Realidade Brasileira, subsídios para reflexão. *Caderno de Música*, n°15. São Paulo: Escola de Comunicação e Artes/USP, 1988, p.3-5.

KIEFER, Bruno. *História da Música Brasileira: dos primórdios ao início do século XX*. Porto Alegre: Ed.Movimento, 1982.

———. *Villa-Lobos e o Modernismo na Música Brasileira*. Porto Alegre: Ed.Movimento, 1981.

KOELLREUTTER, Hans-Joachim. Surge em nosso tempo um novo diletantismo musical. *Caderno de Música*, Rio de Janeiro, vol.5, 1981, p.8-11.

———. Carta Aberta a Octávio Bevilácqua. *Tribuna da Imprensa*, Rio de Janeiro, 27/09/1950.

———. *Three Lectures on Music*. India: Universidade de Mysore, 1968.

———. Aspectos econômicos da música. *Fundamentos*. São Paulo, v.1, n.1, Jun./1948, p.41-43.

—— . *Introdução à estética e à composição musical contemporânea.* (Orgs. Bernardete Zagonel e Salete M.La Chiamulera). 2ª ed. Porto Alegre: Ed. Movimento, 1987.

—— . Educação Musical no Terceiro Mundo. *Cadernos de Estudo:Educação Musical,* nº1. SP/BH: *Atravez*/EMUFMG, Agos./1990, p.1-8

KRIEGER, Edino. A propósito de uma Carta Aberta. *Tribuna da Imprensa,* Rio de Janeiro, 23/11/1950.

MARIZ, Vasco. *História da Música no Brasil.* 2ª ed.revista e ampliada. Rio de Janeiro: Civilização Brasileira/INL-MEC, 1983; 5ª ed. rev.e ampl. RJ: Nova Fronteira, 2000.

—— . *A canção brasileira: erudita, folclórica, popular.* 4ª ed. Rio de Janeiro/Brasília: Catedra/INL, 1980.

—— . *Figuras da Música Brasileira Contemporânea.* 2ª ed. rev.e aum. Brasília: Ed.Universidade de Brasília, 1970.

—— . *Três musicólogos brasileiros: Mário de Andrade, Renato Almeida, Luiz Heitor Correa de Azevedo.* Rio de Janeiro/Brasília: Civilização Brasileira/INL, 1983.

MENDES, Gilberto. *Uma Odisséia Musical: dos mares do sul à elegância Pop/Art Déco.* São Paulo: EDUSP / Giordano, 1994.

MIRANDA, Haroldo. "Guerra Peixe, sua Vida e sua Música..." (oito textos publicados) *Suplemento do Jornal do Comércio,* Recife, de 2/7 a 20/8/1950.

MORAES, Eduardo J.de. *A Brasilidade Modernista, sua dimensão filosófica.* Rio de Janeiro: Graal, 1978.

MORAES, J.J. *A música da modernidade.* São Paulo: Brasiliense, 1983.

MORSE, Richard M. *A volta de Mcluhanaíma.* (Trad. de Paulo H.Britto). São Paulo: Companhia das Letras, 1990.

MOTA, Carlos G. *Ideologia da Cultura Brasileira (1933-1974)*. São Paulo: Ática, 1978.

NATTIEZ, J.J. *Répons* e a crise da comunicação da música contemporânea. (Trad. de C.Kater). *Cadernos de Estudo:Análise Musical* n°3. São Paulo: Atravez, Out./1990, p.1-19.

NEVES, José Maria. *Música Contemporânea Brasileira*. São Paulo: Ricordi Brasileira, 1981.

PAZ, Juan Carlos. *Introdução à música do nosso tempo*. São Paulo: Duas Cidades, 1976.

SANTORO, Cláudio. Problemas da Música Contemporânea Brasileira em face das Resoluções e do Apelo do Congresso de Praga. *Fundamentos*, n°3, v.2. São Paulo: Ago./1943, p.233-240.

SCHORSKE, Carl. *Vienne, fin de siècle: Politique et Culture*. Paris, Ed.du Seuil, 1983.

SQUEFF, Ênio. Reflexões sobre um mesmo tema. *O Nacional e o Popular na Cultura Brasileira* (Música). São Paulo: Ed.Brasiliense, 1982, p.13-128.

TELES, Gilberto Mendonça. (Org.) *Vanguarda Européia e Modernismo Brasileiro*. 7ªed. Petrópolis: Vozes, 1983. (Coleção Vozes do Mundo Moderno/6)

VENZO-CLEMENT, Jeanne. *Villa Lobos, éducateur*. Paris: Tese de Doutorado Universidade Sorbonne, 1980 (2 vols.)

TREMINE, René. "*Hermann Scherchen. Chronique d'une re-découverte annoncée*". *Labels / Média 7*, n°3, Paris, Jan./1993, p.6.

VILLA-LOBOS, Heitor. "Memorial ao Presidente Vargas", publicado em: KIEFER, Bruno. *Villa-Lobos e o Modernismo na Música Brasileira*, p.146-147.

Música Viva

——— . *A Música Nacionalista no Governo de Getúlio Vargas*. Distrito Federal: DIP (1940).

——— . Educação Musical. *Boletin Latino-Americano de Musica*, v.VI, n°6. Rio de Janeiro: 1946, p.495-588. Re-edição atualizada em: *Presença de Villa Lobos*, v.13. Rio de Janeiro: Museu Villa Lobos, 1991.

WEBERN, Anton. *O caminho para a música nova*. (Tradução e comentários de C.Kater). São Paulo: Novas Metas, 1984.

WISNIK, José Miguel. *O Coro dos Contrários. A Música em torno da Semana de 22*. São Paulo: Duas Cidades/Sec.da Cultura, Ciência e Tecnologia, 1977.

——— . Getúlio da Paixão Cearense. *O Nacional e o Popular na Cultura Brasileira* (Música). São Paulo: Brasiliense, 1982, p.129-191.

——— . *O som e o sentido. Uma outra história das músicas*. São Paulo: Companhia das Letras/Círculo do Livro, 1989.

WOLFF, Marcus S. *Grupo Música Viva: arte, sociedade & poder no Brasil da era Vargas*. Rio de Janeiro: Monografia apresentada ao Núcleo de Estudos e Pesquisas da FUNARTE, 1986.

Vários autores:

"*Les Futurismes*". *Europe, revue littéraire mensuelle*, n°551. Paris, Mar./1975.

"*Le Modernisme Brésilien*". *Europe, revue littéraire mensuelle*, n°599. Paris, Mar./ 1979.

Periódicos diversos:

Textos e noticiários publicados em vários números de: *Fundamentos* (São Paulo, 1944-52), *Diretrizes* (Rio de Janeiro, 1944-46), *Paralelos* (São

Paulo, 1946-47), *Resenha Musical* (São Paulo, 1941), boletins *Música Viva* (Rio de Janeiro, 1940-48), *Boletin Latino-Americano de Musica* (Rio de Janeiro, 1946, v.VI/6).

Dicionários e Enciclopédias:

MARIZ, Vasco. *Dicionário Bio-bibliográfico Musical.* RJ/SP: Livraria Kosmos Ed./Erich Eichmer & Cia.Ltda., 1948.

PAGANO, Letícia. *Dicionário Bio-bibliográfico de Músicos.* São Paulo: Vitale, 1951.

Enciclopédia da Música Brasileira: erudita, folclórica e popular, (editada por Marcos A.Marcondes). São Paulo: Editora Art Ltda., 1977.

The New Grove Dictionary of Music and Musicians (editado por Stanley Sadie). London: Macmillan Publishers Limited, 1980.

Fontes pesquisadas e utilizadas no trabalho

1. Entrevistas: C.Guerra Peixe (Rio de Janeiro e Belo Horizonte, 1985 e 1989); Edino Krieger (Rio de Janeiro, 1989); Ernst Widmer (São Paulo, 1989); Eunice Katunda (São Paulo e S.José dos Campos/SP, 1984-85); Gení Marcondes (Taubaté/SP, 1989); Gilberto Mendes (Santos/SP, 1985); H.J.Koellreutter (São Paulo e Rio de Janeiro, 1985-87); Heitor Alimonda (Rio de Janeiro, 1985); Jorge Wilheim (São Paulo, 1989); Luiz Heitor C.de Azevedo (Paris, 1985); Sonia Born (Brasília, 1990) [86]; Ulla Wolff (São Paulo, 1987); Vasco Mariz (Rio de Janeiro, 1990).

2. Correspondências de H.J.Koellreutter, listadas no Anexo 17.

3. Roteiros dos programas radiofônicos *Música Viva* (1946-50), listados no Anexo 13.

---

86. Por correspondência.

Impresso nas oficinas da
EDITORA PARMA LTDA.
Telefone: (011) 2462-4000
Av. Antonio Bardella, 280
Guarulhos – São Paulo – Brasil
Com filmes fornecidos pelo editor